EDEN MOTEL

Club 2016.6017

LIBRAIRIE GALLIMARD
3700 BOUL. ST-LAURENT
MONTRÉAL, QUÉBEC
H2X 2V4

Du même auteur :

La rupture du jeûne, carnet, Lansman, 2006.
L'affiche, théâtre, Lansman, 2009.
Les lanceurs de pierres, carnet, Lansman, 2011.
Dissidents, théâtre, L'instant même, 2012.
La porte du non-retour, déambulatoire théâtral et photographique, L'instant
    même, 2012.

PHILIPPE DUCROS

Eden Motel

roman

L'instant même

Maquette de la couverture : Anne-Marie Jacques
Illustration : Lino/linoillustration.com

Photocomposition : CompoMagny enr.

Distribution pour le Québec : Diffusion Dimedia
539, boulevard Lebeau
Montréal (Québec) H4N 1S2

Distribution pour la France : Distribution du Nouveau Monde

L'instant même
865, avenue Moncton
Québec (Québec) G1S 2Y4
info@instantmeme.com
www.instantmeme.com

Dépôt légal – Bibliothèque et Archives nationales du Québec, 2015

Catalogage avant publication de Bibliothèque et Archives nationales du Québec et Bibliothèque et Archives Canada

Ducros, Philippe, 1971-

    Eden Motel

    Texte en français seulement.

    ISBN 978-2-89502-370-8

    I. Titre.

PS8607.U283E33 2015   C843'.6   C2015-942000-8
PS9607.U283E33 2015

L'instant même remercie le Conseil des arts du Canada, le gouvernement du Québec (Programme de crédit d'impôt pour l'édition de livres – Gestion SODEC) et la Société de développement des entreprises culturelles du Québec.

Nous reconnaissons l'appui financier du gouvernement du Canada.   Canadä
We acknowledge the financial support of the Government of Canada.

*À ceux qui doivent se coucher sur les
lits numérotés du mouroir de Kalighat,
à Calcutta.*

« Martuccelli décrit les formes générales contemporaines de domination comme étant davantage caractérisées par la responsabilisation et l'autonomisation croissante des coercitions plutôt que par l'assujettissement et l'organisation du consentement [...]. Il montre bien que les dominés sont aujourd'hui moins entravés sur le plan de la pensée et du discours que sur le plan de l'action concrète et des luttes sociales et politiques. Les contraintes ne sont pas cachées ou inconnues, elles sont au contraire cruellement à l'œuvre en plein jour. L'individu contemporain dominé ne semble toutefois préparé ni pour les accepter (consentement) ni pour les surmonter (action sociale ou politique). N'est-ce pas également là que réside le drame de l'individu déprimé ? »

Marcelo OTERO, *L'ombre portée.*

« It is my sincere contention that anyone who can be totally adjusted to our society is in greater need of psychiatric analysis and treatment than anyone else. »

Jimmy REID, 1972.

PROLOGUE

Le Canada est le troisième plus grand consommateur d'antidépresseurs au monde.

Radio-Canada, 22 novembre 2013.

Ligne pointillée

Moi : Parce que.

Parce que, la vie, ça ne peut pas être juste ça. Être enfermé dans sa piscine hors terre comme dans une can de soupe Campbell, regarder les nouvelles se réchauffer comme un plat dans un micro-ondes, en prison dans sa pelouse, bâillonné par les paiements, entendre le tic-tac monotone de la bombe des jours ennuyeux, des jours répétés, calqués, en espérant ne pas exploser à grands coups de 12 coupé dans un supermarché bondé. Attendre. Avoir une télé dans le coude et un téléroman dans le nez. Commander l'amour en appuyant sur une touche pour continuer. Commander la mort en appuyant sur la détente pour arrêter. Attendre. Choisir la femme de sa vie dans un magazine porno, la commander en latex parce qu'on ne peut pas tout avoir dans la vie. Et attendre. La vie ne peut pas être qu'une mise en attente. Le paradis ne doit pas être un fonds de retraite, la liberté ne peut pas arriver au mois du cancer, l'espoir ne doit pas être qu'un numéro chanceux nul si découvert. Parce que l'amour ne devrait pas être un virus iloveyou.com multirésistant qu'on attrape en solitaire, parce que la tendresse ne devrait pas être centerfold en papier glacé, parce que les contacts humains ne devraient pas attendre pour garder leur priorité d'appel.

Parce que mon ordonnance peut pas être plus puissante et que les pilules réussissent plus à me sortir du lit, parce que Dieu n'est pas responsable des balles perdues, parce que l'envie de me lancer en bas d'un pont pour vivre quelque chose une fois pour toutes dans les quelques secondes avant l'impact négocie trop dur avec mes raisons de faire semblant.

9

Parce que tout ça, je suis parti. J'ai tout vendu, télé, téléphone intelligent, rêves de piscine et idées de gazon plus vert que vert, de RÉER, de plan de paiement prémâché et d'hypothèque de l'année. Je me suis acheté une auto. Une grosse auto. J'ai pris l'autoroute. Avec rien d'autre qu'une valise de pilules pleine à en déborder, le Pet of the Year Play-Off et une tonne d'autres stupéfiants non catalogués.

Et depuis, je roule. Je suis la ligne au centre de l'autoroute secondaire qui m'amène où elle veut. La ligne blanche ou jaune, parfois droite, parfois double, parfois pointillée. Je me sauve. Je regarde aussi les arbres qui défilent le long de la route.

La liberté ici, c'est peut-être juste un excès de vitesse, une publicité pornographique du moteur de l'année. Je roule vite. Mes yeux sont rouge amphétamine, un cimetière de verres de café en styrofoam s'entasse sur le siège passager. Je ne dors pas, je mange dans les drive-in, je mange peu. J'abandonne. Je laisse la place à d'autres. Je poursuis la ligne blanche pointillée, l'asphalte coupé en deux entre l'illusion et la réalité.

Je ne suis plus très sûr de savoir où je suis. Quelque part proche de la frontière Canada-Mexique, sur une autoroute de service, je ne sais plus, les pilules me mélangent. Mes nerfs chauffent et tirent, la peau de mon visage se tend. Mes dents craquent. La mâchoire est clairement l'os le plus dur du corps humain.

Mes yeux se ferment, s'ouvrent.
La ligne pointillée ondule, elle se décolle de la route.
Mon auto oscille.

Je traverse la ligne.

Un hurlement de métal me réveille, un énorme dix-huit roues se dirige vers moi, la gueule du klaxon grand ouverte. Je redresse le volant, le cœur à cinq mille tours seconde, j'évite de justesse le face à face. Je monte le son de la radio, je sors la tête par la fenêtre, j'hallucine. J'avale une autre pilule avec un fond de café froid, un reste de vodka. L'autoroute est un serpent magique qui mange sa queue, et c'est moi, l'amuse-gueule.

Mes yeux chauffent. Mon moteur aussi. Mes nerfs sont des lignes blanches, pointillées. Tout se promène, la ligne blanche s'enroule autour de mon front, elle me couvre les yeux. Blind curve ahead.

Je fonce, endormi, à cent milles à l'heure, naufragé à l'essence sans plomb.

PREMIÈRE PARTIE

En Amérique du Nord, au cours des années 1990, la vente d'antidépresseurs a augmenté de 800 %.

Adbusters, n° 41, mai/juin 2002.

Adopt a highway

La réception

Moi : J'ouvre les yeux. Je suis couvert de sueur, ébloui par le soleil, paniqué, mélangé, calciné, la peau collée sur le cuir de la banquette. J'ai la tête qui surchauffe. Mon auto s'est échouée sur la voie d'accotement, à cheval sur le fossé. Du mauvais côté de l'autoroute. Depuis combien de temps ?

J'essaie de repartir le moteur, rien. Panne d'essence. Je sors, je fouille dans ma valise de pilules. Quatre comprimés d'ibuprofène 200 mg. Il n'y a même plus de café froid. Les petites capsules me collent à l'œsophage. J'avale. L'odeur d'iode de la mer m'envahit. J'inspire.

À quelques pas de là, un motel noyé de lumière, défraîchi, désolé, comme un dernier rest area avant le bout de l'autoroute, avant la fin du monde. Je m'y dirige en titubant. Les murs sont blanc délavé, avec un peu de rouge sur les cadres de portes, sur les fenêtres et la bordure du toit en bardeau noir. Face aux chambres, des places de stationnement peintes en blanc à même le noir de l'asphalte, avec des numéros blancs au centre des cases. Partout, des mouettes, sur le toit, dans le ciel bleu, bercées par le vent, au bord de l'autoroute, sur l'asphalte du stationnement. Derrière le motel, la plage, longue, languissante, comme un tracé de couteau entre les hommes et les poissons. Les nuages ronds, blancs. La mer. Tant qu'à échouer quelque part, aussi bien ici. Au loin, des cargos et des pétroliers sont ancrés, géants de métal déposés sur l'infini des vagues, immobiles, prétentieux. Découpés dans le bleu du ciel, ils attendent, le ventre plein de marchandises, que le soleil se couche entre eux.

EDEN MOTEL, WELC ME. Le O manque.

En dessous, un néon qui clignote : Vacancy.

La porte-moustiquaire de la réception claque comme une guillotine. Les mouettes ne bronchent pas. L'océan non plus d'ailleurs. Les cargos immenses et immobiles restent immenses et immobiles. Le silence de la chaleur, l'odeur de la fin de journée, le blanc lumineux, tout ressemble à un mirage. Les mouches volent au ralenti, le bruit de leurs ailes s'arrête soudainement. Le silence.

Le bruit d'un réfrigérateur. Qui s'arrête soudainement. Le silence.

Le bruit d'un dix-huit roues sur l'autoroute, qui coupe l'air lumineux. Le silence qui revient. Lourd comme une brique, humide, collant.

Et la mouche qui repart.

Le réfrigérateur.

Je suis épuisé.

Apparaît derrière le comptoir un vieillard en robe de chambre bleue, usée.

– Mon auto s'est échouée sur le bord de l'autoroute. Pas loin. Du mauvais côté de la route. Panne d'essence.

Il ne répond pas. Je n'arrive pas à le regarder directement dans les pupilles couvertes de cataractes. Ce que je fixe, c'est un cathéter qui entre dans son bras, une longue aiguille plantée dans une grosse veine mauve, au creux de son coude. Un tuyau relie l'aiguille à

16

un sac de soluté plein d'un liquide bleu nucléaire suspendu à une patère sur roulettes.

– Il est quelle heure ?
– Vous voulez une chambre ?
– Le néon clignote, Vacancy. Il vous reste de la place ?
– C'est ça. Vous voulez une chambre. Cinq heures et demie.
– Quoi ?
– L'heure. Vous m'avez demandé l'heure. Vous la voulez, la chambre ?
– Une nuit. Juste une nuit.
– On dit ça. C'est ma mère qui nous a donné le motel.
– Pardon ?
– On travaille comme des chiens toute une vie, on sue, on se brise le dos, les jambes nous gonflent, les vergetures, les varices, l'arthrite, la cellulite… Et puis rien. Au bout de la vie, rien. Un motel décrépit avec des cinglés comme clients.
– Je comprends pas.
– Remplissez le formulaire.

Le vieux tremble, sa chair fait des petites vagues. Ses mains sont osseuses, tachées. Qu'il meure, après tout, je m'en fous. Derrière lui, une télé à l'écran huileux sans son semble crier des publicités sans arrêt et sans intérêt. En pleine sédimentation poussiéreuse, la télé. Sur elle, la même poussière graisseuse est en train de fossiliser sept gros pots de marinades déposés à l'envers contenant un serpent mariné qui se mange la queue. Les camions passent derrière les pots, dans le soleil surexposé. Le formol jaune nicotine agit comme un prisme, les dix-huit roues passent à l'envers dans les pots. Les mouettes volent à l'envers elles aussi, jaunies par la poussière et le formol. Elles se posent sur l'enseigne, jouent encore un peu dans le vent, à l'envers, dans le formol nicotine. Le vieux recommence lentement.

– Vous vous en foutez, de ma mère, hein ? Personne ne prend les vieux en pitié ici. On les laisse dans des salles grandes comme des arénas, ils pourrissent ensemble, oubliés.

– Je peux avoir ma clef ?

– Elle avait des bandages qui lui recouvraient les mains et les coudes pour pas qu'elle se mutile. C'est l'équipe médicale de l'asile pour vieux où ma sœur l'a stationnée qui a fait ça. Ma sœur me l'a dit. C'est elle qui a profité de la déchéance de maman. Elle. Toujours elle. La préférée. Signez ici.

Je signe. Le silence.

Le vieux referme d'un coup le registre de la réception.

– Elle est née avant moi, ma sœur, quelques secondes. Depuis, elle se prend pour la chef. On était complètement différents à la naissance, mais plus on a vieilli, plus on s'est mis à se ressembler. On a beaucoup vieilli, on est pareils maintenant. Presque pareils. Mais c'est elle qui est née en premier.

Arrive un gamin nerveux, maigre, qui regarde à terre. Il est albinos. Peut-être dix ans ? Difficile à dire. Tout blanc, presque transparent.

Le vieillard me tend une clef.

– Chambre 1. Saül va vous guider. Il est muet. C'est pratique, vous allez voir.

Muet et albinos. Il se joue dans les dents, le regard absent, les yeux rouges. Tout frêle dans sa chemise blanche, ses pantalons noirs trop grands. Une claque du vieux derrière la tête le sort de sa rêverie. Pas un son ne sort de sa bouche. Ça me donne le goût de me battre. Mais je ne bronche pas. Je suis un lâche. Une fois de plus. Je me dis qu'un coup de vent serait suffisant pour mettre le vieillard K.O. Alors, je ne fais rien.

– Check out time 10 o'clock, qu'il me lance, plein de défi.

Le petit me prend par la main, me guide hors de la réception. La porte-moustiquaire se referme derrière nous, un coup de fouet.

Le soleil se couche dans les vagues. Il se noie peu à peu, les veines ouvertes dans le rouge d'un grandiose bain de suicidé, entre les cargos indifférents. Chaque soir, il manque sa mort, le soleil. Peut-être que ce n'est pas mourir, qu'il veut ? Peut-être que tout ce qu'il veut, c'est qu'on prenne le temps de le regarder ?

L'accotement

Le pathétique cachalot noir pétrole qui me sert de véhicule est échoué dans l'herbe, le long du fossé. La portière est restée ouverte. Saül fait le tour en passant son doigt sur la poussière de la carrosserie. Au moment où je m'assois, une mouette paniquée me fait paniquer et sort en criant de l'auto, laissant quelques plumes. Elle était là, chez elle, sur le siège du conducteur, à regarder les aiguilles du tableau de bord, prête à prendre le volant. Elle a chié sur le cuir noir en s'envolant par la fenêtre du passager. Saül semble trouver ça très drôle.

Je nettoie le guano, je m'assois, je mets le moteur au neutre. Je fais signe à Saül de prendre le volant. Il a l'allure d'un roi blanc dans le noir opaque du pétrolier poussiéreux. Je me poste derrière, je pousse, épuisé, le ventre vide, sans même avoir pris l'apéro. L'auto se met tranquillement à rouler, Saül tourne le volant, la dirige vers le motel, sur la voie d'accotement. Il sourit en silence, dans le noir et blanc de son film muet. Merde que c'est lourd. La tête me tourne, j'ai la langue pâteuse. Peu à peu, j'arrive à la case 1 du stationnement du motel, la case qui m'est réservée. Comme un pro, Saül tourne le volant et l'auto se range à peu près entre les lignes du stationnement.

Ça devra faire.

Les mouettes : *De l'autre côté du motel, à l'abri des regards, un joggeur se dirige vers les vagues. Sans ralentir son rythme, il s'enfonce dans les flots comme on va travailler. Tout habillé. Souliers de course, complet veston. Il s'enfonce, plonge et disparaît dans les vagues, dans le soleil qui agonise de tout son sang sur* *la surface tachetée de cargos et de pétroliers. L'océan ne semble pas se formaliser de la chose, alors le soleil décide de continuer sa route.*

Chambre 1

Moi : Mes yeux prennent du temps à s'habituer à la pénombre. La chambre est rudimentaire, murs en contreplaqué, plafond bas, ventilateur, tapis en espèce de corduroy, avec des traces de brûlures un peu partout. Un tapis torturé, brûlé à la cigarette. Sur le mur, une photo bien encadrée d'un voilier bien centré dans un coucher de soleil bien horny. Le voilier a l'air en cage face à la mer et aux milliers de tonnes de métal qui y flottent. Deux portes, une vers la mer, une vers le stationnement. Deux portes, pour être toujours sûr de pouvoir fuir.

Saül m'indique la salle de bain en ne me lâchant pas des yeux. Il me montre comment fonctionne le ventilateur du plafond, pointe le minibar du doigt. Il me regarde. Il a l'air soulagé que je sois là. Il regarde le voilier avec l'air de vouloir embarquer. Il me regarde de nouveau, et la chambre se met à tourner tout à coup. Vertige. Je m'assois sur le lit. Juste une nuit, juré. Le plein d'essence et je disparais. La ligne pointillée de l'autoroute est une longue ligne CUT HERE, je dors un peu et je pars, je finis ma coupure avec le monde.

Saül me regarde toujours, il donne l'impression d'avoir fait une bonne affaire avec une bagnole usagée. Chez le concessionnaire de l'espoir, il semble m'avoir choisi comme auto sport. On ne parle pas. Il allume le ventilateur et sort en courant. La porte se referme. CUT HERE.

La chambre est vide. Je suis seul.

Le voilier se prend dans les glaces mornes de mon passé. CUT HERE. Je prends quelques somnifères et j'attends que mes nerfs arrêtent de vibrer. Je pourrais inonder mon oreiller. Je ne le fais pas.

Quatre heures du matin

Je fais des rêves inavouables.

On dit qu'avant le Big Bang, l'univers n'était pas plus gros que le bout d'une aiguille. Dieu se tient là, la pointe de l'aiguille de l'univers planté dans le bras. Dans la main, un calibre 33. Il monte le canon vers sa tempe, il me regarde, l'aiguille se vide dans son bras, le canon se colle contre sa tempe. Puis la détente. Et le Big Bang. Tout explose. L'univers se forme, les galaxies, les nébuleuses et les supernovas, les dinosaures, les ères glaciaires, l'âge de pierre et les âges d'or, les super stars, leur mal de vivre, elles veulent créer, être l'univers. Et ça recommence. Les stars se plantent l'aiguille dans le coude, elles me regardent, n'ont rien à dire, le canon monte jusqu'à la bouche…

Et la détente. Ça recommence, l'univers éclate encore une fois. Les galaxies, l'algue bleue, l'herbe bleue, le bleu des yeux d'un Dieu hébreu, un poisson sort de l'eau, il marche, l'invention du feu, de la roue, de la solitude, encore, encore, les télescopes, la relativité, la théorie des cordes, la corde au cou des inventeurs, Hiroshima, Nagasaki, l'univers explose encore, et encore, et encore…

Je me réveille en sursaut à chaque coup de feu, paniqué, dans le noir. Vidé, comme avalé par un aspirateur, comme avorté. C'est la routine.

Je trouve l'interrupteur et la lumière est.

Déjà, le rêve s'efface comme un crime parfait. Je ne me rappelle que des bribes. Puis, plus rien. Je cherche dans ma valise une nouvelle boîte de somnifères. Elles ne font plus le même effet qu'avant, les pilules, alors, je double la dose. Je regarde le voilier dans son cadre, dans le blanc des vagues, et j'attends le lever du soleil.

Le voilier continue de voguer dans son paysage de velours, malgré le fait que j'éteins la lumière.

Les mouettes : *Au-dessus de la réception, deux vieux hors d'âge font semblant de dormir, leurs dentiers fermentant dans du Pepsodent. À l'autre extrémité du motel, un enfant garde les yeux ouverts. Il serre son oreiller en plume en attendant le pire. Quelques portes plus loin, une femme de ménage gémit, ses superbes jambes offertes, les doigts bien enfouis dans son sexe ruisselant. Ses seins sont des étoiles qui rêvent d'éclater, une de ses mains s'y dirige, son sexe est la Voie lactée qui scintille, son plaisir coule de sa vulve entre ses fesses, elle y enfonce ses doigts tout en se pinçant un mamelon, en levant le bassin. Elle se tourne sur le ventre, offrant ses fesses humides à l'univers, elle gémit, le visage dans l'oreiller, les seins se caressant lentement sur les draps... Et c'est pas désagréable à regarder !*

Lorsqu'elle jouit, son orgasme apporte la pluie. Qui clapote sur le toit des autos du parking. Qui fait des petits ronds sur le sable de la plage, sur les vagues. Alors, on s'envole au large, le ventre creux, pour la première pêche de la journée.

Au loin, au milieu des albatros perchés au bord d'un pétrolier, un homme nu en souliers de course plonge du pont dans le noir de l'océan. Les albatros le regardent et cachent leur tête sous leurs plumes pour se protéger de l'orage qui s'abat sur la baie. Ils sont frileux, les albatros. C'est pas comme nous !

L'aube

Le soleil : *La mer est noire, nappe de pétrole sans fin. Le soleil ne s'est pas encore levé. Les mouettes par contre, oui. Il a plu cette nuit. Les mouettes sont furieuses, elles s'engueulent, les pattes palmées sur la rouille de l'enseigne du motel, leurs plumes blanches et grises dégoulinant de pluie. Elles regardent les nuages lourds qui se découpent peu à peu du noir de la nuit, tournent au vert, au mauve, au rouge sang de bœuf, sang de corrida.*

Puis le borgne céleste sort son œil de la vase et des algues et s'en va faire son boulot. Son regard saigne dans l'océan, entre les nuages et l'horizon. Il aperçoit un homme sortir des flots écumants de la mer. L'homme court hors des vagues, complètement nu, à l'exception d'une paire de souliers de course. Des Nike, qui font un bruit obscène à chaque pas dans le sable mouillé. L'homme halète et dégouline. Les mouettes qui le voient remonter la plage devant le motel ne se formalisent pas. Reines des lieux, elles passent plutôt en revue leurs plumes cendrées, en s'engueulant toujours, par habitude. Le coureur se dirige vers la réception. Du sel sur la peau, sur le sexe. Musclé, buriné par le soleil, un vieux tatouage sur le bras. Il entre dans le motel, les souliers pleins de sable collant et mouillé. Le battant de la porte-moustiquaire se referme violemment derrière lui et les oiseaux sur l'enseigne s'envolent. Le vieux de la réception tend son registre. Les vieux, ça dort peu. Le client signe et ressort sans dire un mot.

De son côté, le borgne hésite. Finalement, il décide de continuer son chemin, au moment même où l'homme entre dans la chambre 7. Le borgne est un maniaco-dépressif. Et il parle toujours de lui à la troisième personne.

Le chant des sirènes

Le stationnement

Moi : Je me redresse d'un coup, réveillé en sursaut comme tous les matins. Le cœur en bataille, j'aperçois par la fenêtre un squelette de baleine sur la plage, avant que ma tête ne retombe sur l'oreiller. Un squelette avec ses côtes blanches, longues, une carcasse gigantesque, objet perdu, énorme coquillage sur la plage des dieux. Je reprends mon souffle, les yeux ouverts, à regarder l'hélice du ventilateur au plafond tourner en rond comme un hors-bord.

Je me redresse encore. Ce que j'ai pris pour un squelette, c'est une carcasse d'auto. Il faut vraiment être en Amérique pour prendre une carcasse d'auto dépecée pour un cadavre de cétacé. Une Cadillac décapotable dorée. En très bon état, la carcasse. Sans une trace de rouille. Huilée, chromée, mais découpée au rasoir. La carrosserie tranchée au compas, en morceau, décortiquée. Plus de volant. Les roues brillantes de propreté sur des bûches salées blanchies par la marée. Pas de baleine. Pas de plage. La fenêtre près de mon lit donne sur le stationnement. Et sur un verger de l'autre côté de l'autoroute.

Je me lève. Ma bouche a un goût de désinfectant d'hôpital. Je bois à même le robinet. Je me passe la tête au complet sous l'eau froide, je la laisse couler, longtemps. Je sors mon rasoir de plastique, mes lames Mac 3 de Gillette et ma bombe de crème sans émission de CFC. Le voilier se tient immobile dans son cadre. Immobile,

24

romantique et imbécile. Je vais me raser tranquillement, et ensuite, je vais aller me baigner. Je vais me planter les pieds dans le sable. Je vais avancer dans l'eau froide et salée. Je vais plonger. Après je déguerpis.

Ma lame fait des vagues dans la mousse.

Une fois rasé, je me repasse la tête sous l'eau froide. J'ouvre la porte de ma chambre. Sur le perron, je surprends Saül. À ses côtés, une très jolie femme sursaute en me voyant. Trop sexy pour que ce soit prudent. Elle me regarde avec un mélange de culpabilité et de sensualité. Elle respire l'amour. Un tablier blanc encadre ses seins comme une carte postale de cumulus confortables et invitants. C'est la ménagère. Le petit part en courant, elle le suit en pouffant de rire.

Il fait chaud. L'air sent bon la mer. Des palmiers voudraient pousser dans les cris des mouettes. Ça sent les vacances. Assis sur le perron de la chambre 7, un homme regarde au large, la main sur un Thermos fumant. Fatigué. Il se lève, va vers son hamac. S'y couche. Sans même me regarder.

Le ressac

Je marche sur le sable chaud. Je trempe mes pieds dans l'eau. J'avance dans les vagues. Je les laisse se fracasser sur moi, bouillonner. Le sel se colle à ma peau. Mes lèvres goûtent le poisson et les algues. Les mouettes me regardent avec appétit comme un gros poisson hors de prix. Je plonge et laisse les vagues s'écrouler. Je me redresse, debout dans l'eau, les pieds dans le sable. Plein de poissons minuscules me mordillent les genoux. Je plonge encore. Je nage vers le large.

L'océan m'avale, les vagues se brisent. Je traverse les sept premières. Je nage vers les cargos au loin, tranquillement. Mes pensées ralentissent, mon corps travaille, il s'oublie. Je me saoule d'eau, de vagues, de grand air.

J'ai laissé ma mémoire sur la plage, avec mes envies de gloire, mes besoins de victoire, de réussite, d'olives et de martini flambé à la flamme olympique. Je plonge plus loin dans l'oubli. Je remonte en moi. Je redeviens primaire, primate, mammifère, reptile, poisson. J'accepte l'attraction lunaire, la pulsion de la mort. Je ne suis qu'une algue bleue portée par le courant, attirée vers le large, vers l'immensité.

Le ressac me prend par le courant, par la main, il m'invite à dormir au fond, avec les méduses, les raies manta, les requins-nourrices, il m'invite à dormir dans l'encre noire des calmars géants, dans l'encre rouge du soleil qui écoute tous les soirs le chant des sirènes, l'appel du ressac, le réconfort de la vase, le réconfort de ne plus être seul, petit, perdu. Même le soleil se couche ici le soir, me chuchote le ressac.

Je suis l'océan Pacifique. Les cargos sont si petits sur mon ventre à mesure que j'avance.

Je me laisse aller. Les bulles s'élèvent entre le soleil et moi, entre le ciel et moi. La berceuse des sirènes m'endort comme tout devient trouble.

Prends-moi la main. Ferme mes yeux. Berce-moi comme au début des temps. Lave-moi de ton sel, lave mes rides et mes angoisses de ton iode, nourris-moi d'eau, d'algues, de rêve et de vase. Je ne suis qu'une algue bleue dans le bleu de tes yeux. Change ma vie, pleure ma mort, ouvre les jambes, appelle-moi quand tu jouis, avale-moi doucement, prends-moi, noie-moi. Vole-moi l'air que je respire sans savoir pourquoi.
Le silence capitonné.
Rien.
L'eau salée.

Les bulles. Des milliards d'yeux qui me regardent en apesanteur, dans le silence, entre deux eaux.

Moi qui, finalement, ne veux pas mourir.

Mes poumons se remplissent d'eau.

Noir.

Drift net

Une main me sort de l'eau, des bras me tirent difficilement hors de l'océan, vers l'air, vers la vie.

Je m'échoue au fond d'une chaloupe, je vomis le vide rempli d'eau, mes poumons rugissent, m'arrachent les yeux, je vomis, je tousse, la face dans le fond visqueux.

– C'est le ressac, que j'entends…

Je tousse encore, l'eau me sort des yeux, j'implose.

– C'est juste le ressac. Inquiète-toi pas.

Je cherche l'air, ma gorge s'arrache, mes narines brûlent, mes sinus éclatent, je me vide dans le fond humide de la chaloupe, entre les filets, les rames et les hameçons.

– Prends-le pas personnel.

L'air fait son chemin difficile et douloureux vers mes poumons. Je reprends peu à peu mon souffle. Mes yeux sont collés, mes cheveux sont pleins de vomi médicamenté. Je respire enfin un peu. Je crache, je morve, la salive coule de mes lèvres comme un filet de pêcheur. Je m'allonge sur le dos. Je ferme les paupières, bercé par le clapotis de l'eau. Le soleil me lèche, me sèche avec compassion. Il sait ce que c'est. Doit sortir tous les matins du chant des sirènes. Je m'endors, le cœur dans un cimetière à baleine. Je dors au soleil. Comme un vacancier.

Même la mort mérite des vacances au soleil.

Heaven Restaurant

J'aimerais avoir la force de marcher sur l'eau, de me changer en héros dans une cabine téléphonique sale. J'aimerais savoir prendre le poids du monde en une poignée de main, prendre quelqu'un dans mes bras, que tu t'y sentes au chaud. Que tu te réfugies en moi avec mousse isolante et confort d'hiver. J'aimerais avoir le cœur de l'homme fort, le courage de la femme à barbe, savoir t'aimer, savoir m'aimer, être à la hauteur. Savoir ce que c'est, un homme, à l'époque des lignes érotiques, de la rape dope et des agences de rencontre, à l'époque monoparentale des pensions alimentaires et des vibrateurs multifonctions. Avoir des médailles à cacher, des olives à partager, être fier d'avoir passé l'hiver et te rendre fière d'être à mes côtés. J'aimerais savoir être viril comme un char volé et doux comme une promesse tenue. J'aimerais savoir élever tes enfants, te vider la tête par le sexe, te faire jouir bruyamment tous tes problèmes et faire la vaisselle en partant.

Je ne suis qu'une bouteille à la mer. J'en ai bu le fond, je me suis vu, dans la vase, au fond de l'océan. Je ne veux pas écouter les lignes ouvertes à la radio ou aux poignets. Je ne veux pas booster les statistiques aux stéroïdes. Je ne veux pas sauter en bas d'un pont ou avaler d'un coup ma valise de médicaments.

Mon sauveur et moi, on est attablés de chaque côté d'une nappe quadrillée rouge et blanc, dans la pénombre du petit restaurant du motel. Mon sauveteur est un grand homme, avec casquette de concessionnaire et flotte de bagues aux doigts. En camisole et chienne de travailleur. Il sourit d'un sourire maigre mais franc.

Des pieds frottent sur le plancher. Je me retourne, la vieille de la réception se tient devant moi. Il me semblait que c'était un vieux ? Elle porte un uniforme de serveuse noir et blanc, directement sorti d'un film des années cinquante. Les mains osseuses, des taches sur les bras, la peau qui pend, les cheveux épars, blancs jaunis. Elle n'a pas de soluté dans le bras, j'ai dû halluciner. Elle note ma commande, trempant sa feuille de ses mains encore luisantes d'eau de vaisselle. Deux œufs tournés avec patates sautées, un café et un grand verre de jus d'orange.

Mon sauveteur ne prend rien. Il m'a vu m'éloigner, qu'il m'explique d'un ton monotone. Comme s'il me comprenait. Il m'a sauvé la vie. Mais il ne veut rien manger. Même si c'est moi qui paye. Il est écrit sur sa casquette rouge *Kaïn Silicone Body Shop*.

Il commence tranquillement son histoire.

Body shop

Chambre 8

Kaïn Silicone : Allez, allez, faites comme chez vous, tout ce que vous voulez, je l'ai. Cadillac, Oldsmobile, Pontiac, Chrysler, whatever, en partie, en morceau, repeinturé, rénové, je l'ai. Kaïn Silicone, c'est moi. Je vends des vieilles autos de l'année, brand new used cars, j'ai un bon prix pour ton rêve usagé. L'univers sur quatre roues, le bonheur au rétroviseur, sans freins, avec air climatisé, les sièges arrière défoncés, les condoms usagés, tout ça, et bien plus encore. Dis-moi tes plus grands vœux, je te dis combien de milles au gallon ça fait pour tes illusions bidon.

J'ai tout vendu. L'amour à un détaillant pelliculeux, la mer à un alcoolique, la mort à un nouveau-né.

J'ai même vendu mon cœur à l'heure.

La femme de ma vie était une auto sport de l'année, moi, je suis une vieille minoune rouillée, un vieux cœur percé.

Achetez-moi.

Je lui ai dit : pars pas my love. Ensemble on va descendre en Floride. Lentement. Je vais prendre les clefs de la Cadillac dorée, on va se coller sur le cuir rose de la grande banquette avant, tu vas mettre tes si belles cuisses sur la sueur du similisuède. Je parlerai pas, je boirai pas, je vais juste rouler lentement, lentement. Va-t'en pas, please, va-t'en pas. Laisse-moi pas seul, au rancart. On va s'arrêter au drive-thru, on va passer une commande à l'auto, on va prendre extra napkin, et après, on va aller au drive-in ! On va aller voir un film de char, avec poursuite et baise sur la banquette arrière, back seat love. Ensuite, on va se faire un peu de parking, on va baisser la capote automatique, on va baiser sans capote si tu veux mon amour, on va faire des bébés sous les étoiles, comme un show de boucane, un skid burn sur mon corps, tes seins comme un volant sport, laisse-moi pas seul comme un mag de roue perdu, comme un muffler percé abandonné sur la chaussée.

Elle a pleuré en silence. Elle a changé le poste de la radio, ses doigts vernis bleu metalflake sur les boutons chromés, et elle m'a dit de peser sur le gaz. On est rentrés au body shop. Je suis venu chercher une chambre au motel pour finir la soirée pendant qu'elle, elle remettait du vernis sur ses ongles d'orteils. Une chambre pour finir la soirée romantique, avec lit en cœur, miroirs et film de fesses. À la télé de la réception, c'était le Grand Prix, rediffusion. Ç'a été long. J'ai parlé avec le vieux extra-vieux, il y a eu une pub de Chrysler, le char de l'année payez l'année prochaine, et je suis allé la chercher. Mon amour est un char volé.

Le garage était sombre, le moteur roulait. Elle avait parti la Cadillac, elle avait laissé rouler le moteur flambant neuf comme j'avais laissé rouler les années de notre amour sans m'en occuper. Elle avait laissé rouler les pistons bien huilés, un tuyau sur l'exhaust. La gueule du muffler gueulait le manque d'amour, le manque d'attention, de petits détails, de je t'aime simple, un peu parfumé, petit sapin air freshener sur sa dévotion. Elle a mis le tuyau dans la fenêtre, elle a fermé ses yeux si doux avec le mascara qui coule comme l'huile qui fuit, ses yeux si doux, qui aimaient comme des phares brouillards. Et dans le brouillard de larmes des vies manquées, de la solitude usagée, même pas repeinturée, elle s'est endormie tranquillement comme une bonne suspension. Monoxyde de carbone. Aspirateur sur une maison vide et sur ma secrétaire jarretelle, écartée sur le bureau comme une femme de calendrier et mes mains noires, poisseuses, qui caressent les fesses du mois de mars, ses fesses seconde main, pendant qu'elle, mon amour, mon char volé, elle attend devant un repas froid, comme une crevaison, elle qui attend dans un garage sombre que sa vie se dégonfle, que sa vie coule par un trou dans la tank à gaz et que la panne d'essence éteigne la spark plug de son cœur.

J'y parlais d'une job de body. Je voulais lui refaire les seins, lui chromer les mags, huiler son moteur pour qu'elle tourne comme un rêve de princesse, je voulais qu'elle soit belle comme un carburateur. Je voulais qu'on prenne l'autoroute et qu'on roule jusqu'au bonheur.

Mais non. Face à face avec moi-même à deux cents milles à l'heure. Perte totale.

Je suis revenu au motel avec la Cadillac, en roulant en dessous de la limite de vitesse. Le vieux très vieux de la réception s'est avéré être une vieille très vieille et j'ai apprécié la délicatesse. C'était mieux comme ça. Les femmes, la mienne, la morte, et la vieille, ont pu s'entendre, se comprendre. Moi, ça a l'air que j'avais manqué la sortie. Le corbillard est arrivé après l'ambulance. Le cortège est parti sans moi, sur un crissement de pneus. Moi, j'ai pas suivi, j'ai pas pris mon auto pour les suivre, je ne tolère plus l'odeur du gaz. L'amour, ça n'a pas de pneu de rechange. Dorénavant, je marche. Mais je marche pas beaucoup, j'ai nulle part où aller. C'est que, ce jour-là, j'ai pris le champ. J'ai pris aussi une chambre au motel, avec stationnement. Numéro 8 comme les huit cylindres de l'assassin qu'est ma Cadillac. Numéro 8. Avec stationnement. J'ai parqué le meurtrier. J'ai avalé la clef. Ensuite, j'ai arraché le bouton chromé de la radio qui avait été titillé par ses doigts bleu metalflake et lui aussi je l'ai avalé. Machinalement. Après, je suis passé aux poignées de fenêtre. Ça m'a donné une idée. J'ai concassé les miroirs, très fin. Je les ai bus sur glace. Et j'ai pissé du sang. Alors, j'ai décidé d'y aller méthodiquement pour être sûr de passer à travers toutes les pièces de l'auto. Et je continue. Au début, je ne comprenais pas ce que je faisais. Mais quand j'ai démonté le volant sport qui dirigeait ma vie, et que je l'ai découpé en mini morceaux, minutieusement, j'ai vu où le highway m'amenait et j'ai pesé sur le gaz. Peu à peu, mois après mois, j'ai mangé les pneus quatre saisons, les phares, la carrosserie, tranquillement, pour ne pas être trop malade, pour pouvoir atteindre la fin de l'autoroute, pour être sûr de manger le moteur usagé.

Et la vie après la mort sera suprême sans plomb.

Kaïn's Body Shop

**Chars volés, usagés, de l'année
Brand new used cars
Second hand love, second hand sex, second hand death**

La quatrième place

Moi : Les déjeuners de restaurants d'autoroute ont le réconfort des enfances heureuses. Il est écrit *Welcome* sur le napperon. C'est des détails comme ça qui tiennent l'univers ensemble. Un déjeuner pareil à tous les autres, pour ceux qui passent, qui voyagent seuls, qui se font réchauffer leurs cafés, qui lisent des journaux usagés pour passer le temps. Les greasy spoon d'autoroute sont les grains de beauté sur le dos de pute de l'Amérique.

Après que la vieille a ôté mon assiette de sa main trempée, Kaïn et moi, on s'est installés sur les chaises longues devant sa chambre. Et maintenant, on boit. Il s'est fait un drink postmoderne, mélange de Prestone et de rhum blanc, et moi, je tombe au fond d'une bouteille de mescal, peu à peu. Le soleil est haut, ma peau salée est collée au plastique multicolore de la chaise longue. Et il continue son histoire. Il parle lentement, tendrement. Et quand ça semble difficile à avaler, il fait passer le tout par une gorgée de son liquide bleu néon. Il nous ressert en silence, de ses mains pleines de bagues, avec la complicité des compagnons de cellules. Tout ce qu'il dit, la manière dont il fait les choses, dont il me ressert, tout montre une sensibilité qui détonne tellement avec son apparence qu'on jurerait qu'il a été postsynchronisé. Saül s'approche et s'assoit à côté de nous, les pieds blancs dans le sable, les yeux plantés dans les voiles des dériveurs qui tournent autour des pétroliers. Il traîne là, à côté de nous, comme une mouette qui quémande du pain.

Kaïn se tait. Son regard plonge lui aussi dans les pétroliers. L'histoire est finie. On regarde le soleil se justifier, expliquer que les traces de rouge à lèvres sur le col des nuages et dans le cou des vagues ne sont pas ce qu'on pense. Les cargos immobiles se découpent à contre-jour. Les mouettes jouent à être des voiliers trois mâts. Les vacances au bord de la mer devraient être prescrites par le ministère de la Santé mentale. Mais les compagnies pharmaceutiques s'empresseraient immédiatement de mettre un embargo. Pas bon, les vacances, pour les ventes d'antidépresseurs.

La nuit tombée, on passe à table sur la terrasse du restaurant. Homards et risotto aux champignons pour Saül et moi, phare brouillard aux petits pois et risotto aux champignons pour Kaïn. Le tout arrosé de vin blanc et rouge. Les bienheureux ont une bavette au cou et du beurre au menton.

La quatrième place reste vide.

Saül refuse de boire la limonade offerte par la maison et se sert de blanc. Les carcasses de homards retournent à la mer, vidées. Les bienheureux ont des verres tachés de doigts pleins d'huile.

La quatrième place est vide comme les homards rouges dans les vagues.

Saül se lève et se met à courir sur la plage en faisant l'avion. Il chante, m'explique Kaïn. Les bienheureux ont les pieds pleins de sable.

– Je voulais te présenter Wendy, qu'il me dit. Mais je crois qu'elle ne viendra pas. C'est la femme de ménage du motel. Une artiste. Je n'ai pas le tour avec les femmes.

Les bienheureux ne dorment pas seuls.

Circuit fermé

2006. Rebecca Riley est morte d'une surdose de médicaments psychiatriques. Elle avait quatre ans.

La Presse, 25 février 2007.

Pleine lune

Saül : Je suis un oiseau blanc et je cours vite.

On a bien fait de manger le dernier homard, la chambre 1 et moi, parce que Wendy viendra pas. Elle me l'a dit, Wendy, qu'elle viendrait pas. Elle me parle des fois parce qu'elle sait que je dirai rien. Je parlerai jamais sous la torture. Tout le monde parle sous la torture, sauf les muets.

J'ai la bouche ouverte et je crie plus fort que les gros bateaux. J'aimerais bien savoir voler. Les mouettes, elles, elles savent voler. Wendy viendra pas parce que Kaïn veut pas qu'elle fasse son ménage. Il aime une morte. Ou une auto, j'ai pas bien compris. Les mouettes font des sons qui reposent, c'est comme de la couleur dans mes oreilles. C'est beau, la couleur. Wendy, elle veut nettoyer les chambres. Kaïn lui a dit qu'il ferait son ménage seul. Que Kaïn veuille pas d'elle, ça la rend triste, Wendy. Elle est très belle, Wendy. Elle ne fait pas le ménage de ma chambre non plus. Elle dit que je suis trop jeune.

36

J'aimerais bien la voir toute nue. Je suis pas une mouette. Mais je sais faire l'avion. Je crie en silence. Il faut pas qu'il pourrisse, le silence, alors je fais l'avion sur la plage, la bouche ouverte dans le sable humide, le ventre plein de vin et de homard. Et ça tourne. Ça tourne. Je plonge dans le sable de la plage. J'ai la face plantée dans le sable. Les vagues me lavent le visage. Alors moi aussi, avec mes yeux, je fais des vagues. Je fais des bulles !

L'escalier

Le vieux : Mon oreiller bien ordonné est odorant. Il sent le lait séché. Caillé. Pourri. Il est couvert de cheveux gris et de petits morceaux de pellicules mortes. Ma vieille peau qui tombe par plaques de mon crâne partiellement chevelu. On dirait des petits pays qui se séparent, de plus en plus petits. Même mes dents ont gagné leur référendum unilatéral. Elles se séparent une à une, peu à peu, et moi, aussi sûrement que je reste en vie, je retourne aux couches. Mon incontinence me fait vomir. Mais à mon âge, on sait vomir intérieurement sans que ça paraisse. Et l'odeur d'ammoniaque se mélange à celle de mon scalp morcelé, de mon oreiller odorant, de mon haleine de morgue et du vacarme olfactif de mes aisselles.

Alors, comme toutes les fois où c'en est trop, je me lève. Pour ne pas gerber sur les taches de ma peau, pour ne pas la réveiller, elle, qui est exactement pareille à moi. Une loque dégoulinante, au féminin. Un miroir de chair odorante. Je sais que je pue, que ma peau est paresseusement gélatineuse, que j'ai l'air d'être en perpétuel tremblement de terre parce qu'elle est là, dans ma vie quotidienne, à me servir de miroir. On a chacun une boîte de médicaments avec des compartiments. La sienne est rose, la mienne est bleue. Comme nos chambres quand on était morveux. Comme nos pyjamas souillés.

Je mets ma robe de chambre, celle qui engrange mon odeur pour les générations à suivre. Je mets mes pantoufles. Mes ongles d'orteils sont blanchâtres, presque bleus. Le même bleu que ma robe de chambre usée. Que mes pantoufles. Dans l'autre lit simple, elle me regarde. Elle s'est fait enlever les cataractes. Elle doit se voir dépérir en moi encore plus que moi je me vois dépérir en elle. Elle pleure comme un vieux chien sans poils qui a du mucus noir au coin des yeux. Ses yeux pleurent constamment. Effet secondaire de la chirurgie. Elle ne vit plus dans un brouillard lait caillé, mais dans le givre d'un gin glacé. Elle me fait vomir.

Je descends à la réception. Dès que je suis hors de sa vue de myope sénile, je tire sur le tuyau de l'aiguille plantée dans ma veine caoutchoutée. Le soluté glisse et déboule l'escalier vers la réception. Je m'en fous. Elle soupire. Je m'en fous. Je vomis dans mon âme toutes les pilules et surtout les diamants bleus que je dissous dans le soluté. Qui lui donne cette teinte bleuâtre, comme de l'eau avec de l'engrais. Pfizer. Viagra. Petits losanges bleus pour mon pénis allongé par les années. Fertilisant à organe masculin vendu dans des boîtes sans date d'expiration, dilué dans du soluté et administré par voie intraveineuse.

Le sable

Saül : Le sable colle. À ma peau, dans mes narines. Sur mes lèvres. Dans ma bouche stupide. Dans ma bouche inutile. Les vagues se promènent devant moi, sur moi, dans moi, noires avec de la mousse blanche comme la mousse dans le chaudron des homards. La lune bout dans le chaudron de la mer. C'est la première fois que je mange du homard. C'est la première fois que j'ai pas envie de parler. Kaïn et l'autre me parlaient comme si j'avais toujours le droit de répondre, je répondais pas. Au lieu de répondre, je me resservais du vin. J'ai dix ans. Et même si j'ai dix ans, ils m'ont jamais reproché de boire. Ils m'ont jamais parlé comme si mon cerveau avait manqué d'air à la naissance. Ils m'ont dit que le vin blanc, c'est meilleur froid, mais ils l'ont dit en attendant mon avis. Et je me suis resservi. Ils en ont plus reparlé. Et quand ils se servaient, si mon verre était vide, ils le remplissaient. La terre tourne vite. Est-ce qu'être bien a un effet sur la vitesse de la terre qui tourne ? Wendy me le dirait. Elle sait ces choses-là, Wendy. Elle est très intelligente, même si elle est pas très heureuse. Il y a pas beaucoup de gens heureux. Ils sont pas blancs ni muets, mais ils sont pas heureux. Je comprends pas toujours pourquoi. Le blanc, c'est meilleur froid. Ça non plus je comprends pas. Mais moi, maintenant, je suis heureux.

Programmation de nuit

Le vieux : La télé sans son éclaire la réception avec une info-pub sur un truc pour se faire des abdominaux sans faire d'exercice. Une machine qu'on se colle au ventre et qui vibre, et après une semaine, on a le corps d'un con. Je contourne le comptoir. La télé allonge les formes de la réception, changeant l'éclairage, bougeant à une vitesse folle. Je sors. Mes pantoufles pénètrent dans le sable imbibé de rosée avec un bruit que je devine davantage que je ne l'entends. Le sable colle à la laine bleue de mes pantoufles.

Marée montante

Saül : Je bouge pas. Je regarde la marée qui monte et qui entre dans ma bouche ouverte. Qui monte et qui descend dans chaque vague. La marée monte. Si dans chaque journée il y a une vie, comme le dit Wendy, alors j'ai vécu une belle vie. Je vis une belle journée.

Under Toad

Le vieux : Qu'est-ce que tu fais ici, morveux ? Tu veux crever ? Avant moi ? Alors crève tout seul. Tu sens l'alcool. Tu pollues la mer avec tes vomissures. Tu me fais vomir. Tu te penses jeune, tu crois que la vie est devant toi. Tu n'as pas de vie. Tu n'es rien. Tu es blanc comme une fiente. Je te pisse dessus, fiente d'oiseau. Tiens, c'est ça. Je prends mon temps et je te pisse dessus.

Lit double

Moi : Je ne dors pas. J'ai pas dû prendre la bonne pilule à la loto quand j'ai pigé dans ma valise. Dormir seul, c'est comme dormir dans de la viande réfrigérée, collante. Et de downloader le dernier vidéo de Jesse Jane en infirmière qui se fait prendre par sept docteurs dans toutes les positions du guide moderne de médecine, ou de downloader celui de Caprice sur la plage avec trois autres nymphettes pleines de palmiers de plastique dans tous les orifices, ça ne change rien au froid qui règne dans un lit simple. Mais ça passe le temps. Et ça donne toujours l'impression que c'est possible, que nous aussi, on y a droit, qu'un jour, ça va nous arriver, que c'est ça, l'Amérique, on a tous notre chance. On n'est pas des esclaves, on est des rois temporairement dans l'embarras, en attente d'un royaume. Alors on rêve. Et on se voit dans les bras de nymphettes de silicone. On se réveille le lendemain encore plus à vif, rempli d'images encore plus inatteignables, rempli de femmes irréelles qui sucent toujours comme si la mort attendait au bout de la pipe. La femme de notre vie à 69 ¢ la minute. Pas étonnant que de plus en plus d'étudiants ouvrent le feu dans les écoles. La blonde aux lèvres juteuses comme une publicité ou la Cadillac de l'année rapide comme la célébrité, dans le sous-sol où ils habitent, ils ne les verront jamais. Ils savent que la star porno invite toujours quelqu'un d'autre, qu'il n'y a pas assez de place pour eux dans la bagnole.

Il y a une demoiselle seule qui m'aime tellement qu'elle se déshabille en me regardant sur une musique bon marché. Elle ferme les yeux, se passe les mains sur les seins, se cambre, gémit. En tassant timidement sa culotte pour me faire voir ce dont elle a envie… Naturellement, c'est de moi qu'elle a envie. Elle se mouille les doigts, écarte ses lèvres. Son sexe épilé, ses fesses offertes, sa vulve humide, ouverte, son clitoris… Elle ferme les yeux, se tourne, baisse sa culotte, la laisse sur ses chevilles, écarte les jambes, cambre le dos, me montre ses fesses, son cul, son sexe gonflé, elle me regarde toujours, me parle tout bas, me dit ce qu'elle attend de moi, elle s'enfonce un doigt, puis deux, juste pour moi, elle les suce, les replonge, écarte les fesses de sa main, me supplie tout bas, encore et encore, elle ouvre encore plus les jambes, les fesses, elle se caresse partout, elle a besoin de moi, elle arrête pas, elle sait ce qu'elle fait, ce qu'elle attend de moi, elle mouille, se cambre, souffle, coule, s'enfonce encore plus profond dans son sexe, dans son cul, une main devant, l'autre derrière, fort, vite, plus fort, plus vite, elle crie, se lèche, se pince les seins, le clitoris, se mord les lèvres, s'écarte les fesses, plus fort, plus vite, plus gros, moins cher, plus blanc, plus rapide, plus grand, moins de sucre, moins de gras, plus longtemps, plus résistant, plus puissant, garanti vingt ans, achetez maintenant, payez dans cent ans !

Je m'endors au bout de la terre, là où se saoulent les monstres et où le soleil vomit. Je m'endors bien médicamenté, comme un dieu du 21e siècle. Je suis dépendant du comptoir des produits pharmaceutiques. Comme beaucoup d'autres. On va tous être déprimés, antidépressifs, stabilisés de la sérotonine, somnifères le soir, wake-up pills le matin, tant que la dépression va se chiffrer à coups de milliards dans les coffres-forts et les chambres froides des pushers en sarrau.

C'est ma deuxième nuit au motel. Je ne suis pas parti.

Airbag

Les mouettes : Dans la salle de bain de la chambre 8, Kaïn se tord les boyaux.

Kaïn : Dans ma prochaine vie, je vais être une intersection à quatre voies. Les autos, les camionnettes, les autobus, les dix-huit roues vont me passer dessus.

La honte

Les mouettes : Tandis que le soleil boude sous la surface des flots, préparant son entrée de drama queen, un homme nu sort furieux des vagues tout aussi furieuses. Il porte encore ses souliers de course

41

Nike qui font le même bruit obscène à chaque pas sur le sable. Il porte surtout un gamin albinos inconscient, trempé par la marée.

Adam : Les morveux ne devraient pas avoir à se saouler pour se sentir vivre, ni avoir à sucer un tuyau d'échappement pour oublier leur état d'adulte précoce. Les dépressions infantiles sont des preuves sans doute raisonnables de la criminalité de nos systèmes. Faire semblant d'être heureux, c'est collaborer avec l'ennemi. Les aveugles sont coupables.

À deux ans, Rebecca Riley a reçu un diagnostic de TDAH et de bipolarité. Elle prenait chaque jour de la Clonidine, du Depakote et du Seroquel. Ses parents lui disaient qu'il s'agissait de « pilules pour être content » (*happy pills*).

La Presse, 25 février 2007.

Rorschach wallpaper test

Yacht privé

Les mouettes : *Au loin, le soleil se lève. Il s'est mis du fard à paupière rouge comme un travelo, et ça déborde partout sur les vagues. Un peu plus près, entre les énormes cargos qui s'en foutent, des vagues rouges, un yacht avance. Il a vogué toute la nuit. Sur le pont, juste devant la proue, se tient une sirène, couchée sous un chapeau de paille de la taille d'un parasol. Le chapeau est attaché par un ruban, plié par le vent. Les remous semblent faire mal à la dame. À ses côtés, un perroquet multicolore lance des injures aux vagues de l'océan.*

– Connaaasses ! Vous faites mal. Maaaal. Connaaaasses. Un homme à la meeeer !
– Une femme, gémit la sirène. Une femme. Pas un homme, stupide oiseau, une femme…
– Un homme à la meeeer !

La sirène a le corps, des jambes à la poitrine, dans des bandages blanc cru. Elle a la beauté des Grecques, une beauté racée d'îles endurcies par le vent, angulaire comme une falaise. Large d'épaules, forte de menton. On devine de superbes seins ronds comme des boulets sous la toile blanche des bandages. Chaque vague lui fait serrer les dents, serrer les poings. Elle est blanche, elle va s'évanouir sous peu.

43

– Il faut arrêter quelque part. J'en peux plus.
– Un homme à la meeeer !
– Il y a un motel sur la côte, là-bas.
– Connard ! Un homme à la meeeer ! Idiot ! Un homme à la meeeeeeeeeeeeeer !

Il rigole bien, le perroquet, à envoyer chier tout ce qui bouge !

Le yacht blanc avance vers le motel dans le rouge du soleil qui se lève. La sirène aperçoit le tout-nu, furieux, qui sort de la réception. Un sourire vient illuminer le visage javellisé de la souffrante. Le tout-nu jogge sur la plage pour ensuite entrer dans une des chambres.

– Il semble très bien, ce motel ! Très accueillant !
– Cochon ! Sale pervers ! Cochoooon !

Elle se recouche sous la paille de son chapeau, le sourire satisfait, les dents serrées. Lunettes fumées et soutien-gorge blindé. Ses seins si ronds retombent avec douleur, à chaque soubresaut du bateau.

– Cochon ! Perveeeeeeeeeeeeeeeeeeers !

Please do the room

Moi : Ça ne marche pas. Mon linge sent la lavande, il est rangé dans la commode, le lavabo est propre, les serviettes sont pliées, le petit savon est emballé, même le lit est fait, comme si on l'avait fait avec moi dedans. Ma chambre a été nettoyée pendant mon sommeil.

Ça sent trop bon ici.

Je me lave. Je fais des vagues sur mon visage avec la crème à raser. Je me rase.

Je salue le voilier bien encadré et je sors. Une dernière baignade et je m'en vais.

Devant ma porte-moustiquaire, une mouette morte. Et je me mets à pleurer. Elle est là, sur le similigazon vert broché sur le ciment, devant ma chambre. Désarticulée, morte, raide. Des fourmis lui jouent dans les yeux. Juste à côté d'une des chaises rondes en plastique rouge. Le cou cassé. Analphabète, inarticulée, inutile. Merde.

Je me contrôle. Je me calme. Je vais m'en occuper après la baignade.

L'eau est fraîche.

Les vagues, taquines.

Il fait beau.

Je nage vers le large. Je ne franchis pas la septième vague. Je fais la planche, me laissant porter par l'océan, laissant le sel cicatriser ma nuit.

Un bruit de moteur. Un yacht blanc à l'horizon zigzague entre les cargos vers la plage du motel. Je sors de l'eau, je me dirige vers ma chambre sans regarder en arrière.

Kaïn est devant la sienne, appuyé au cadre de sa porte, le regard jaune. La main sur les boyaux. Livide. On s'assoit sur le perron de sa chambre, on regarde le yacht géant. Ma peau est perlée de sel. Mes pieds, enfarinés de sable fin. Mon regard houle encore sous les vagues de mescalito.

Devant ma chambre, plus de cadavre de mouette. Que quelques plumes qui dansent dans le vent comme un fantôme. Efficace, le service de ménage ici.

– Saül va se faire engueuler par les vieux s'il n'est pas là pour accueillir le yacht, me dit Kaïn en brisant le silence.

– Les vieux ?

– Oui, les jumeaux.

– Qui ?

– Les vieux de la réception.

– C'est ça qu'il me racontait, le vieux, le jour de mon arrivée !

– Complètement différents à la naissance. Se sont quittés pour vivre aux extrémités du pays. Un sur la côte du Pacifique, l'autre sur les rives de l'Atlantique. Quand ils se sont revus, vieillards, ils étaient devenus identiques.

Le yacht approche. La jolie ménagère s'avance sur la plage pour l'accueillir alors que la proue du bateau fend le sable. Elle est vraiment jolie.

Du pont, une voix nasillarde, presque impossible, se met à nous injurier. Un perroquet multicolore.

– Fainéants ! Lâches ! Parasites ! Lâches !

C'est à Kaïn et moi qu'il parle. Alors, on se lève et on les rejoint lentement.

Sur le pont se tient le capitaine, un play-boy vêtu de lin. Même pas fripé, le lin. Le bronzage lui, oui, fripé par la marée et le temps qu'on refuse de voir passer. Il nous demande de l'aider. On descend un brancard sur lequel est couchée une femme solide, au sourire éclatant, baraquée comme un matelot, le corps recouvert d'une couverture de laine. La ménagère évite mon regard, gênée. Son décolleté sent la lavande. Comme ma chambre. Sa gêne sent l'amour. La riche vacancière sur son brancard ne manque pas mon salto arrière sur la courbe des fesses de la ménagère.

– Merci, mon mignon, me dit-elle avec un sourire moqueur.

Sa voix grave contraste avec la gaieté de son regard. Elle semble bâtie pour le bonheur. Ça va faire changement.

46

– Moi, c'est Paloma.

– Enchanté.

– Tout le plaisir est pour moi, répond-elle. Tout le plaisir est pour moi.

On la glisse dans une chaise roulante que nous tend le capitaine de téléroman, et on avance vers la réception. Les mouettes ne perdent rien de la scène et semblent rire du haut de leur perchoir. Le yacht privé repart en laissant une trace sur la plage comme un sexe de femme ouvert sur la marée montante. Je suis encore ivre. Et Wendy a disparu.

La porte-guillotine

La réception. La vieille. Je la déteste.

– Check out time 10 o'clock. C'est comme ça, qu'elle rumine. Vous, monsieur, signez ici, qu'elle dit à Paloma.

– Il est dix heures quinze, madame, je réponds ! Quand même…

– Check out time 10 o'clock. Vous devez payer la journée. C'est comme ça. Quand l'heure de la mort arrive, on paye, c'est tout. Maintenant, laissez-moi servir le nouveau client. Remplissez le formulaire, monsieur.

– C'est madame Paloma, enchantée de faire votre connaissance.

– Merde, je veux partir !

– Rien ne vous retient, jeune homme. Mais vous devez payer la journée. C'est pas très compliqué, pourtant. Suite numéro 2 pour vous, monsieur.

– C'est Paloma, madame ! Paloma !

– Comme vous voulez, monsieur. Il est où le petit morveux ?

– Je suis resté pour aider la dame, j'implore. Vous pouvez pas me faire payer !

– Le temps est impersonnel, jeune homme. J'en sais quelque chose. Vous devez payer la journée.

– Franchement madame, quinze minutes !

47

– J'ai passé ma vie à tout régler autour de moi. Dix heures, check out time, c'est tout. Un client arrive, le morveux doit être là, c'est tout.
– Et puis merde.
– Surveillez votre langage. J'ajoute la nuit à votre note. Maintenant, allez dans vos chambres, je ferme la réception, de retour dans quinze minutes, je dois m'occuper du petit morveux.

Je sors en décapitant ma rage avec la porte-guillotine. Je retourne à ma chambre.

Le voilier dans son cadre semble perdu. Moi aussi.

Chambre 999

Saül : Javellisez-moi. Je sens la pisse, les algues, la mort. J'ai de la pisse de vieillard dans les veines. C'est ça que je suis maintenant. Du pipi de vieillard.

Il y a des mouettes dans ma chambre.
Plein de mouettes qui me regardent en silence. L'eau glisse sur les plumes des mouettes.

Ma tête se répand par les yeux sur mon lit tout gluant, c'est le dedans des poissons, partout sur mon lit.

Une vie au complet, c'est beaucoup trop pour moi.

Le similigazon vert

Moi : Tout au bout du motel, il y a la chambre de Saül. Kaïn et moi, on suit le tapis similigazon vert, on passe rapidement devant le hamac occupé de la chambre 7. Le thermos fume. Le hamac ronfle.

– C'est qui lui ? je demande.
– Je sais pas. Il était là avant que mon auto s'écrase ici. Il dort le jour.

Le bout du motel est encerclé par des mouettes. Une mouette, ça chie aux cinq minutes. La porte de la chambre du petit est ouverte. Les fenêtres aussi. Plein de mouettes s'envolent quand on approche. Ça sent la mer, les algues et ça gueule, ça chie…

Saül est en boule dans son lit. Autour de lui, sur les draps, plein de traces de pattes palmées, des plumes en suspension.

Le petit se réveille. Il se recule d'un bond sur le lit, nous regarde, affolé, semble être pris d'un mal de mer. Il essaye de vomir, en vain.

On reste là dans le silence et les mouettes qui gueulent dehors, Saül, à tenter de garder le cap, Kaïn, la face beurrée dans le cadre de porte, et moi, inutile.

– Viens, Saül. Viens te laver, chuchote Kaïn.

Des pieds frottent le similigazon. Je me retourne. La vieille arrive, le long du motel. Kaïn l'intercepte.

– Il a été malade, lance le garagiste.
– Un client est arrivé. Personne pour porter les valises.
– Je m'en suis occupé, je rajoute.
– Encore vous ?
– Je m'en suis occupé, de la convalescente. Il aurait pas pu, avec la chaise roulante, les valises, tout.
– Ce n'est pas le décorum. À chacun sa chambre. Laissez-moi passer. Il doit être corrigé.
– Non, dit Kaïn froidement.
– Non ?
– Non.
– On verra.
– Il y a rien à voir.
– À chacun sa chambre, messieurs. Il est groom. Vous êtes clients. Dans vos chambres !

– Et vous, vous êtes trop vieille pour pouvoir donner des corrections, rétorque Kaïn.

Et ça, ça la fige.

– Trop vieille ?
– Oui. Nous, on peut pas vous corriger.
– Pardon ?
– Dites-moi, vos calmars, vous les faites cuire comment ?
– Mes calmars ?
– Oui, vos calmars, comment vous les faites cuire ? Il paraît qu'ils goûtent la Méditerranée ! Comment vous faites pour qu'ils goûtent la Méditerranée ?
– Je les fais cuire sur la grille.
– C'est tout ?
– Non.
– Un peu d'huile d'olive et de vinaigre balsamique, au service, c'est ça ?
– Et un peu de coriandre. Servis avec un brin de cresson.
– C'est bon, les calmars. Vous me faites rêver. Vous mettez de la lime ou du citron ?
– De la lime.
– Ah, la lime ! Ça, ça goûte les vacances ! Vous êtes forte !
– Et un peu de coriandre. Maintenant, dans vos chambres. Moi, j'ai quelque chose à faire. Mais je me rappelle plus quoi. J'allais faire quoi ?
– Des calmars.

Kaïn la prend par le bras et l'emmène tranquillement loin de la chambre 999. Habile, le garagiste. Il a juste un peu trop de mélancolie quand il en parle, des calmars. C'est bon, les calmars. J'espère que l'Alzheimer va blanchir les souvenirs de la vieille, mais j'en doute. Ces maladies attaquent surtout le bonheur. La haine reste.

Saül se décide enfin à sortir de sa chambre. Il a les cheveux collés, le visage enflé, les yeux ravagés. Il sent l'urine. On se dirige vers la plage du bout du motel. Il entre tout habillé dans l'océan. Se rince. S'assoit le cul dans le sable, à tremper dans les vagues qui le frottent peu à peu. Je m'assois un peu plus haut, sur la plage. Je joue avec les grains de sable. Les crabes se promènent. C'est con un crabe, ça marche de côté.

Au bout d'un moment, il retourne à sa chambre. Met un autre pantalon, une autre chemise. Il s'en va travailler. Il va passer à travers la journée, laver les planchers, porter les valises, recevoir des claques mouillées derrière la tête. Et il va fuir les deux vieux comme la grippe aviaire.

Je m'installe à une table du restaurant et je commande des calmars grillés.

C'est vraiment bon, les calmars.

Cerf-volant

La journée passe. Chaude. Salée. Ensoleillée. Avec des nuages comme des gros sundaes.

Saül vacille sur la plage. Vers deux trois heures, il n'a rien à faire au motel, alors il erre, fasciné par le perroquet multicolore de Paloma assise sur la plage sur une des chaises multicolores. Le petit n'ose pas s'approcher. Il marche lentement, fait semblant, tourne autour.

– Assis-toi, jeune homme.

Lorsque Paloma parle à Saül, son perroquet se la ferme et c'est déjà ça de gagné. Le petit s'assoit, fait des châteaux de sable sur ses pieds. Les détruit. Fait semblant de ne pas écouter.

– Tu sais écrire ?

Signe de tête. Non. Ça va mal dans les troupes.

Kaïn, lui, a le cul en sang et c'est dégueulasse. Son estomac fuit de partout, c'est dégueulasse. Il s'approche lentement de la discussion, cul-de-jatte avec quelque chose qui ne lui appartient pas dans le cul. Il se couche lourdement dans le sable, à côté de Saül.

– Je vais t'apprendre. Il faut que je reste un moment. J'ai des petits détails à guérir.

De mon côté, sans me casser la tête, j'ai pigé dans ma valise. N'importe quoi au hasard. Hop ! Avec un gros verre de rhum. Je regarde tout ça de mon cadre de porte, en attendant que le cocktail fasse effet.

– Laisse-moi te raconter une histoire, petit. Il y a longtemps, les océans recouvraient presque tout le globe. Il y avait pas encore de vie sur terre, toute la vie était sous l'eau. Or, dans les profondeurs, il y avait un petit poisson pour qui le fond de la mer, l'immensité des océans, c'était trop petit. Les poissons peuvent pas marcher, ils peuvent pas respirer à la surface, ils crèvent, qu'on lui répétait. Mais lui, il a dit : je m'en fous. Et il est sorti. On lui avait dit depuis des millions d'années : tu es un poisson et les poissons, ça vit sous l'eau, mon enfant. Non, qu'il a répondu. Moi, je suis un reptile. Un reptile ? Connais pas. Je sais, je sais, ça n'existe pas encore, mais vous allez voir ! Et il est sorti de l'eau ! Et il s'est mis à marcher. Lui qui avait pas de jambes. Il a marché. Et il a tellement eu d'enfants que c'est ton grand-père, ce poisson-là. Alors, c'est dans tes gènes.

Je me couche dans le sable à côté d'eux. Un bain de soleil avant la fuite. Même le perroquet écoute. Anachronique. Pédant. Demain, je quitte le motel, juré.

– Donc, le poisson est sorti de l'eau. Et tu sais quoi ? Il est devenu un diplodocus. Tu sais ce que c'est, un diplodocus ? C'est le plus gros animal du monde. Tellement grand qu'il lui faut deux cerveaux. Comme les hommes, un dans la tête, un dans la queue !

Et là, elle rit. Un fou rire sans gêne, franc, lumineux. Kaïn écoute lui aussi, étendu sur le dos comme une auto renversée dans un de ces pays minés. Une de ces autos des pays en guerre, rouillées par le feu, abandonnées, qui servent d'abri contre les snipers. Comme à Srebrenica. Comme à Beyrouth, à Bagdad, à Grozny, à Alep ou à Jénine…

– Moi, il y a deux semaines, tout le monde me disait, tu es un homme. Mais je savais que c'était pas vrai. Alors, je suis allée de l'autre côté du miroir et je suis devenue moi. Une femme! En ce moment, je suis une sirène, mais les bandages que j'ai sur le corps vont tomber comme la mue des serpents et j'aurai un sexe de femme. J'avais un cœur de femme, des rêves de femme, des yeux de femme, c'est en femme que je voyais le monde. J'ai maintenant des seins de femme, et un sexe qui bientôt, avec l'aide de quelques onguents, va pouvoir irriguer le désert et faire fleurir les séquoias. Je suis une femme. On est tellement de choses!

Un tout petit nuage tamise alors le soleil. Et là, dans l'ombre de ce mini nuage Cottonelle, une odeur parfumée se glisse vers moi. Lavande. Wendy, silencieuse, marchant sur les cumulus de ses seins si beaux. Du haut de sa beauté interstellaire, elle s'assoit à côté de moi. Elle regarde Paloma, qui regarde un voilier au loin, qui danse lascivement entre les cargos, qui, eux, ne bougent pas. Immortels. Dieux malpropres des océans.

Silence. Les vagues chuchotent. Les mouettes se regroupent et écoutent, dispersées autour de nous. Les nuages s'immobilisent.

Paloma sort un cerf-volant de sous sa chaise. Elle le déplie, l'ouvre. Un gros cerf-volant plein de couleurs. Les yeux de Saül deviennent des arcs-en-ciel avec des trésors aux extrémités. Il attrape l'oiseau de papier et s'envole sur la plage en courant sans regarder en arrière.

– Avant, je m'appelais Paul. Paul, quel nom ennuyeux, quel nom stupide, anonyme! Il y a rien de plus mortel, de plus suicidaire que d'être anonyme.

Elle a dit ça aux vagues. Plus personne n'écoute. Tout le monde regarde la plage, le cerf-volant. Le perroquet est jaloux, il veut voler, il se tortille sur son perchoir, dans tous les sens, avec vacarme.

Il a une chaîne en or autour de la patte.

Crabes des neiges

Le soir venu, on s'est tous retrouvés pour manger au Heaven Restaurant. On colle les tables, quelques bouteilles de blanc, quelques coups de soleil… Apéro, avec vue sur la mer ! Kaïn, le vendeur de l'année, déguste un essuie-glace tranché fin. Nous, on mange des crabes des neiges. On les décortique, on en met partout.

Dans la discrétion des ventres pleins et des carapaces cassées et empilées, je surprends Paloma sortant une boîte de pilules de sa bourse en faux serpent, cachée par la table. Elle en gobe quelques-unes. Elle me voit la regarder, me fait un clin d'œil. Hormones. Ça se fait pas tout seul, des révolutions sexuelles !

Kaïn est en train de se fendre en deux. Pour supporter le concassage, il s'est fait un tas d'antidouleurs dans son assiette, comme des petits pois, pensant que personne ne remarquerait.

De l'autre côté de la table, Wendy s'enfile discrètement un mini comprimé rose, hop ! Une pilule anticonceptionnelle. Ça, c'est quand elle en avale pas une autre, ovale. La mer Rouge est ouverte en son ventre ces matins-là, la douleur la tord par vagues, alors elle avale une pilule ovale pour supporter la marée.

Du côté des vieux, le nombre de médicaments dépasse la mémoire. Mais ils ont des boîtes avec des jours dessus. Le lundi, une capsule multicolore, deux vertes et une petite blanche. Le mardi, une multicolore, la petite blanche, et une grosse huileuse rose. Le mercredi, le retour des deux vertes, la multicolore et la petite blanche. Avec en prime une injection. Le jeudi… Plus personne ne se souvient de la nécessité de ces capsules ou des douleurs qu'elles sont supposées atténuer.

Et tout le reste de l'Amérique suit. Les comprimés sont en spécial. Cette semaine, l'Effexor est plus en demande que le Paxil. Le Prozac est définitivement out. Les enfants ont des vitamines et des relaxants dans leurs Alpha-bits, les femmes à la maison ont des ordonnances pour supporter la télévision en pleine journée. Tout ça en vente libre sur l'autoroute électronique, tout le monde suit la ligne pointillée dans la même direction. Et les compagnies pharmaceutiques n'ont pas besoin de mood-stabilizer, leur chiffre d'affaires est assez puissant.

Qu'est-ce qui se passe chez nous, les humains ? Les crabes des neiges ne sont pas suffisants pour équilibrer la sérotonine de nos cerveaux obèses et défectueux ?

Le perroquet ne répond pas. Il mange ses graines en silence. Résigné. Sans savoir pourquoi. Des petites graines blanches, d'autres vertes, d'autres multicolores. Les mêmes le lundi, le mardi, le mercredi, le jeudi…

Plus tard, on va lui mettre un drap sur la tête, comme au reste de l'Amérique.

La douceur Fleecy des draps

La porte de ma chambre s'ouvre. Elle entre silencieusement, ferme la porte sur la pénombre, dans le reflet du gros projecteur qui éclaire la plage.

Elle me regarde. En silence.

Elle détache son tablier. Déboutonne sa robe. La laisse glisser. Dégrafe son soutien-gorge.

Sa petite culotte tombe…

Elle monte à bord de mon lit.

Wendy. Miss Univers. Le déluge de te voir nue te coller sur moi, m'inonder.

Tes mains dans mes cheveux. Tes lèvres dans mon cou. Mes mains hésitantes, vagabondes, tes seins sur ma poitrine, tes aréoles, ma langue qui les redessine, tu m'embrasses, me recouvres, m'abreuves…

Ma langue qui sillonne ton ventre comme tu avances sur moi, ta peau lisse, le lac de ton nombril, la fin de la saison sèche… Mes lèvres qui ouvrent ta vulve, l'odeur de champs fertiles, tes gémissements, l'amour qui se titille du bout de la langue, qui coule de ton corps, entre tes cuisses, tu te retournes, t'offres, redéposes ton sexe sur ma bouche, tes mains m'attirent, tes seins enveloppent mon sexe pendant que je bois ta vulve… Ta langue sur mon gland, qui navigue, ta bouche qui m'englobe, la mousson, la gourmandise, tes seins contre mon ventre, tes jambes qui s'ouvrent, encore plus, encore, le paradis humide de tes hanches où je lape l'amour et le sucre, ton dos qui se cambre, le ciel qui éclate, moi qui vais entre tes lèvres, qui bois la vie de ton cul, toi qui irrigues les déserts de mes rêves, qui abreuves mes monstres inconscients, le Loch Ness de mes phantasmes latents, toi qui sais m'embrasser, moi qui aime t'embrasser, ma langue en ton sexe, champ déminé, promesse tenue, mon sexe dans ta gorge, tes mamelons dans ma peau, l'espoir qui renaît, la vie sur Vénus…

Tu me retournes, te couches sur moi, m'embrasses…
Tu me regardes. Tes paupières, ton regard, tes souhaits doux, tes murmures…

Tu m'embrasses, m'engouffres en toi.

Mes mains sur tes fesses, tes mains dans mon cou, tes lèvres, bouche à bouche, tes seins qui vont, qui viennent sur mon torse, mes mains cannibales, encore et encore, la terre arrête de tourner, toi qui vas plus vite, qui me prends, me serres, m'enfonces profond en toi, qui respires, m'aspires, qui vas, qui viens, tes yeux en moi, en mon âme, notre dialogue, la peau qui palpite, nos corps qui s'avalent, la sueur, les cris, tes yeux se ferment, ton corps se redresse, le monde qui éclate, la Voie lactée sort de moi, la mer s'ouvre comme tu jouis sur moi, comme je jouis en toi.

La marée qui remonte encore une fois, toi qui la diriges, encore, tu recommences. Ton corps alchimique redonne vie aux fossiles. La douceur de tes gémissements, mes oreilles avides. Les continents de tes fesses que tu m'offres, à genoux, le visage dans l'oreiller, ton sexe qui m'appelle, ton dos cambré, tes seins sur les draps, mon sexe qui entre en toi, toi qui l'irrigues, qui l'aspires, qui l'enivres, tes doigts butinent entre nous, sur ton sexe, ton corps vibre, frémit, toi qui respires, qui te caresses pendant que je te pénètre, mon ventre sur ton dos, ma main sur tes seins, tes mamelons qui gravent ma paume, tu me regardes, tes yeux télescopés en moi, tes cris, l'univers qui explose comme je jouis en toi encore une fois...

Il y a d'autres vies dans la galaxie.

Un peu plus tard, à l'heure où le projecteur incandescent s'éteint sur la plage, laissant la place au jour, j'entrouvre les yeux, abasourdi.

Tu es là. Nue sous ton tablier. Dos à moi. Une planche à repasser dressée devant toi. Tu repasses les billets de banque de mon portefeuille. Je te regarde. Je referme les yeux sur la vision de tes fesses, saoul de lavande.

Chambre 9

Wendy Windex : Parfois, je rêve. Je rêve que le monde entier partage mon lit. Les Bosniaques, les Irakiens, les Syriens, les Rwandais, les Congolais, les Palestiniens, les Tchétchènes, un milliard d'Indiens, un milliard trois cents millions de Chinois, les hommes, les femmes, les gais, les lesbiennes, les transsexuels, les she-males, les travestis, les jardiniers, les soldats, les trisomiques, les lépreux, les juges et les riches, les myopes et les autistes. Tout le monde. Sans sélection naturelle. Avec tendresse. Alors, je deviens l'univers en expansion, j'éclate de bonheur. J'ai un orgasme cosmique, un choc tellurique qui fait fondre les glaces froides de mon lit.

Un homme ne me suffit pas. À chaque fois que j'embrasse quelqu'un de précis, je me rappelle les galaxies peuplées qui ne m'aiment pas et j'implose en un silence de supernova. Alors, j'engrange l'amour de cet homme comme une connaissance nouvelle, je lui donne l'amour qui revient au monde entier. Et je m'en vais. Je repousse ainsi les limites du cosmos observé.

J'aime les étoiles. Je suis astrophysicienne. Je comprends la théorie de l'attraction des masses, la string theory, le microcosme et le macrocosme. J'ai découvert les lois de la solitude des masses, du trou noir affectif, de l'isolement et du refroidissement des corps. Et je connais l'effet d'un string. Je les connais bien, les étoiles, mais elles sont loin, elles réchauffent peu. Le paradis ne s'y trouve pas. Alors, je fais des ménages en appliquant ma version du string theory. Je passe l'aspirateur en string, je lave les planchers, nue sous mon tablier. Chaque fois que je fais le ménage, je me donne en entier. J'offre la tendresse avec le détergent. Je fais l'amour aux hommes et quand ils s'endorment rassasiés, je fais le ménage du peu de leur vie auquel j'ai accès, leur chambre, leur portefeuille, leur linge. Puis je change de chambre. Je ne suis pas missionnaire. Je fais ça pour moi. C'est le succédané le plus efficace que j'ai trouvé au manque d'amour. Avant, je me prostituais. Mais ce n'était pas un don de soi, plutôt une vente, un achat. L'argent embrouillait tout. J'ai voulu faire les clients gratuitement, mais les autres filles m'ont expliqué calmement, tendrement, que ce n'était pas bon pour leurs affaires et qu'elles avaient des enfants à nourrir, qu'elles comprenaient le vide et le froid de l'espace, mais il valait mieux que j'arrête. On s'entendait bien, elles et moi. Trop bien pour que je puisse continuer. Mais il fait froid dans un trou noir. Près de -273° Celsius. Tellement froid que les électrons se colleraient sur l'atome. Alors, la matière disparaîtrait et ne resterait que le froid. C'est comme ça en moi.

Je ne suis pas un phantasme, ni une cause montrée du doigt par les féministes, ni une révolution. Je ne sais simplement pas me contenter d'un amour au goût de la comète de Halley. Jugez-moi, si vous voulez. Les étoiles brillent au passé, à des années-lumière de moi.

Je n'ai qu'une vie. Et je suis seule au monde.

Un motel, c'est facile. J'entre en contact avec les clients et je fais leur chambre. Je suis belle. Le reste n'est que complicité, tendresse aveugle et échange de services. Les clients me traitent bien. Certains veulent m'épouser. C'est embêtant. Mais moi, je ne fais pas ça pour eux, je fais ça pour moi, alors je les laisse. Et je passe faire le lit de la chambre suivante. Il est dur de vivre d'amour et d'eau de Javel. Je crois que je suis belle comme d'autres sont obèses, par gourmandise. J'aimerais bien être Miss Univers pour être aimée unanimement. Je m'appelle Wendy Windex. Je ne suis pas une poupée gonflable. Je souffre du manque d'amour avec un peu plus de lucidité que certains. Les clients avec qui je baise, je les choisis. À la différence que, moi, je les choisis tous.

Je m'appelle Wendy Windex. Je repasse les dollars et j'époussette les cœurs. J'ai la clef de toutes les chambres. Laquelle est la vôtre ?

DEUXIÈME PARTIE

Les États-Unis consomment 40 % des médicaments vendus dans le monde. L'Afrique au complet n'en consomme que 1 %.

J.-Claude St-Onge, *L'envers de la pilule.*

Lits d'eau

Le calendrier Snap-on de la réception

*Les **mouettes** : Les jours passent au calendrier Snap-on de la réception. Chaque mois est représenté par une femme, chacune moins vêtue que la précédente. Même celle du mois de février semble heureuse, malgré les records de suicide de cette période-là. C'est vrai qu'elle donne des raisons de vivre avec ses courbes Photoshop, ses petits (très petits) bonnets de lutins sur les seins et son teint d'agent immobilier bronzé même en hiver. Une belle par mois. À chacune son lot de jours. Mars est étendue sur les ailes d'un avion de guerre, avec comme seule tenue de combat un casque d'aviateur et des lunettes devant des yeux pudiques. Rien d'autre. Une paire de seins à faire oublier le napalm et le défoliant. Une paire de jambes à convertir les dogmes politiques, à assouplir les idéologies. Et un sexe humide à y engouffrer les heures creuses, les heures où le mal de vivre se débat. Celle du mois d'avril succède tranquillement à celle du mois de mars. Elle est nue sous un imperméable transparent, souriante malgré la pluie. Chacun de ces remèdes centerfold a sa pleine lune, sa série de jours fériés, ses dimanches matin pour baiser. Vive le temps qui passe ! Et vive les calendriers osés !*

Moi : Wendy n'est pas revenue dans ma chambre. J'aurais pu l'aimer, j'aurais voulu l'aimer, partager ma chambre avec elle, en faire un QG de la révolution quotidienne, un port où se cacher, un endroit où l'on revient après le front et les affronts, où l'on dépose les armes à l'entrée avec les chaussures et l'endoctrinement. Mais elle ne fait pas deux fois la même chambre. Lorsqu'il y a de nouveaux clients de passage, elle est joyeuse. Sinon, elle est mélancolique. Quand on se regarde, elle et moi, j'ai toujours l'impression d'être quelqu'un de spécial. D'être unique. Elle reviendra peut-être un jour.

En attendant, je regarde la mer. Et je pige dans ma valise. Somnifères, antidépresseurs, amphétamines, XTC, MDMA, coca, Somnonal, Prozac, Zoloft, Paxil, même les vitamines Flintstones. Hashish aussi. Zéro-zéro, Black Bombay, Afghan gold… Et puis rhum, mescal, tequila, Corona, grappa, n'importe quoi. De beaux cocktails. Ma valise pleine de médicaments se vide de médicaments. Alors, je la remplis de coquillages. C'est beau, les coquillages. Je me drogue seul et je ramasse les coquilles vides. Je fais aussi des châteaux.

Nid

Saül : Le silence dans ma bouche détone comme une bombe. Tic-tac tic-tac. Avant c'était pire. Il pourrissait.

Il y a des mouettes dans ma chambre. Ça prend du courage pour entrer chez les gens par la fenêtre. Surtout pour un oiseau. Pas juste une. Pas deux. Plein. Avec des poissons dans le bec ou non. Avec de la vase sur les palmes ou non. Elles me regardent quand je dors. Je dors mieux.

HIGH TIDES

AM 5H16	PM 5H44
AM 6H18	PM 6H43
AM 7H25	PM 7H46
AM 8H33	PM 8H50
AM 9H39	PM 9H52
AM 10H38	PM 10H49
AM 11H32	PM 11H42
--------	PM12H22
AM 1H18	PM 1H51
AM 2H02	PM 2H33

Corrida

Les mouettes : *L'autoroute noir pétrole. Pleine lune. Une auto rouge taureau file comme une balle le long de la ligne blanche cocaïne. Action !*

– Tu voulais te marier, c'est fait. Maintenant, c'est la lune de miel et ça, ça veut dire qu'on change de motel tous les soirs, OK ? Je te l'ai déjà expliqué. Sinon, ils vont me retrouver. Arrête de penser juste à toi. Pis arrête de pleurer !

Cut. Gros plan de la main sur le volant. Avec un jonc en or fake. Cut. Caméra 2. Gros plan d'une paire de seins. Ronds, jeunes, pleins. Soubresaut de son décolleté encadré de blanc. Pan up, elle pleure. Dix-huit ans. Peut-être dix-neuf. Il conduit vite, les dents serrées. Elle pleure. En silence. Son mascara coule sur sa robe blanche de jeune mariée. Le bruit du moteur. Quatre mille rpm. Et le bruit de l'engueulade qui résonne dans le silence sans plomb.

– T'étais plus vierge, ça, tout le monde le savait, mais t'as voulu quand même te marier en blanc. Pour un mariage drive-thru ! Donc on est romantiques pis on va au motel ! OK ?

Quatre mille cinq cents rpm. Elle rêvait de jarretelles, de riz qui tombe comme la pluie, de cloches qui sonnent et qui s'envolent, de lit moelleux, de rire et de jouissance mouillée dans les yeux de l'autre. Elle y a cru. Mais non. Son mariage est un hit-and-run. And run. And run again. Une cavale. Série B. XXX maybe. Une bague au doigt comme une condamnation. Un gun dans le coffre à gants. Des valises pleines, mais rien d'autre à se mettre sur le dos qu'une robe de mariée qui pue l'anxiété et les amours gaspillées.

Skid burn. Le motel. Il ouvre le coffre à gants, sort le gun.

– Entre. Demande une chambre avec le sourire d'une vierge qui va se faire baiser une fois pour toutes. Entre. Parle pas de moi. Donne un faux nom. Prends une chambre. À l'heure ! OK ? Parle pas aux gens. Sois invisible. Belle. Tu vas être capable de ça, au moins ?

Réception. La porte-guillotine se referme sur sa traîne froissée. La robe se déchire. Le maquillage ment. Les yeux rouges. Ceux de la vieille à la réceptions sont pleins d'eau.

– Une chambre pour quelques heures.
– Votre nom ?
– María Magdalena.
– Ben oui, comme si c'était un nom. C'est quoi, les yeux rouges ?
– L'émotion.
– Ben oui. Une nuit, c'est moins cher.
– Pardon ?
– C'est moins cher une nuit qu'à l'heure.
– OK. Une nuit.
– Ton mari ?
– Dans l'auto. Il ramasse les valises.
– Ben oui. Chambre 6.

Chambre 6

Lit d'eau en cœur rouge. Velours usé. Miroirs au plafond. Une grosse télé. Il l'allume. Une femme se fait enculer, un pénis dans la bouche. Hon ! Éclairage vidéo. Boutons sur les fesses. Manque d'air. Un bleu à l'intérieur de la cuisse. La bouche grande ouverte, la stupéfaction dans les yeux. Le taureau monte le son, décroche le miroir au-dessus de la commode. Met le gun du coffre à gants sous l'oreiller. Action !

– Ferme les rideaux. Les stores aussi. Allume la lumière, niaiseuse !

Sur le miroir, la poudre à bébé. En forme de cœur, le miroir. En forme de plaie, la petite neige.

– Donne-moi un billet de cent. Pas un de la valise, épaisse.

– C'est tout ce qu'il reste.
– Le portefeuille, niaiseuse…
– Vide.
– Comment ça ? Alors un de la valise, épaisse. Tu le sais que je t'aime ! Je t'aime like a bull !

Comme un taureau. Elle entre sous la douche. Se laver, pleurer sans bruit. La vie est un viol, maybe.

Une serviette autour du corps. Le taureau ne la regarde pas.

– Tu en veux ?
– Non merci.

Une nouvelle scène commence à la télé.

– Juste une ligne !
– C'est pas de la poudre à bébé que je veux, c'est des bébés.

Et la femme à la télé, qui suce comme une bête de somme.

– Tu veux des bébés ? Je vais t'en faire, moi, des bébés !

Il lui arrache la serviette, l'embrasse de force, l'abat sur le lit. Timber. Elle ferme les yeux. Il se tortille. Like a bull. Les vagues du matelas d'eau donnent envie de vomir. Sa tête heurte le canon calibre 33 noir et froid sous l'oreiller. Bulldozer la retourne. Et c'est elle qui est dans la télé. C'est elle qui a le pubis épilé et le poil qui repousse sous les lampes d'appoint video cam. C'est elle qui mord l'oreiller.

– Tu aimes ça, hein ?

Comes and goes. Like a bull. Like a fucking bull. Barely legal. Dix-huit ans à peine. Dix-neuf, peut-être. Tout pour fuir. N'importe quoi serait mieux ! Qu'on croit. Un collier de perles en plastique. Un pasteur tatoué, cheveux graisseux, sourire en or, regard lustré, eau de Cologne et muscles bubble gum. White wedding. Hit-and-run.

Et maintenant, back door love. Il gémit avec odeur, avec horreur. Elle pleure encore sans s'en rendre compte. Le calibre 33 sort de l'oreiller. Sa main le prend. Et les idées. Les idées.

– T'es belle, t'es tellement belle.

Et lui qui rit. Et lui qui gémit. Et lui qui jouit. Et le revolver qui reste sur le lit. Et le sperme qui coule sans bruit. Et les idées qu'on enfouit.

Retour au miroir.
Cut !

La douche

La télé est fermée. Elle fait semblant de dormir. Lui se regarde le nez dans le miroir. Au bout du dollar roulé, la fin du petit sac de plastique !

– Fuck !

Le cendrier éclate contre le mur. Elle sursaute. No more booze. No more coke. No more smoke.

Il allume la télé. Same room service. Il monte sur le lit. Les vagues du matelas d'eau. La tempête. Rentre en elle. Bande à moitié. À la télé, une femme comme les autres se fait ramasser par des soldats sans uniforme. Une femme comme les autres, avec SPM et peut-être un bébé qu'elle fait garder. María Magdalena regarde la séniorita à soldats. Toutes deux se tiennent la main, la jeune mariée et la star XXX de la télé. Il se fâche. Son sexe n'obéit pas. Il la repousse.

– Va me chercher de quoi au bar. De l'alcool. Des cigarettes. Fais ça vite !

Elle se lève, ajuste sa robe et sort. Bulldozer regarde le plafond. Se voit dans le miroir, sur le lit d'eau qui ondule. Pantalon défait. Visage blanc, pénis inutile. Débandé. Végétarien. Regarde la télé. Une autre séniorita godemichet au mur. Les mêmes cris. Les mêmes néons, les mêmes positions. Rassurant.

Bulldog se lève.
Une douche.
L'eau chaude.
L'eau froide.
L'anneau cheap au doigt.
Un hold-up de petit pusher. Un mariage pour fuir. Dettes de drogue, de jeu, whatever. Toujours plus loin, toujours plus fort, ne regarde pas en arrière, backdoor love…

– Ils me cherchent, tu veux pas qu'ils me trouvent, hein ?

Les tuiles blanches, l'eau chaude, l'eau froide.

Bullfight

L'eau de la douche coule sur son corps givré, sa mâchoire contractée, les muscles de son cou tirés à bloc. Il se berce sous l'eau comme un bébé bien poudré.

La porte de la chambre s'ouvre.

– Je suis dans la douche, amène-moi de quoi boire, j'ai soif, honey.

Le rideau s'ouvre brusquement, un poing lui défonce le nez, le pied glisse, le corps s'écroule, éclabousse, le front heurte les tuiles, se fend, le rouge du sang coule, dilué par l'eau, sur son ventre, entre ses jambes, par le drain. Dans le savon. Sur le blanc des tuiles. L'eau rouge. La peur. Le sang qui coule de tuile en tuile vers le drain. Il se réfugie dans un coin de la douche qui coule encore, dans le sang qui gicle encore, dans le savon qui fait des bulles roses.

Devant lui, deux gars qu'il ne faut pas rencontrer. Les règlements de comptes.

– Salut la lune de miel. Comme ça on vole pis on s'envole ? Tu pensais à quoi en te sauvant comme ça, de motel en motel ? Qu'on serait pas capables de suivre le collier de perles ?

De la peur flambant nue sur le carrelage blanc parsemé de rouge. Ils le sortent de la douche, le lancent sur le lit d'eau. Un drap dans la bouche.

– Tu pensais que c'était grand, l'Amérique, hein Bullshit ?

Un coup dans le ventre. Les larmes qui montent. La bouche bouchée par le drap qui goûte le vomi. Un autre coup. N'importe où. L'œil qui veut virer. À la télé, la fille crie pendant qu'elle se fait défoncer. Elle aime ça, qu'elle dit. Elle en redemande, harder, harder… Les yeux de Bullfight, gros comme des télés. Il se voit, paniqué, dans le miroir du plafond, nu, dans les draps mouillés, souillés. Il ne manque rien, ni le blanc de son regard, ni le sang qui lui coule du nez, ni sa difficulté à respirer.

– Tu connais la chanson. Un doigt par semaine. Une semaine de passée. Quel doigt tu veux qu'on coupe ?

Bull se débat, s'agite au fond du lit. Le plus petit sort un long couteau de pêche.

– Tiens, une belle bague de mariage 10 faux carats ! Coquet !
– Mmmmmmmmmmmm !

Il prend son couteau, l'appuie fermement sur la phalange du marié et coupe l'os sous le jonc. Clac !

– Bull's-eye !

Le sang éjacule par jets. Le doigt tombe à terre. Le jonc roule.

– Il te reste neuf doigts pour payer. On attend une autre semaine, on coupe un autre doigt. Compris ?

Il s'évanouit. Nu. Ensanglanté. Le doigt au plancher pointe vers la valise. Le jonc roule sur lui-même, puis se couche dans la poussière. Les gros bras éteignent la télé en sortant. Cut !

Silence inconscient.

Bull's-eye

Elle ouvre la porte. Lucky Strike et Jack Daniel's. Elle entre dans le silence inconscient, sent son odeur, le goûte même. Elle voit son homme, son fardeau, couché dans des draps noyés d'eau, de shampoing, de sang dilué et d'urine. La pisse de la peur. La main s'égoutte par le doigt amputé.

La peur est contagieuse.

Le calibre 33 sous l'oreiller. Elle le prend. Vise le bull's-eye...
Non. Mieux! Se déshabille. Met ses vêtements à lui. Son smoking seconde main, sa chemise western blanche devenue grise, jaune sous les bras. Ne reste que la robe. Elle prend la valise pleine de dollars, ne laisse que le billet de cent, roulé sur le miroir en cœur. Rallume la télé en sortant.

Miroir en cœur

La douleur est un réveil qui hurle. Se voit nu, ensanglanté, cadré par le miroir au-dessus du lit d'eau. La télé crie des gémissements préfabriqués ultra-thin nervurés. Se lève, titube, vomit sur les draps roses pleins de sang.

– María... Aide-moi! Je t'en supplie. María!

La chambre est ronde, les murs gélatineux, les planchers mous. Il glisse. Sa tête éclate contre le sol. Le tapis poisseux lui râpe la lèvre, sa face colle dans le sang qui coagule. Le fantôme de son doigt bat comme du fer rouge. Il rampe. Cherche ses vêtements. Ne voit que la robe. Cherche la valise. Comprend.

– Maman...

Il se roule en boule, nu, dans son sang, dans son vomi alcoolisé et la pisse de sa peur. Enroulé sur lui-même comme un billet de cent.

Noir.

Drive-Thru Wedding

María Magdalena : À l'extrémité du motel, il y a une chambre, fenêtres ouvertes sans moustiquaires. Pleine de mouettes. La chambre est remplie de plumes, de brindilles. Une chambre abandonnée. Un lit couvert de plumes.

Le voyage de noces est terminé.

Mini-putt

Les mouettes : Le tapis huileux coagule. Ses yeux collés, enflés, essayent de s'ouvrir. Il se lève, ondule. S'enroule la main dans le voile blanc transparent de la mariée. Cherche quelque chose à se mettre sur le dos. Rien. Enfile la robe. Eunuque digital. Le doigt qu'il aimait enfoncer dans le cul des filles légitimes ou non, mineures ou non, il a fondu. Comme un popsicle globuleux. Ne reste qu'un billet de cent enroulé sur lui-même.

– Tu vas le payer, María, tu vas me le payer.

Avale du Jack Daniel's, whisky de motard, pisse de homard. S'en verse sur le doigt. Crie. Il manque de s'évanouir encore. Une nouvelle rasade. De l'alcool de lâche.

– T'es où, salope ? María !

Il sort comme un gorille dans un mini-putt en jupon fleuri de sang. Hurle après la mer qui tangue, chavire sur les chaises rondes à côté des portes. Le sable se mélange au sang.

– María ! Je vais te retrouver. Je vais te tuer ! Tu m'entends, María ? Je vais te tuer ! Laisse-moi pas…

Le concessionnaire sort de sa chambre. Le regarde et ne bouge surtout pas.

– Elle est où ?
– Mieux qu'avec toi.
– Quoi ?
– J'ai dit mieux qu'avec toi.
– Je vais te tuer.
– OK.

L'enrobé retourne comme il peut dans la chambre, cherche sous l'oreiller sa porte de sortie. Le calibre 33. Plus de calibre 33. Plus de biberon. Couillon. Il ressort.

– Elle est où ?
– Compte sur tes doigts au besoin, mais dis-moi, combien de fois tu lui as dit que tu l'aimais ?
– Elle est où ?
– Montre du doigt où tu voudrais qu'elle soit.
– Je vais te tuer.
– En faisant un fusil avec tes doigts ? Bang ! Elle est partie, motard de cuisine.
– Elle est partie ? María Magdalena ! María Magdalena ! Je vais te tuer !

Noir. Il retombe, inconscient, dans l'embrasure de la porte. Kaïn pousse ses jambes dans la chambre. Après un botté bien placé, il ferme la porte et retourne se coucher.

Dirt Devil

Quelques heures plus tard, dans la nuit profonde, un mâle en robe de mariée tachée de sang se dirige vers son auto. Plus loin, une jeune fille se réveille dans les plumes d'un lit rond et mord son oreiller, le métal froid d'un revolver contre son cœur. Elle ferme les yeux. Elle attend que l'auto lui passe dessus. Pauvre fillette !

Skid burn, show de boucane, départ cascadeur, long travelling sur les mags de roues qui décollent, qui prennent l'autoroute en slalom mou vers le dead end. Adiós, Bullshit. May your light bulb blow.

La jeune fille reste seule. Il s'est mis à pleuvoir. Des grosses gouttes d'eau qui donnent la chair de poule aux vagues. Qui picorent le sable et qui camouflent les trous de crabes. Des grosses gouttes qui cachent le bruit des larmes et tranchent la lumière dorée du lampadaire. La brume s'en mêle et cache les deux bouts de la plage de son voile de mariée.

La femme de ménage entre dans la chambre 6 sans dire un mot. Elle éteint la télé. Éponge le sang, essuie le vomi, lave le miroir.

Près du lit, elle trouve un jonc en toc. Elle sort et le lance vers les nuages lourds de pluie, ça brille dans la lumière du lampadaire, on passe en rase-mottes, ça brille, éclat de lumière, et hop ! avalé ! La ménagère nous regarde, reste sous la pluie et se fait laver à son tour. Close-up sur notre vedette. Sa robe se colle sur son corps, ses mamelons pointent vers la mer, ses cheveux se lovent dans son cou. Elle ferme les yeux.

Elle rentre et allume l'aspirateur Dirt Devil. Il n'y aura pas d'autre viol ce soir.

Cut !

Générique.

Méduses

Les gouttes tombent sur la mer. Des milliers de ronds qui s'entremêlent, se fondent l'un dans l'autre.

Sous la valse régulière de la pluie, sous l'eau douce qui se mélange à l'eau salée, des milliers de méduses multicolores ondulent lentement, portées par la marée. Des milliers de mamelons aquatiques multicolores qui s'ouvrent et se referment. Elles encerclent tranquillement les pétroliers et les cargos immobiles, elles les caressent de leurs tentacules érotiques et dansants, mamelons de chair transparente qui remontent vers les vagues, qui se lovent et se décollent des coques rouillées, faisant frémir l'acier des pétroliers. En silence. Tranquillement. Le métal est conducteur. Partout, les méduses oscillent autour des cargos, dans les hélices, près des hublots, avant de continuer sensuellement vers la plage. Vers les habitants mal adaptés d'un motel bon marché.

Au large, un homme nu à baskets se tient sur le pont du cargo le plus éloigné. Il ignore le grand ballet aquatique qui se joue sous lui. À ses côtés, une femme, petite, rabougrie, comme une frite trop cuite, habillée de vêtements trop grands. Des vêtements d'homme, usés, trempés par la pluie. Elle fixe la côte, l'Amérique. Ses yeux brillent, on voudrait les manger !

– Je m'offre à toi, continent de la chance, je m'offre à tes dieux et à tes gratte-ciels. C'est mon tour, c'est à moi d'embrasser la terre de tous les possibles. L'avenir existe.

Elle se lance dans le vide, dans l'océan, dans l'immensité. L'homme plonge à son tour.

En remontant à la surface, le tout-nu sent immédiatement le danger. Ils sont encerclés par les fleurs aquatiques si belles, brûlantes au troisième degré. Elles ouvrent et ferment doucement leurs lèvres sur eux dans des baisers empoisonnés alors qu'ils nagent vers la côte, paniqués. Le tout-nu voit la frite se débattre, boire la mer.

– Sors la tête de l'eau, ma belle. Allez, t'as la chance d'être Miss Univers, laisse-la pas couler, crois-y, à la côte !

La fille trop cuite, la petite frite se débat, s'essouffle… Le tout-nu la perd des yeux, prend peur lui aussi. Comme un papillon, il se brûle sur la beauté, emmaillé dans les tentacules sexy, érotiques et venimeux. Il nage vers la côte, comme il peut.

– Aie pitié, enculé d'océan, laisse-la encore un peu. Laisse-la, mon salaud, tu n'as pas eu ton dû ?

La peau se fend, l'eau se fige, la douleur, partout, la douleur. Autour de lui, des millions de mamelons tendres, sensuels, sublimes l'embrassent au troisième degré. Aucune trace de la frite.

– Je te crache à la gueule, l'océan. Je te crache dessus !

Mais franchement, qu'est-ce qu'un crachat dans la mer ?

– Les requins vont baiser son cadavre dans la vase sans que personne bouge, c'est ça ?

La marée avance. Et le tout-nu perd connaissance. Une espadrille pleine d'eau s'échoue sur la plage, dans le cimetière lumineux des méduses crachées par la marée.

Puis un corps de naufragé, un révolté de plus. Le tout-nu ! Brûlé, roulé par les vagues devant les chambres du motel. Au moment même où la marée se laisse charmer par la lune et se retire. Au moment même où Wendy sort de sa chambre pour plonger nue dans les vagues, se laver de sa nuit de ménage du carnage matrimonial de la chambre 6. Alors, pour la voir, le soleil essaye de toutes ses forces, de toutes ses explosions nucléaires, de percer la brume. Mais non. La brume reste la plus forte. Il fera gris.

Wendy, plonge, nage. Aperçoit une première méduse, s'affole et retourne sur la plage. En sortant de l'eau, elle ramasse un soulier de course enfoui dans le sable. Un Nike.

Quant à la frite… Eh bien, on l'a bouffée !

L'horizon

La lumière d'un camion passe et éclaire la chambre au bout du motel. María Magdalena est là, en boule au milieu du lit rond. Les yeux gonflés.

À travers la fenêtre sans moustiquaire, elle regarde le jour se lever peu à peu.

– C'est grand ici… Tellement grand, on dirait que je vais disparaître. Tellement grand que c'est peut-être pas grave. J'avais jamais vu ça. J'avais jamais vu ça, grand comme ça.

L'horizon. Long, tranchant, hypnotique, sans limites. Lumineux sous le plafond gris des nuages. Taché de cargos rouillés et enchaînés. Entre la mer et le ciel, entre les hommes et les dieux. Quand on le regarde, la vision devient périphérique, on trouve un point de fuite où se réfugier. Et les vagues applaudissent.

Si le suicide est un serial killer en vogue dans vos Amériques de banlieues et de chasse à la baleine turbo injection, alors la mer à perte de vue est l'infirmière sexy la plus compétente pour vous aider à traverser vos journées harnachées. Peut-être seriez-vous mieux de tout vendre et d'aller vous baigner. Mettre de l'eau salée sous vos paupières. Laisser au vent et à l'horizon la chance de vous fendre, de faire de la place en vous, de la place pour aimer. Et qui sait… Peut-être pourriez-vous écouter un peu notre chant ! Il a l'air de rien, mais s'y cache des incantations maçonniques, des philtres d'amour. Et les vagues applaudissent.

María Magdalena s'est rendormie. Elle n'a pas remarqué Saül, figé à côté de la porte, qui la regarde. C'est normal, peu de gens le remarquent. La brume en profite pour avaler la journée une fois pour toutes, pour bouffer la plage et la tristesse des crabes. Le banc de méduses s'assèche sur la rive douloureuse du motel. Et les cargos retournent à leur insensibilité.

La chambre 8 s'ouvre alors et le concessionnaire en sort, une serviette autour des hanches.

Kaïn : Non, mais ça va faire, pas moyen de dormir ? Vos gueules, les mouettes !

Marée basse

Le motel : Chambre 9. Wendy, dos à la porte, un soulier de course à la main. Quelqu'un dort dans son lit, agité. On cogne. On cogne fort.

– Wendy ? Ouvre-moi ! Tu peux pas faire ça, planter tes ongles dans mon dos pis me laisser là ! C'était pas bien, l'autre soir ? On était pas bien ? Wendy ! Ouvre ! Je veux te parler !
– Chut… Tais-toi, je t'en prie.
– J'ai dit ouvre !
– Chut… Calme-toi. Mon lit est trop grand. Ta chambre, c'est juste une des chambres du motel. Et le motel, c'est juste une des étapes au bord de la mer. Et l'océan recouvre 70 % de la Terre qui, elle, est juste une des planètes du système solaire. Le soleil, c'est même pas une grosse étoile, il refroidit, un jour, il va mourir, c'est juste une bulle dans la galaxie. Et la galaxie, elle, c'est juste un petit remous dans l'infini courant du temps. Tu comprends ? Tu es juste une goutte d'eau qui tourne au fond d'un lavabo. Et moi, j'ai soif.

J'ai trop fait de ménage cette nuit. Va te coucher maintenant. Le déjeuner est pas encore servi.

Systèmes polaires

Poussée de croissance

Saül : Elle s'est réveillée. Moi, j'ai les yeux qui se ferment tout seuls mais je résiste. Elle, ses yeux coulent, mais elle résiste.

– Mon mari est parti… Il est vraiment parti…

Elle se lève, va vers la salle de bain. Des plumes sur les tuiles du plancher collent à ses pieds nus. La porte de la salle de bain est coincée, elle ferme plus. Elle s'assoit sur la cuvette, urine. Elle revient, s'assoit sur le lit. Dehors, c'est gris. La brume bouffe tout.

– Le ciel est gris, mais il y a une percée, le soleil traverse la brume. On dirait un doigt en or… Le doigt d'une mariée.

Elle se crispe. Les larmes coulent.

– L'horizon va me fendre en deux, il va faire de la place en moi, je vais rester ici, me baigner, la brume va me protéger. Ça va aller.

Je lui fais oui de la tête, je veux pas qu'elle sache que je suis handicapé, je veux pas qu'elle voie le silence en moi.

– S'il te plaît, viens avec moi.
– …

– S'il te plaît.

Elle veut sortir. Je la retiens. Je ne sais pas quelle heure il est. Si les vieux la voient, il faudra qu'elle paye, elle aura sa chambre à elle, ça va être le bordel.

Je sors silencieusement par la fenêtre. Les mouettes font des ronds de guet au-dessus de nous.

Je lui fais signe. Elle sort par la fenêtre. Il reste de la brume sur les vagues. On avance. On se met les pieds dans l'eau.

Elle ôte sa chemise, son pantalon, sa petite culotte. Ses fesses et ses seins bougent un peu quand elle respire.

– Je m'appelle María Magdalena.

Et elle plonge. Elle remplit l'océan. Et moi, j'ai une poussée de croissance.

Ventilateur

Moi : Check out time 10 heures, je m'en fous. Je regarde le ventilateur immobile au plafond. Je lui fais faire des tours imaginaires, il ne bouge pas. Moi non plus. Comme des palmes de palmier en métal froid. Mensonges de vacances. Je me suis réveillé tête-bêche. Encore.

J'avale une capsule spatiale ronde et un verre d'eau. Je me rase. Ma main tremble. Dehors, la brume asphyxie la plage. Rien ne bouge. Tout est dans la ouate. Même les crabes restent couchés au creux du sable.

Heaven Restaurant. Deux œufs sunny side up pour mettre un peu de soleil dans la journée. La vieille tremble, ses mains sont trempées, l'assiette tombe devant moi avec la lourdeur d'un traité d'État. Je n'ai plus faim. Il fait trop gris pour jouer les héros. Je crève les jaunes d'œufs et je sors du restaurant.

De retour à la chambre, j'avale une nouvelle capsule spatiale ronde. J'allume un joint aussi. Avant-midi.

Je pars le ventilo. Je me couche en dessous et j'espère que l'hélice fera décoller le motel. Il fait lourd de pluie. Le ventilateur tourne de plus en plus vite, j'attends de m'envoler.

Chambre 2

Paloma : Mes jambes sont molles. Je ne tiens pas encore debout, je m'appuie sur le bras de ma chaise roulante. Je suis nue devant le miroir. La dernière bandelette est tombée sur le plancher. Et c'est la femme que je suis qui est devant moi ! Enfin, je me vois. J'en pleure. Mon sexe est là. Devant mes yeux. Une cicatrice. Ma vulve. Mes lèvres. Mes seins aussi. Je me caresse. Lentement, doucement. Mes mains découvrent ce corps étranger qui est maintenant le mien, qui a toujours été le mien. Ma paume glisse sur l'os de mon pubis. Dans le creux de ma hanche. Entre mes cuisses. Dans l'humidité (lubrifiée préalablement). J'ai envie de baiser… Un doigt se glisse. Ça fait mal. Et ça fait du bien. Ça fait beaucoup de bien. J'ai envie de baiser. Je me couche sur le lit. Face au miroir.

Je ferme les yeux.
Je suis nue et je suis belle.

Je veux faire l'amour.

Mécanique générale

Moi : On peut pas faire ça aux gens. Remplir leur chambre de lavande, puis faire semblant. Je tourne en rond dans le sens contraire du ventilateur. Un autre speed de la valise. Rhum pour avaler. Le stationnement. Kaïn est couché sous son auto sur sa civière de garagiste.

– Kaïn, sors de sous ta Cadillac, j'ai une bouteille, on va boire, on va regarder les mouettes, on va rire d'elles, on va se saouler en regardant le soleil se coucher, viens ! Je te jure, cette nuit, on va dormir comme des dieux… Sors de là !

Pas de réponse. Je me masse la mâchoire.

– Kaïn, sors deux secondes, on va parler de femmes. Wendy, tu la connais, tu vas m'expliquer, tu peux pas me faire croire qu'elle brille pas dans le noir, qu'elle allume pas ton moteur !

Rien. Mes dents grincent.

– Merde, Kaïn, tu fais chier, sors de là, tu vois pas que j'ai besoin de toi ?

Je tire la plateforme. Il est livide, les joues couvertes d'huile à moteur.

– Kaïn, merde ! Tu as l'air d'une crevaison !
– Laisse-moi tranquille, OK ! T'as les yeux comme une flaque d'huile bon marché ! Vas-y dans la vase, le cave, haïs-toi si tu veux, mais laisse-moi faire ma vie. OK ?
– Wo, comment tu me parles ? Tu t'es regardé ? T'es pathétique, fais de quoi, mets-toi au régime, je sais pas, on va aller pêcher ensemble, on va manger des homards avec du blanc, du rhum, on va se saouler ! Réveille !
– Je me rappelle plus son visage, OK ? Je me souviens de ses seins, de ses fesses, de son parfum, de ses plats, de son gigot d'agneau, mais pas de son visage. Je me fous de toi, t'es juste un minable, pas capable de vivre, juste un perdant qui a besoin de remontants, de petits bonbons pour sortir du lit, pour dormir, pour se réveiller, pour avoir le courage de passer à travers ses journées. Laisse-moi tranquille.

– Tu sais pas de quoi tu parles, tu sais pas c'est quoi !
– Laisse-moi manger, OK ? OK ?

Not OK.
K.O.
Knock-out.

Il se roule encore une fois sous son auto.

L'enveloppe

Adam : Il faut que je me lève. La nuit s'en vient, il faut que j'aille travailler. Ma peau colle aux draps, s'arrache. Peu importe, lève-toi ! Pense aux cigarettes enfoncées dans leur peau et lève-toi ! L'eau de la mer va te désinfecter.

Je suis dans sa chambre. Elle m'a sorti de l'eau. Elle m'a lavé, m'a déposé dans son lit parfumé. La demoiselle qui fait le ménage… J'ai toujours été trop en colère pour lui demander son nom.

Une enveloppe sur le comptoir. Pour le pourboire…

Thank you for staying with us !

Your Housekeeper has been Wendy. *We hope that everything has met your satisfaction. Your Housekeeper has tried to make your stay with us as pleasant as possible. If there is anything we can do to make your stay even more pleasant, please let us know.*
If you wish to leave anything, and we mean anything, for your Housekeeper's effort, we are providing this envelope.
Please come back and stay with us again soon. It has been our pleasure to have you as our guest.

The management.

Wendy. Écrit en grosses lettres de jeune écolière.

J'ouvre un tiroir. Des petites culottes, des soutiens-gorge, avec une odeur à rendre fou un pingouin. Je ferme le tiroir. Le cœur me bat.

Une bible des Gédéons. Drôle de tradition de laisser Dieu au fond d'un tiroir dans les chambres anonymes de l'Amérique. Je fouille des yeux. Je déshabille sa chambre.

Sur le comptoir, des crayons avec écrit dessus Eden Motel. Des petits carnets de notes. Eden Motel. Je prends un des crayons du motel et j'écris sur le carnet du motel un mot à la ménagère du motel.

Mademoiselle Wendy, je dois partir. Je ne sais plus ce que je dois, mais je vous dois quelque chose. Je… Merci. C'est ça, merci.

Je froisse le papier et je le jette dans la poubelle. Il y a des choses qu'on n'apprend pas dans la marine.

Feu de grève

Moi : Le soir venu, on lève des barricades face à la brume, on fait un feu sur la plage. C'est Paloma et son martini qui dirige la résistance. Moi, je suis la main-d'œuvre. Quand le tapis de braise est bien chaud, on y dépose de la truite en papillote et des pommes de terre au thym.

Kaïn ne mange rien.

Le feu hypnotise, comme les étoiles ou la télé. On ne dit pas grand-chose. On regarde le feu, on regarde en nous au poste cathodique de nos pensées. Wendy a été bouffée par le smog humide. Je l'ai croisée cet après-midi. Elle m'a souri. Et elle a continué son chemin.

Kaïn ôte sa casquette et me dit quelque chose d'incompréhensible. Comme s'il n'avait pas parlé depuis des années, comme si sa langue était enflée, il marmonne quelque chose. Ça doit être semblable à des excuses, je ne le fais pas répéter. On décide d'appeler mescalito à trois, Paloma, Kaïn et moi. Sous les étoiles, on embarque sur le dos du génie de la bouteille de mescal. Paloma nous parle d'hommes, Kaïn a le sourire un peu trop mou. Moi, je roule les joints.

Soudainement, Paloma lève la voix.

– Regardez-moi, jeunes hommes... Tambours ! Taratatatata ! Shazam ! Ça y est !

D'un geste sec et théâtral, elle se lève de sa chaise, ôte la serviette de plage de sur ses jambes, et vlan ! Elles sont là, ses jambes ! Abracadabra !

– J'ai enlevé ma dernière bandelette ! Je les ai enlevées peu à peu, une à une, comme si je vivais à moi toute seule le long striptease de l'histoire de la femme occidentale. La robe qui montre les chevilles, les années passent, on voit les mollets ! Puis, les genoux : révolution ! Tout le monde est en pâmoison, des groupes de religieux outrés apparaissent, des groupes de pression, d'éthique. Les suffragettes, les midinettes, le droit de vote, la courbe des cuisses et les hommes deviennent fous. Et la robe monte toujours ! La cuisse, la minijupe, le sex-appeal, le printemps, les jupes d'été, le bikini, les pin-up, Larry Flint, la pilule contraceptive, les Hots d'Or, les webcams, les vibrateurs à piles avec tentacules... AHHHHHH ! L'érotisme sublime d'être une femme ! Vous comprenez ! PRO-CHOIX ! Ma chenille est devenue papillon ! Mon pénis est devenu vulve ! Mon sexe est devenu liberté !

Rires, applaudissements, shooters ! Bravo, Paloma. Hasta siempre comandante, hasta la revolución siempre.

Elle se lève avec des allures de flamant rose, et nous fait un défilé. Hésitante, tendre, encore boiteuse. Applaudissements. Sifflements lubriques, rires. Shooters ! Même le feu siffle. On fête tard dans la nuit la victoire de la femme sur les lois de la nature. Aux femmes le pouvoir, à elles les trônes et les clefs du pays, que les femmes dirigent le monde !

La flamme du chalumeau

Le ver au fond de la bouteille de mescal est venu malicieusement me manger. Je suis en étoile sur mon couvre-lit, à m'agripper des yeux au plafond qui tangue. Je me dis demain, je change. Demain. Promis. J'arrête de boire, je vide ma valise dans la toilette. Si le ventilateur pouvait arrêter de tourner...

Au moment où je ferme les yeux, la porte-moustiquaire de la chambre de Kaïn claque, côté stationnement. Son chalumeau s'allume. Ça fait un petit bruit. Boum. Ça me soude les paupières grandes ouvertes. La flamme illumine doucement le stationnement de bleu. Le bruit du métal qui ramollit. L'odeur du métal chauffé.

Boum. J'avale un comprimé.

Le minibar. Dans l'éclairage bleu de la minilampe du minifrigidaire, plein de minibouteilles alignées, des minibouteilles à me mettre dans la bouche pour atteindre l'ivresse des profondeurs et réussir à m'endormir. Boum. Le chalumeau qui se rallume. Boum, il s'éteint. Boum, l'auto piégée qui fait son boulot meurtrier. Boum, une autre minibouteille lancée sur le mur. Boum, le mécanicien recommence. Boum, une autre pilule. Boum, mon cœur accélère. Boum, mes yeux ne focalisent plus. Boum, la porte du minibar, boum Havana Club, boum Johnnie Walker, boum Tequila Sauza, boum Le Courvoisier, boum lighter sur un joint, spark plug pour mon cerveau, boum amaretto, dégueulasse, boum un autre Mister Walker, je ne marche plus, j'ondule, boum une autre spark plug en fumée, boum Grand Marnier petit format, boum, je suis heureux boum, je pleure de joie boum, je pleure de joie boum, y a de la joie, boum, bonjour bonjour les hirondelles, boum, boum.

Le stationnement est illuminé bleueu. La porte du minibarr ouverte éclauiiytvbe la chkhambre en bleueu. Mpoi qui mém… endorte auu piekde de la portee bleueue du minininbar bar r.

Booum. Mateu …tete contree l…e placher.

BoOoooum. Ooo. O. Oo. o…

Le troisième mât

Adam : Dans la marine, il y avait un con. Il voulait prouver qu'il était un homme. Il a plongé du haut du troisième mât du destroyer. Quelle connerie ! *Destroyer, mot français de l'anglais to destroy.* L'intention est claire.

Donc, le con a sauté du troisième mât, le plus haut. Tout le monde plongeait du premier mât, mais lui, non, lui, c'était un homme. À l'impact, quand son visage a touché l'eau, la vérité a éclaté. Son visage s'est ouvert comme une fleur. Le con voulait nous prouver quelque chose, nous impressionner. Il est mort sur le coup. Et son sang n'a même pas su teinter l'océan, tellement l'océan est grand. Il voulait être le meilleur. Il est devenu une fleur.

Je plonge du cargo. Pas de méduses. L'eau mange encore les gales, ça risque de s'infecter. J'en ai assez des cons. Il faut que je fasse quelque chose. Ça peut pas durer. Je veux pas être un con de plus.

Bar ouvert

Moi : On cogne. Des coups de masse sur mes tempes. On veut ma mort.

On cogne encore. Un marteau-piqueur contre les tempes. Ça y est, mon crâne craque définitivement, la gélatine va sortir.

J'ouvre les yeux. J'ai la tête dans le minibar, le front étampé dans le tapis. Check out time way dépassé. Je suis rendu désagréable. Presque illisible. Il faut que je parte d'ici, je ne me supporte même plus moi-même.

On cogne encore. Pitié, je vous en supplie, j'avoue n'importe quoi, mais faites que ça arrête ! La porte s'ouvre. Un peu de vent. Paloma se tient sur le seuil, rayonnante, appuyée sur deux béquilles chromées. Une robe moulante, blanche, presque transparente, remplace ses bandages. Les yeux fardés, pétillants. Les lèvres généreuses.

– Salut jeune homme.
– Euahh…

Ma chambre est une catastrophe naturelle. El Niño et le tsunami, c'est rien en comparaison. Le minibar sur roulettes est au centre, vide, la porte ouverte, mes vêtements sont partout, les draps sont en boule, entre des minibouteilles cassées et le matelas. Je suis nu sur le tapis, collant, suant, puant, une épave qui bave sur le plancher. Le corduroy laisse sa trace sur mon visage, je vais vomir… Vite ! La salle de bain, je me vide bruyamment dans la cuvette.

– J'ai marché tout l'avant-midi. Je m'exerce. Les muscles de mes jambes ont besoin de se dérouiller. Je suis belle, hein !
– Excuse-moi, je me sens pas super, je lui réponds, la morve au nez.

Elle me passe une serviette et me regarde sans attendre que je me couvre. Je suis échoué sur les tuiles blanches et froides entre le mur et la cuvette sale.

– Qu'est-ce que je peux faire pour toi ? que je lui demande.
– L'amour !
– Je comprends pas…
– Fais-moi l'amour.
– Pardon ?
– S'il te plaît.

– Je suis hors d'usage. Fermé pour rénovation. Mais je suis très flatté de ta proposition.
– Et moi, je suis en spécial, nouvelle administration. Je t'attends !

Le voilier dans son cadre est un mégot pris dans des vagues hautes de quatre étages. Je m'endors contre la cuvette.

Pit-stop

Kaïn : Mon urètre se vidange de son huile, une huile vieille, brune, visqueuse, collante. Je dois passer au pit-stop. Je ne suis pas capable de sortir du lit. Je déboule hors du matelas, m'écroule sur le tapis. Il n'y a rien qui marche en bas de l'estomac. J'ai le cul en sang, mon cerveau en sort.

Dans l'épaisseur de ma sueur, je rampe sur le tapis collant. Je nage vers la porte.

Mon chalumeau.

Je m'en vais déjeuner.

Méthadone

Moi : Paloma a la patience d'une ex-détenue. J'ai avalé deux Aspirine, trois Advil Liqui-Gel™ Extra Fort, trois Tylenol Extra Fort, deux Action Rapide. Je me suis lavé dans la mer. Je mange maintenant, au restaurant du motel, un bol de céréales Alpha-bits pour réapprendre à parler. Une miniboîte qui s'ouvre au centre, cut here, on ajoute du lait, et hop. Elle m'attend patiemment, me parlant de choses et d'autres. Elle aussi a été ouverte au centre cut here, tu ajoutes des hormones, et hop.

Mes Alpha-bits finis, on remonte le similigazon jusqu'à ma chambre. Je marche lentement. Je ne sais pas… J'ai peur de ne pas bander.

De ne pas jouir. Je me répète de ne pas regarder les humains comme des x et des y au fond d'une miniboîte d'Alpha-bits qui s'ouvre au centre et hop.

On entre. En silence. Malaise. La toilette, me laver les dents. Me passer la tête sous l'eau. Longuement. Quoi faire ?

Je reviens dans la chambre, Paloma s'est glissée dans le lit, sa robe posée négligemment sur le dossier de la petite chaise. Le voilier dans son cadre a baissé les voiles, il est à l'ancre dans un coucher de soleil de croisière. Personne en vue.

Je m'approche.
Je me déshabille.
Sans un mot, je m'étends sur elle.
Ce que je pourrais faire pour me réchauffer.

Elle est là, sous les draps, nue, large d'épaule, carrée, sexuelle. Ses seins ont la rondeur des bouées de métal. Et j'ai encore le mal de mer qui me fait ses marées.

Je la caresse maladroitement, ses seins ronds, son ventre fort, ses épaules larges. Elle ferme les yeux, la bouche humide. La moustache épilée. Quand je descends humidifier son sexe de ma langue, elle me retient. De ses doigts, de sa salive, elle s'en occupe, elle me couche sur le dos, et ensuite, elle m'excite, doucement. Je ferme les yeux. Tranquillement, elle met mon sexe dans sa bouche. Je m'imagine les femmes les plus sensuelles, les scènes les plus cochonnes. Je bande. Elle me dirige en elle et je la pénètre doucement. Et nous faisons l'amour. Tendrement. Prudemment. Je caresse ses mamelons. C'est la première fois que je touche du silicone. C'est dur, on dirait que, même complètement nue, elle est habillée. Peu importe, je ferme les yeux. Je laisse venir, je rêve tout ce que je peux, je joue avec la réalité, j'imagine toutes sortes de choses, d'autres bras, d'autres positions, des petits phantasmes inavoués, plein de corps, plein de cochoncetés. Wendy. Et je jouis.

Elle, non.

– Merci mon chou. Là, vraiment, je suis une femme.

Et je ne crois pas que c'est de ne pas avoir joui qu'elle parle. Moi, je le sens, je vais m'endormir. Comme un homme.

Mais le calme de la sieste est soudainement brisé. Des petits coups secs, rapides, à ma porte.

– Paloma ! Paloma, aide-moi !

C'est Wendy. Je veux mourir. Paloma se lève, enfile une serviette, attrape ses béquilles, et ouvre la porte sans se demander si ça peut me gêner d'être vu avec elle. Je veux fondre, disparaître dans mes draps.

– Kaïn a besoin d'aide, il a jamais voulu que je fasse sa chambre, tu le sais, mais là, c'est trop, j'ai peur. Je veux pas laver des cadavres. Fais quelque chose, Paloma, je t'en supplie !

Cour à scrap

Kaïn est par terre, sur le tapis de sa chambre. Il gémit tout bas, écrasé sous le poids de sa carrosserie.

– Allez-vous-en !

Paloma prend les choses en main.

– Kaïn, mon petit gars, tu vas passer un mauvais quart d'heure. Wendy, va dans ma suite chercher la chaise roulante. Ramasse aussi tous mes bandages. Ils devraient être en tas sous mon lit.
– Tu vas le regretter, Paloma…
– Calme-toi.
– Touche-moi pas !

– On va pas te laisser crever comme ça. C'est fini les folies. Détox, cold turkey.

Kaïn tremble. Il morve. Mais Paloma reste de glace. Wendy revient. On le lève et on l'assoit dans la chaise roulante. Il est lourd. Dégonflé. On sort. Paloma ouvre la marche.

– Le portier du club travelo où je travaillais m'a raconté comment il s'est sorti de l'héroïne. Il était réfugié sur une réserve amérindienne, parce que là-bas, la mort aux rats qu'il s'injectait était moins chère. Il couchait avec un des Mi'gmaqs. Et ce gars-là savait encore ce qu'est l'amour. Un jour, mon portier s'est shooté une tempête de neige trop grosse dans le coude. Le Mi'gmaq a compris que l'autre allait se crever avec l'aiguille. Il a attendu que le portier soit gelé comme un bonhomme de neige, il l'a mis sur son dos et il l'a attaché à un arbre. Deux semaines à crier. Toi, mon bonhomme, ton héroïne, c'est la douleur. Tu te shootes à la culpabilité comme un chrétien bon marché, alors on va te crucifier. Suivez-moi, vous autres.

Grosse journée. Wendy et moi, on suit Paloma sur ses béquilles. On traverse l'autoroute. Encore saoul de la veille, je me retrouve dans le soleil couchant à transporter l'épave d'un ami dans une chaise roulante. Wendy ne fait aucune allusion à Paloma et moi. Pourtant, j'ai honte. Quel con ! Le béton irradie la chaleur et le silence d'une lourde fin d'après-midi. On ne parle pas. On entre dans le verger. La chaise avance difficilement dans l'herbe haute. Les pommiers sont en fleurs, du blanc partout. Ça sent la vie, les fleurs, la chaleur.

Un magnifique pommier trône un peu plus loin, un arbre tordu, grandiose, chef d'orchestre du verger. Ses feuilles jouent un concerto triste avec le vent. Quelques pétales s'envolent, odorants, délicats.

J'adosse Kaïn à l'arbre pendant que les filles lui attachent les bras avec les bandages aux premières branches. Kaïn se laisse faire, épuisé. Il fixe le soleil qui rougit au-dessus du motel.

– C'est le phare d'une moto. Elle se dirige vers moi...
– Mon chou, je ne sais pas combien de temps tu vas rester ici. Les premiers jours, ça va être sans boire ni manger. Un bon nettoyage. Ensuite, on verra.
– Elle va me rouler dessus, gémit Kaïn.
– Qui ça ? demande Paloma.
– La moto. Elle vient me chercher.

On rentre au motel, penauds. Il fait nuit noire. J'ai juste envie de dormir, que la journée se termine. Wendy nous remercie avant de s'éloigner vers la réception. Arrivé à ma chambre, Paloma m'arrête.

– Tu veux dormir avec moi ?
– Non, Paloma. Désolé. Il y a le perroquet, tu comprends.
– Il pourrait dormir à la belle étoile...
– Bonne nuit.

Les conserves

Saül : Les jours ont pas tous la même longueur, j'ai pas bien compris. Aujourd'hui, la journée a été bouffée par l'océan, elle finit jamais. Je m'endors partout. J'ai lavé les planchers, j'ai lavé les comptoirs. La télévision aussi, je l'ai lavée. J'ai même lavé les pots sur la télévision. Les pots avec les serpents. Leurs yeux sont blancs, leur bouche est ouverte, leur langue pend dans le liquide jaune et gras.

Le motel est grand. J'essaye d'être invisible, c'est facile pour moi, mais là, je me concentre, je veux être parfait. C'est le milieu de la nuit, je devrais dormir, je dors pas, je me faufile dans la réception, j'attrape la porte avant qu'elle guillotine. Il y a plein de petits bruits qui peuvent mordre. Et des ombres longues, dans les coins.

Si on mange un sandwich aux sardines à la sauce tomate en territoire neutre, devant la mer, les mouettes s'attardent autour. Elles font des vols planés et s'approchent subtilement en criant. Si on est pas assez habile pour manger notre sandwich et que la tomate nous coule au menton, si on fait pas attention, alors, une mouette passe comme un bombardier et vlan ! le sandwich part faire un tour dans les nuages ! Les mouettes se poursuivent, vroum, on voit le pain se faire arracher par un autre bec, une mouette attrape au vol un morceau de sardine qui tombe, looping, vroum, une autre passe, vole le morceau et l'avale. Ça gueule, ça vole. Une nouvelle mouette arrache la tranche de pain, tonneau, vrille vers les vagues, vroooum, vol en rase-mottes, virage serré, pic vers le ciel, et vlan, c'est fini, plus rien à bouffer, tu restes là sur le quai avec ton ventre creux.

Heaven Restaurant. Au fond de la cuisine, elles sont là. Les conserves de thon. Dans la réserve, derrière une grosse porte qui fait clonc, là où ils rangent tout ce qui n'a pas à être rangé au froid. J'ai peur dans la réserve, j'ai toujours eu peur dans la réserve, la porte se referme, clonc, et tu meurs. Une grosse porte comme une écoutille de sous-marin. Je retiens mon souffle. Je mets quatre conserves de thon sous mon chandail et je fais semblant d'être un pélican. Des fois, les pélicans viennent en famille devant le motel, un derrière l'autre, au ras des vagues. C'est des gros oiseaux avec une poche au menton pour voler, l'un derrière l'autre, au ras de la mer. Bons pêcheurs, les pélicans. J'aimerais ça que la vie soit pas en conserve. J'espère qu'elle aime ça, les conserves, María Magdalena. Elle va avoir faim. Personne ne m'a vu. Je disparais.

La porte-guillotine décapite le silence. Au secours ! Les vieux, ça dort pas. Je cours, je traverse l'autoroute et je me cache dans le verger. Un camion passe.

La télécommande

Moi : Il y a plein de postes à la télé. Des centaines. Sans fin. Même la nuit. Ma chambre est dévastée. Plus personne ne fera le ménage.

Crowbar

Saül : Elle dort. Mes poumons marchent pas très bien. Je suis un peu fatigué, mais je dis rien. J'échappe les conserves qui étaient dans mon chandail. Elle sursaute.

– Tu m'as fait peur.
– …
– C'est gentil, les conserves. Comment on va les ouvrir ?

Je vaux rien, le silence dans ma bouche, il est aussi dans ma tête, je suis même pas capable d'ouvrir des conserves.

– C'est pas grave. On va trouver.

Kaïn ! Lui, il va m'aider. Je sors, je rentre dans le cadre de porte, je franchis la porte, je cours. Je vais dans le stationnement. À côté de l'auto de Kaïn, il y a plein d'outils. Il y a un grand truc lourd, un crowbar, passe-moi le crowbar, petit, qu'il me disait quand il se faisait à souper, Kaïn. Les mouettes, c'est le contraire des corbeaux, c'est blanc. Je reviens à la chambre. Elle est vraiment longue, la journée.

Je donne des coups sur les conserves. Il y a de l'huile partout. Elle rit. Puis, le thon gicle, et on mange et elle est belle quand elle rit et moi, je frappe fort parce que c'est ça qu'il faut pour qu'elles s'ouvrent les conserves, mais aussi parce qu'elle rit.

Salle d'attente

Le vieux : Il est quatre heures du matin. Être vieux, c'est attendre, alors j'attends. J'attends la mort. Le sommeil. Le lever du soleil.

J'espère mourir dans un coin, sans bruit, et que ce soit mon odeur qui alerte les gens. Pourrir quelques jours avant d'être retrouvé. La tête fracassée sur un coin de tablette, le corps écroulé dans les étagères du placard, les pantoufles encore aux pieds, les vers qui commencent leur travail sur mon corps.

Elle entre dans notre chambre. Elle me regarde. Je ne vois pas bien, je n'ai pas mes lunettes, je ne mets plus mes lunettes, elles sont à côté du lit, sur la table de chevet couverte d'un napperon de dentelle.

– Va te laver.

Je fais semblant de dormir. Le soluté de Viagra est débranché, il coule en gouttes bleues sur le drap jauni. Elle allume la télé. Monte le son. Elle met le poste 67, le poste pornographique. Un tableau abstrait de peaux humides. Trame sonore au loin, derrière ma surdité.

– Tu ne dors pas. Va te laver.
– Laisse-moi.
– Tu t'es pissé dessus.
– Lave-moi, toi.
– Vieux dégueulasse.
– Alors va-t'en.

Mon pyjama marron est mouillé. Ma vieille sœur, ma pourriture, me déshabille. Elle m'enfile mes lunettes à double foyer. Une fillette en peluche se masturbe à la télé.

Ma vieille me lave avec une bassine. La petite ourse en peluche suce une autre fille maintenant. J'entends à peine les gémissements. Mon sexe reste froid. Alors, ma sœur le met dans sa bouche sans dents. En tremblant. Sa bouche sans dents me révulse. Elle monte et elle descend sur mon sexe végétal. Je me concentre sur les gamines. Le miracle chimique se produit lentement. Mon pénis se réchauffe et grossit un peu. Viagra. Ma sœur s'encanaille. Si je la regarde, je vomis, alors, je regarde les filles s'embrasser le sexe réciproquement, se mettre des godemichets dans la vulve, dans le cul, pendant que leurs langues s'acharnent sur des clitoris trop petits pour que je les voie.

J'ai pas assez baisé dans ma vie. J'ai le corps d'un dépotoir, une peau de lépreux, mais des fois, je bande. Elle, mon miroir, ma copie, ma sœur, elle a pris des hormones. Elle s'est aussi greffé un utérus. Au début, un filet de sang a commencé à couler de la croûte de peau qu'elle a entre les jambes. Elle m'a ensuite branché aux pilules et à la pornographie. Et elle a eu ce qu'elle voulait. Un bébé défectueux, albinos et muet qu'on a pas pu retourner, plus sur la garantie. Un petit groom qui se croit grand maintenant. Elle veut recommencer, on dirait.

Juste au moment où une goutte de sperme va peut-être sortir de mon sexe difforme, elle lève sa jaquette jaunie et pose ses fesses flasques sur mon corps, elle entre mon pénis dans son vagin pré-hydraté. Je ne réussis pas à jouir.

Elle arrête.

Elle ferme la télé.

Elle s'assied au coin du lit. Sans sueur.

– Il se passe des choses étranges au motel.
– Je m'en fous.
– Le morveux est trop choyé, il dort en travaillant, tu dois le corriger. Et la chambre 8 ne paye plus. En plus, ils ont fait un feu sur la plage. Il est interdit de faire des feux sur la plage.
– Tu n'as jamais aimé les gens heureux.
– Non. Toi non plus. On est trop vieux pour ça. Mais ce n'est pas la question. Je m'ennuie.

White noise

Moi : On frappe. Ça recommence déjà. La journée, les repas, les mots absents entre les gens, le faire semblant. La routine du vide. Je me réveille collé dans ma bave sur l'oreiller. Il neige à la télé, le bruit est insupportable.

On frappe plus fort. Le soleil est coincé entre deux cargos, radieux. On frappe. Qu'est-ce qu'ils me veulent, tout le monde ?

J'ouvre. Un grand gaillard se tient droit, les cheveux en bataille, l'œil brillant, la peau rouge de brûlures. Flambant nu. C'est le type de la chambre 7. Le style d'homme qui, même assis, est debout. J'ai la nausée.

– Bonjour…
– Euahh…
– J'ai besoin d'un coup de main.
– Quoi ?
– Je peux entrer ?
– Pas vraiment, non. Qu'est-ce que vous me voulez ?
– J'ai un deal pour vous.
– Je suis pas bien, là…
– Pour mieux dormir.
– Je sais qui vous êtes, je vous ai vu sortir de l'eau tout nu. Vous vous promenez toujours tout nu ?
– Oui. Non. Écoutez, j'aimerais passer une nuit au motel. Et comme je suis en mer toutes les nuits, j'ai pensé… Avec les brûlures, c'est insupportable. Les méduses… Ça guérit pas, le sel de la mer mange les gales, c'est toujours à vif, ça guérira pas. Tu vas venir avec moi, cette nuit.
– Je me sens pas bien là, je comprends pas.

Il me pousse fermement, entre dans ma chambre et me regarde dans les yeux.

– Toutes les nuits, je nage au large. C'est… mon boulot, si on peut dire. Tu vas venir avec moi.
– Dans la mer ?
– Oui.
– Pourquoi je ferais ça ?
– Wendy me dit que je peux compter sur toi.
– Quoi ? Wendy ?

– Je sais que tu nages bien. Je t'ai vu.

– Wendy ?

– Oui ! La femme de ménage. C'est son nom.

– Je sais, merde. C'est quoi, là ?

– On va nager ensemble, ce soir, je viens te chercher.

– Non. Sans façon. Merci. Au large, après la septième vague, il y a le ressac.

– Au large, après la sept millième vague, il y a des raisons de vivre.

– Qu'est-ce que tu me veux, le nudiste, que je lui dis en le plaquant.

Il me pousse violemment, je tombe sur le tapis.

– Au coucher du soleil, qu'il me dit froidement.

Puis il augmente la vitesse du ventilateur.

– Tu devrais dormir un peu. La nage est longue.

– Qu'est-ce qu'elle te trouve, Wendy, pour te laisser entrer dans sa chambre ?

Mais il est déjà sorti.

– J'irai pas. N'importe quoi.

Qu'est-ce qui se passe ? Elle est où, ma valise ? Qu'est-ce qu'il me veut, le nudiste ? Je ne vois pas pourquoi je l'aiderais. Ma valise ! Qu'est-ce qu'ils me veulent, tout le monde ? C'est quoi, là ? C'est Médecins Sans Frontières, ma chambre ? J'irai pas. Je vais aller nulle part. Vous me faites chier. Sacrez-moi patience, je suis pas un bar open ! JE SUIS PAS UN BAR OPEN !

La rosée

Kaïn : La rosée du matin m'a réveillé, le cul dans l'herbe et dans les pétales de pommiers. Trempé de sueur. Ça sent horriblement

101

mauvais. Je me suis vidé. Je baigne dans ma merde, la puanteur recouvre les fleurs.

Le soleil monte, brûle. L'odeur s'amplifie. La tête me tourne, je chauffe de partout, je fends de partout. J'étais un colosse, avant. Une montagne avec des filons d'or aux doigts. Maintenant, même mes bagues me paraissent lourdes. Ça me démange. Le cœur me lève. Je me débats. Les pétales tombent sur moi, assis dans ma merde.

Paloma. Elle oscille. Ou c'est moi ? Je suis en train de pleurer ? J'ai honte, je pleure, je chiale même, je me vide des yeux, je hurle, je morve. Je pleure comme un cochon. Je ne suis pas capable d'arrêter. Je me vomis des yeux.

Elle transporte un seau, du savon, des serviettes.

– Va-t-en.
– Tu t'es chié dessus, Kaïn.
– Touche-moi pas.
– On peut pas te laisser comme ça.
– Touche-moi pas, Paloma.
– Kaïn, calme-toi.
– Tue-moi, mets un contrat sur ma tête, mais torche-moi pas, OK ! Je te le pardonnerai pas. Je t'avertis, je vais te détester à mort.
– J'ai torché un amant sidéen longtemps, mais je présume que ce n'est pas pareil.
– Ça se prétend libre, ça change de sexe, mais pas capable de laisser un homme choisir sa mort !

Je hurle, je secoue l'arbre, je donne des coups de tête, de pieds, il pleut des pétales, les mouettes du motel s'envolent sous mon hurlement, Paloma recule, les branches du pommier craquent, j'essaye de l'arracher, je hurle, JE HURLE. Le sang me sort des yeux. J'hallucine. J'hallucine de haine.

Et les pétales tombent, indifférents.

« Avant, il fallait que les enfants se conforment aux attentes des parents. Maintenant, ils peuvent faire ce qu'ils veulent, en autant qu'ils soient heureux. C'est une responsabilité difficile à porter. »

Dr Cécile Rousseau, professeur de psychiatrie, Université McGill. *La Presse,* 25 février 2007.

L'océan Pacifique

Moi : Je suis assis devant ma chambre à regarder le soleil qui se couche. Je me suis levé vers midi. En silence. J'ai ensuite mangé un club sandwich au thon en boîte. En silence. Puis, je suis allé voir Kaïn. Il dormait. En silence. Je suis revenu au motel.

Même les mouettes murmurent. Rien ne bouge. Rien ne parle. Le félin se prépare à la chasse. Je n'irai pas dans la mer. C'est un con d'exhibitionniste.

J'irai pas.

J'irai pas, c'est tout.

Le voilà qui arrive.

– On y va ?
– …
– …
– Pourquoi pas.
– Tiens. Mets ça.

Il me donne une pile de vêtements pliés comme ceux qu'on remet aux prisonniers. Qu'est-ce que je suis en train de faire ?

– C'est quoi ?

– Des vêtements.
– Pourquoi ?
– Tu viens ou pas ?
– Oui…
– Alors mets les vêtements !
– OK… OK…

J'enfile les vêtements usagés, sans forme. Lui, il porte une paire de pantalons trop grands et un vieux polo d'un club de golf de banlieue. Le polo est maculé de taches rougeâtres à plein d'endroits. Ses brûlures qui suintent. Tout ça sent mauvais, que je me dis, c'est une mauvaise idée.

– T'es certain, pour les vêtements, je lui demande ? Je veux dire… C'est juste que…
– Tu viens, oui ou non ?
– Oui, c'est juste que…
– Garde tes souliers.

Il part en joggant. Et comme un con, je le suis. Il dépasse les chambres au bout du motel. Le frottement de son polo de golf sur ses plaies le fait grimacer de douleur. Les golfeurs sont des tortionnaires obsessifs et méticuleux.

Lorsqu'on n'entend plus les dix-huit roues de l'autoroute ni les mouettes du motel, lorsqu'on n'entend que les vagues et le bruit de nos pas, il s'arrête. La plage ici n'est plus en sable, c'est un amoncellement de coquillages brisés qui craquent quand on y met le pied.

– Ce ne sera pas une nage facile, qu'il dit enfin. La mer est forte.
– On va où ? je lâche d'un ton moqueur, question de diluer le trac.

Pas de réponse. Il s'avance dans les vagues. Et il plonge.

Et moi, comme un con, je plonge aussi.

Je franchis les sept premières vagues.
Sans chants de sirène, sans épaves.
Le ressac me laisse passer.

Adam m'attend toutes les dix vagues. Il fait du surplace sans un mot.

– Eh, l'ami, raconte un peu. On va où ?
– Garde ton souffle.

C'est tout. Direct. Presque militaire. Il a raison. Mon cœur pompe à en sortir toutes les toxines de mes débauches… Personne ne devrait nager tout habillé.

Le soleil est complètement couché, maintenant. Il fait noir.

L'océan Pacifique est le plus grand de tous, personne n'est allé au fond. On est allé sur la lune, mais pas au fond de la grande baignoire. Je nage dans le vide absolu, dans l'inconnu.
J'ai peur.

Au loin, je vois la côte. Les petites lumières des chambres dansent.

Ça fait combien de temps que je suis arrivé au motel ?
Je sais plus.
Je nage.

On coule de l'or fondu dans mes poumons. J'implose. Mais je continue. Mes bras sont mous.
Pense à autre chose. Nage. C'est tout.

Les paquebots. Les cargos. C'est ça ! C'est vers là qu'on va…

Ils se rapprochent.

L'océan est tellement grand.
Vertigineux.
Faut que je me contrôle, faut pas que je panique.

Les cargos se rapprochent.
Qu'est-ce que c'est gros...

Ils se rapprochent, je jure qu'ils se rapprochent.

Ils sont tellement gros qu'ils ont l'air tous près.
Non, encore plus loin...

J'y arriverai pas. Au-dessus de mes forces.
Pense à autre chose. Nage !

C'est tellement grand, l'océan.
Contrôle... Respire... Respire... Respire... Nage... Nage...

Des tonnes et des tonnes d'acier qui flotte.

Le *Cap Béatrice*. Un monstre de métal aussi lourd qu'une usine,
qui flotte.
Qui coule pas.

Si lui coule pas, moi non plus, je peux pas couler, j'ai pas le droit.

L'autre côté de l'horizon

Je m'échoue sur une petite plateforme en bois à l'arrière du navire, un gargantuesque cargo bleu rouillé.
Je ferme les yeux.

Je reprends peu à peu mon souffle.

Le quai de fortune a été rapiécé à la poupe du cargo, à l'abri des regards de la côte. Une échelle de métal se perd dans le noir sans lune. Tout mon corps s'imprègne de ce quai, pesant, mou, flasque.

L'autre m'attend, assis, le regard au large, les jambes flottant dans la mer, tandis que je reprends mon souffle.

– Comment tu t'appelles ?
– Appelle-moi Adam.
– Je te le dis tout de suite, Adam, je pourrai pas revenir, je serai jamais capable.
– Inquiète-toi pas. Tu nages bien, tu vas t'en tirer. Le retour est généralement plus facile.
– Quoi ?
– On pense à autre chose.
– Quoi ?

Mais il ne répond pas. Il se lève et commence son ascension. Il m'énerve. Échelon par échelon, je le suis.

La rouille des barreaux entre dans mes mains fripées par l'eau salée. Une couche de sel s'est cristallisée partout sur le métal. Mes vêtements imbibés sont lourds, stupides. On monte. Échelon après échelon.

Le pont du cargo.
Immense.
Vide.
Le vent. Le silence en rafales, l'odeur d'oxydation, le rugissement des bourrasques. La masse impressionnante du cargo, ridicule au milieu de l'océan. Quelques mouettes dorment en tas, un œil ouvert, les plumes ébouriffées. Et des containers. Des centaines. Rouges, bleus, verts, blancs, rouillés, cabossés… La marchandise.

Au-dessus, les étoiles. Tellement d'étoiles. Plus que j'en ai jamais vu.

– C'est beau, les étoiles. C'est tellement beau…
– Oui c'est beau. Viens.

Une passerelle métallique longe les flancs du navire, un corridor de deux pieds de large, à côté des containers. Devant nous, bloquant la vue de l'avant du cargo, l'habitacle trône de bord en bord du navire, une espèce d'immeuble oxydé couvert de hublots, haut de plusieurs étages, autrefois blanc, maintenant rouillé, écaillé. La passerelle passe dessous.

De l'autre côté, le corps du navire se déploie. Recouvert de centaines de containers. On dépasse les premiers, la passerelle passe sous quelques-uns, elle continue jusqu'à l'avant. Mais nous, on arrête vers le milieu du cargo. On monte une petite échelle rouillée, on entre sur le pont, on se faufile entre les containers de toutes les couleurs, dans tous les états, rongés, mangés par le sel. Le vent rugit, coincé par les tours de métal que forment les containers. Je regarde où je marche, j'essaye de me repérer dans la lumière de la lune.

Au centre, à l'abri derrière les murs de métal, il y a un espace vide, sans caisson. Un sas en plein milieu. Adam l'actionne, le métal se frotte contre le métal, l'acier crie, un souffle de chaleur en jaillit, le souffle d'un animal, une haleine titanesque, chaude. Le cargo est vivant !

D'autres échelons. Adam descend. Je regarde. Et mon cœur se serre. Des centaines d'abris de fortune entassés à l'intérieur, empilés les uns sur les autres, chaotiques, au creux de la carcasse de métal, entre les boulons du navire. Des boulons gros comme des maisons ! Un monde... Qui fourmille. Éparpillés sur le métal brun, agrippés à des échelles de corde qui pendent des containers, agglutinés sur des échafaudages patentés, partout, des gens ! Une foule, innombrable, grouillante. Encore des containers multicolores, délavés, béants, qui abritent tout ce que l'humanité crache d'elle-même. Un bidonville bondé au fond de la cale d'un cargo de fret. Des réchauds à gaz, des tentes en lambeaux, des panneaux de bois, des structures difformes. Partout, dans chaque recoin, en groupes ou seuls, en famille ou en bande, dans l'odeur intense de mazout, les rejetés, les parias, les clandestins, les recherchés, les boat people de toutes les guerres et de toutes les misères. Entassés, emmêlés, disséminés. Au large de notre motel, de nos banlieues. De nos pharmacies et de nos supermarchés.

Je descends. Longtemps. Je prends mon temps pour encaisser ce que je vois.

On est accueillis par un grand homme dont l'ombre s'allonge sous la lumière des ampoules qui pendent. Il est maigre, moustache drue, grisonnante. Chemise ouverte, manches roulées, pantalon élimé, sale. Une tache de vin lui couvre l'épaule jusqu'au côté du front. Il a sûrement déjà été basané, mais, maintenant, il est sombre. Tout est sombre, huileux, crasseux. Les ampoules nues scintillent, hésitantes, tanguant selon les humeurs de la mer. Quand elle m'aperçoit, la foule s'arrête et se regroupe autour de nous.

– C'est qui ? demande l'homme taché.
– Demande-lui, répond Adam.
– T'es qui ?
– Euh, je sais pas, je réponds. Un gars du motel... Je...
– Il est fiable ? qu'il demande à Adam.
– Demande-lui.
– T'es fiable ?

– Oui, je réponds clairement.
– Il va nous aider. On a trop de travail, on ne sera pas trop de deux. Et dans quelques jours, je ne viendrai pas. Il va prendre ma place.
– Des problèmes ? dit le taché, la mâchoire serrée.
– Non, répond Adam. Je vais passer une nuit sur la côte.

Ils m'observent tous. Me scrutent, me jaugent. Prêts à mourir. Prêts à tuer. Prêts à me tuer. Tous le même regard, la même volonté. Plus grande que la peur, plus grande que la douleur, que la pitié. Ils veulent un coin d'espoir, ils l'exigent. À tout prix. Même la mort.

– Voici Ozgür, me dit Adam.
– Enchanté.

Il ne fait rien. Ne sourit pas, ne bronche pas, me regarde, me fixe. Ne voit pas la main que je lui tends. Cherche en moi, fouille en moi, me sonde. Partout, ces gestes de traqué, de fuyard, ces jointures serrées, ces épaules tendues.

Ils continuent à descendre des containers, à nous encercler. Des femmes en saris avec trois yeux, dont un de cendre, des Noires en boubous sales, dignes comme des reines, généreuses, silencieuses, mélodieuses, leurs hommes, solides comme le temps, émaciés, des Slaves en sous-vêtements, moustaches noires et rêches, barbes longues et cigarettes éteintes, des Asiatiques laconiques, des Latinos tempétueux, le tour du monde autour de nous, qui a tout arrêté et qui me regarde, me soupèse, me dissèque. Tous ces peuples abandonnés, mal nourris, massacrés, mastiqués par le monde, par les vainqueurs, les puissants. Leurs yeux, brillants, brûlés, flambants de méfiance. Incandescents de rêve. Le rêve… Le même. Pour tous. De tous les coins de cette terre. Une marée échouée, qui attend dans cette cale. Qui me pèse. L'arche de Noé trop longtemps oubliée. Des Palestiniens, des Pakistanais, des hindous du Cachemire, des Afghanes voilées qui rient avec une Brésilienne en bikini taché de rouille. Tous ces gens qui vivent, mangent, dorment, fument ensemble, qui ne comprennent rien aux guerres, trop occupés à essayer de nourrir leurs enfants, à survivre un jour de plus. Et les mouches. Et les rats. Et l'humidité. L'odeur de mazout, de pétrole. L'odeur violente de l'injustice. Il fait chaud.

Les ampoules qui se balancent longuement comme le bateau suit la houle de l'océan.

– Viens, me dit Adam. On a du travail au mouroir.

L'homme qui est mort avec sa moustache

L'extrémité de la cale du cargo. Un dispensaire de fortune. Sur un plancher fait de planches raboutées, une centaine de lits, cordés, numérotés, des lits bas, des draps verts, des brancards. Couchés, des hommes, des femmes, des enfants, des vieillards, le corps chétif, squelettique, la peau sur les os, immobiles, fragiles. Un vrai camp de réfugiés. Dans une citerne de fer, de l'eau. Adam se lave les mains. Je fais comme lui.

– En arrivant, je m'occupe des malades. J'identifie les urgences. Et les morts. Pour les urgences, j'essaye de trouver des médicaments, mais il n'y a presque rien.
– Et les morts?
– On les donne aux poissons.

– Milk.

Le lit numéro 32. Hindou, je crois. Me tire le pantalon, veut du lait.

– Occupe-toi de lui, me dit Adam. Donne-lui un peu de lait pour commencer.

Adam me montre une rangée de citernes qui forment un comptoir bancal dans un coin reculé. Dessus, un peu de vaisselle émaillée, des pots et autres contenants, un petit brûleur. Désorienté, je fouille, je trouve un peu de lait en poudre. Me lave les mains. Je fais chauffer l'eau, y mets le lait en poudre.

– Doctor, doctor…

Lui donne le lait à la cuillère de plastique. Il respire comme un barrage hydraulique hors d'usage. De l'eau dans les poumons. De la crasse dans la peau, de la morve dans la barbe. Trois cuillerées de lait, *doctor,* il me prend solidement le bras, *doctor, doctor, can't breathe,* je veux l'aider. Je ne connais rien. Mets ma main sur son ventre, sur sa peau fatiguée, plissée, parcheminée. *Doctor...*

Sais pas quoi faire.

Je regarde autour. Juste des épaves sur leurs brancards, immobiles, épuisées. Qui me regardent sans rien demander. Je me lève. Dépourvu, tellement inutile. Replace ce qui lui sert de drap, d'oreiller. Comme si l'endroit où l'on met sa tête pour mourir, pour dormir, ça pouvait repousser la grande salope. Peut-être que l'endroit où l'on met sa tête pour mourir, ça change quelque chose ?

– Il est arrivé hier. Rase-le. Pour l'hygiène, c'est plus facile. Fais le visage maintenant, la tête plus tard. En général, ils ne veulent pas, sois ferme.

Numéro 32. Je n'ai jamais rasé quelqu'un d'autre. Dans une boîte sur une des grosses citernes, je trouve des ciseaux, un blaireau, un petit savon, une pioche, une lame. Le visage en premier, ensuite la tête. Après, il aura le même air que les autres sur leurs lits verts : maigre, osseux, tête rasée, regard brûlé. Me lave les mains.

– Doctor ? Doctor ?
– Je ne suis pas docteur, mais je vais vous raser. Ne bougez pas sinon ça va couper, et le SIDA, le VIH, vous savez…

Je commence à lui tailler la barbe aux ciseaux.

– Le sang de nos jours est un poison mortel, c'est un enfant de chienne lui aussi.

Anyway, le blaireau, le savon, le petit pot rouge pour l'eau, le petit pot vert pour tourner le blaireau. J'apprends. La mousse sur son visage. C'est parti. La lame gratte, les poils s'accumulent dans le petit pot. La centrale hydraulique dans ses poumons, les deux côtés du rasoir, les deux versants de la médaille, les deux joues, les deux étapes de l'homme, la vie, la mort, les deux rives de l'océan, les deux pôles du monde. Ils parlent anglais. Comme un axe à la terre. Comme la barre dans le $, le signe du dollar.

– Not the moustache, not the moustache, tomorrow…
– Faut que je la fasse, la moustache. I have to !
– No…
– Yes !

Le sang coule. Le VIH ? J'y pense plus. J'apprends à raser comme on patine sur deux lames. La barbe est longue. Longue est la faim et gros sont les barrages dans ses poumons. Sa peau glisse sur ses os, flasque, vide. Elle saigne.

– Why do you insist ? Tomorrow.
– C'est presque fini, bientôt, il ne restera que la moustache.
– Tomorrow, please, tomorrow.

La lame continue. L'expérience rentre tranquillement, elle coule rouge, de sa peau molle. L'eau roucoule en lui à chaque prise d'air.

– Please tomorrow, why do you insist ?

Son ventre se soulève, redescend, centrale hydraulique qui siffle, des turbines dans les poumons, les longs poils dans le petit pot rouge et le blaireau dans le petit pot vert, et le savon plein de poils, et le rouge qui se mêle au savon.

– Tomorrow…
– Tomorrow is today…
– God save me, please God save me…

Adam me montre un autre lit.

– Dès que tu auras fini, tu feras le lit 41, un autre à raser.

Un autre, un Noir avec une énorme excroissance sur la tête.

– Please, God save me...

Lit 32. Un côté de la lame, l'autre côté de la lame, le petit pot vert, le petit pot rouge.

– Please, God, save me, save me, God, please, save me, why do you insist ?
– ...
– The moustache tomorrow...
– OK, je vais changer la lame, je vais mettre la tienne sur le haut de la citerne, là-bas, et je vais aller raser le numéro 41, l'homme avec la bosse sur la tête, un Africain, je crois, un Noir en tout cas, et ensuite, I'll come back for the moustache.

Me lave les mains. Prends une nouvelle lame, me dirige vers le numéro 41, l'homme avec un observatoire sur la tête comme une grosse bosse molle, un télescope vers le paradis. Le rase de près. J'ai plus d'expérience, mais, quand même, le sang coule de sa lèvre. Lui, il ne résiste pas. C'est à peine s'il a conscience que je suis là. Adam revient.

– Après, il y a le 27 et le 38. Tu en trouveras d'autres. Occupe-toi.

Me lave les mains. Le petit Asiatique qui veut plus que ses lèvres existent, le nourris de purée, me lave les mains. Un Noir qui va mourir demain, qui verra pas la semaine, lui désinfecte les plaies, me lave les mains, un autre avec une couille comme un pis de vache, me lave les mains, des hommes nus, les os, la peau, les plaies de lit, les anges squelettiques, les nourris à la cuillère, me lave les mains, le vieillard en position fœtale, mix de biscuit, lait, eau, suppléments, banane, parce que l'homme descend du singe, pas de la centrale hydraulique, me lave les mains.

– Pour les plaies, me dit Adam, il y a du désinfectant à plancher, dilue-le. Fais attention aux rats, ils mordent ceux qui sont trop faibles.

Me lave les mains. Le numéro 32 maintenant. La moustache. Vais en haut de l'armoire, la lame du moustachu, le petit pot vert, le petit pot rouge, le blaireau.

Le numéro 32 a un drap vert sur le corps. Hors d'usage. Un drap vert sur le visage.

Tomorrow will never see the day.

Tomorrow, ça voulait dire que c'est la faucille du grand barbier qui allait s'en occuper. *God, save me,* qu'il me disait. Saint Pierre est un barbier ouvert vingt-quatre heures sur vingt-quatre. Mais le moustachu, c'est pas un chrétien, il est sûrement hindou ou musulman, je ne sais pas. Et moi, l'étranger qui l'accompagne vers son ou ses dieux, moi qui ne parle pas sa langue, qui ne connais pas sa religion, qui a grandi de l'autre côté de l'océan avec assurance-maladie, pilules et taux de suicide.

Je sais même pas son nom. Personne sait son nom.

– Arrête pas, me crie Adam. Il y en a d'autres. On a du travail. Les lits sont pleins.

Au moins, il est mort bien rasé.

Il est mort avec sa moustache.

Use Sonet Safety Razor®. Made in India.
Because nobody wants to die without a clean shave.
Nobody wants to die alone.

Me lave les mains.

Traversée

Adam discute avec Ozgür et un couple de Chinois au pied de la longue échelle qui monte vers le monde.

– Lui, c'est Lî Chen, et elle, sa femme, Lî Min, deux dissidents du régime de Beijing. Leur tête est mise à prix. C'est tout ce que tu as besoin de savoir pour l'instant.

Lî Chen et sa femme ne saluent aucun réfugié. Ils regardent l'échelle et montent. On suit en silence. Les autres attendent leur tour. Ils savent attendre.

Sur le pont arrière, l'air est froid. Le ciel, noir. Adam commande.

– Tu donnes tes vêtements à Chen, et, avec eux, c'est ton identité que tu donnes. Grâce à cette nouvelle identité, ils vont entrer clandestinement en Amérique. Moi, je donne le même combo à sa femme. Ensuite, tous les quatre, on nage vers la côte. Toi et moi, on va au motel et on réserve nos chambres sous les noms de ceux qu'on fera passer demain. En s'enregistrant, on établit chaque fois une nouvelle identité dans les registres fédéraux. Ensuite, ils entrent dans les terres, avec des noms répertoriés. Ça te va ?
– Oui.
– Tu comprends ce qui se passe ?
– Non. Mais ça me va.
– C'est une façon de déjouer les systèmes d'immigration. Et le lendemain, ça recommence. Nouveau nom, nouveaux vêtements. C'est tout ce que tu as à savoir.
– Rien que ça ? On se déshabille et ils prennent nos identités en mettant nos pantalons ?
– Pose pas trop de questions.

Rien que ça. Un raz-de-marée de désespérés qui traversent le monde sur des radeaux, des barques, des planches pour débarquer en Eldorado. Le plus grand naufrage de l'humanité qui s'abat sur l'Occident, goutte à goutte.

– Les cargos, c'est juste la fin de la route, juste le bout de la chaîne de montage. Garde tes souliers.

On se déshabille tous. Un homme nu est un homme sans pays. Lî Chen me regarde, honteux. Il prend mes vêtements. Sa femme se déshabille aussi. Elle n'a plus aucune pudeur. Elle enfile les pantalons tachés d'Adam, le polo de golfeur. Elle n'a probablement jamais vu un dix-huit trous de sa vie. On pourrait entasser une république asiatique au complet sur un terrain de golf. Ils enfilent nerveusement leurs nouveaux vêtements usagés, leur nouvelle identité, usagée elle aussi.

Le vent nous glace. Adam et moi, on est nus. Un peu ridicules. C'est bon d'être ridicule en des moments aussi importants. Au loin, on aperçoit le lampadaire qui éclaire la plage du motel. Tout petit. Et les ampoules entre les chambres. La lune est haute, elle éclaire un passage dans la mer jusqu'à la côte.

– Vous êtes prêts pour le grand saut ?

Elle fait non de la tête. Elle ne veut plus. Ils se parlent rapidement, nerveusement, en mandarin. Elle pleure. Adam en profite pour m'avertir.

– Saute les pieds en premier. C'est pour ça, les souliers. Avec tes mains, protège tes testicules. Arrivé dans l'eau, fais attention que les clandestins te coulent pas. Méfie-toi de leur panique. Il vente fort en plus ce matin. Tant qu'on n'est pas sur la côte, le danger n'est pas écarté. OK ?
– Qu'est-ce qu'ils font, une fois sur la côte ?
– Il y a tout un réseau qui s'occupe des papiers. C'est la fin du trajet, mais tout est prévu. Une fois dans les terres, une fois les frontières franchies, ils sont laissés à eux-mêmes. Pas avant. On va sortir à un kilomètre du motel, vers sa gauche. Ensuite, on jogge pendant qu'ils entrent dans le continent.

Lî Chen se retourne vers nous. Il tente d'être courageux pour deux. Elle pleure. Il essaye de parler, mais elle avance vers le bord du bateau et, avant qu'on ait pu l'en empêcher, elle se lance dans le vide. Son mari saute à ses trousses avec maladresse.

– Tu peux en parler à personne, tu comprends ?
– Oui.
– Vas-y le premier.

Et me voilà dans les airs, le cœur arrêté, la mâchoire serrée. Mes mains protègent mon pénis et mes couilles. Je tombe. Je prends de la vitesse. Je tombe, le cœur arrêté…

La surface de l'eau éclate. Je m'enfonce profondément dans les bulles, dans le noir. Au creux, il fait froid, j'ai envie de crier, je ne vois rien, je me débats, je cherche l'air, la surface.

J'émerge d'un coup, le cœur à plein régime. L'air entre en moi, m'envahit violemment. Les vagues s'écrasent sur ma gueule, je bois l'eau à la tasse, en hoquetant. Je me bats pour retrouver mon souffle, pour calmer mes battements cardiaques. Je reprends peu à peu le contrôle. La lune éclaire l'eau. Les Chinois se mettent à rire, un rire sec, brusque, court. Le stress descend, semble-t-il. Adam torpille la mer un peu plus loin d'un plongeon parfait, presque sans éclaboussures. Il remonte à la surface.

– OK, tout le monde ?

OK, semble-t-il.

– La marée est basse. Tranquillement, elle va monter. Elle va nous porter. La nage sera plus facile que je ne le pensais.

C'est à moi qu'il dit ça.

Adam ouvre la route, je la ferme.

La mer est calme. Je me concentre sur ma respiration. Je revois la nuit qui vient de passer, l'homme avec sa moustache, sa station hydraulique dans les poumons. Le lait, le sang dans le savon, sur sa peau, l'eau du bidon pour se laver les mains. Le petit pot vert, le petit pot rouge. Les yeux du vieux qui s'accrochent à moi. Il avait peur. Il avait vraiment peur. Ils sont combien à être morts sans nom aujourd'hui ? À être morts dans les bras d'un étranger ? Avec des lames à deux tranchants ?

Le ciel se transforme. Le soleil tente de se pointer derrière le motel. Il faut que j'aille voir Kaïn. Faut que je le convainque de s'en sortir.

Le rose maquille les vagues. Elles nous portent jusqu'à la côte.

Les crabes dorment encore. Le motel aussi. L'Amérique, elle, ne dort jamais tout à fait. Il est avec moi, le moustachu. Chaque fois que j'avale de l'eau, je me souviens de la centrale hydraulique dans ses poumons.

Alors, je nage.

TROISIÈME PARTIE

À toutes les deux secondes, un camion de marchandises franchit la frontière nord des États-Unis. À chaque minute, un Mexicain tente de franchir clandestinement celle du sud.

L'Actualité, 15 avril 2006.

Antirouille

Barachois

Moi : Je vois la plage.

Le soleil va se lever.

Des fois, je ferme les yeux en nageant, ça me donne l'impression
de dormir.

Je nage.

Je ne fais que ça.
Nager.
Depuis mille ans.

Plus que sept vagues. Incroyable. Je suis déjà venu ici, j'ai déjà manqué m'y noyer. Ça fait combien de temps ? Je ne sais plus.

Le miracle se produit : mon pied touche le fond au moment même où la panne d'essence me frappe. Je m'écroule sur la côte, dans les coquillages concassés. Ils entrent doucement dans mon dos, dans mes fesses, et je jure que je pourrais m'endormir à l'instant, les fakirs n'ont plus de secrets pour moi. Je reprends mon souffle. Les deux clandestins me rejoignent. Elle pleure, les mains enfoncées dans le sable et les coquillages brisés, elle s'en couvre le visage et pleure encore. Les larmes font des tranchées dans son masque. Adam ne leur laisse pas le temps d'arrêter.

– Welcome to America. Tout ce qu'on vous a dit peut être vrai comme totalement faux. Il est possible de devenir riche, de changer de nom et de finir gouverneur de la Californie, mais il est aussi possible de devenir junkie, de vendre son nom au coin d'un stationnement sale et de crever dans une boîte en carton sous le métro de New York. En général, les gens deviennent simplement anonymes. Bonne chance. Bienvenue en anonymat.

126

Ils nous couvrent de remerciements, d'yeux mouillés et de poignées de mains ensablées. Puis ils s'embrassent. Longuement. Un baiser libérateur, humidifié par les larmes. Ils sont en vie. Ils ne sont pas dans un camp de travail de l'Armée populaire de Chine. Ils ne sont plus dans un container ni dans le ventre de la mer. Le futur est de misère, mais c'est un futur quand même. Bonne chance.

Adam leur fait traverser l'autoroute et ils s'enfoncent dans le continent sans regarder en arrière. Et nous, on se met à jogger vers la réception.

Sous l'oreiller

María Magdalena : Je ne sortirai plus d'ici. Le petit va s'occuper de moi. Même si un jour il va pouvoir me faire mal, lui aussi.

Le soleil se lève. C'est tellement grand. Au loin, il y a des gros bateaux. Mais ça continue après, ça arrête jamais.

– Tu crois qu'il y a du monde de l'autre côté ?
– …
– J'aimerais ça, laver mon linge. Penses-tu que tu peux me trouver du savon ?

Il s'assoit d'un coup, à côté de moi, sur le lit. Il ne bouge plus, il se fige. Encore trop endormi.

On est là, assis l'un à côté de l'autre dans son lit plein de plumes. Personne ne bouge. Et j'éclate de rire. Il me regarde, étonné, il sourit alors tellement franchement, je ris de plus belle, je pleure, je ris, le fou rire est contagieux, lui aussi il rit, mais rapidement, il met sa main sur ma bouche, on tombe dans le lit, face à face, à rire en silence.

Deux hommes nus passent sur la plage en joggant. Mon cœur s'arrête, je serre sa main, ils vont me voir et me jeter dehors, qui sait, me battre, me tripoter.

Ils n'ont même pas regardé vers la chambre. Je dois faire attention. Quand ils sont passés, le petit se relève, regarde par la fenêtre, me regarde. Il sort en courant.

Je reste seule.

J'ai peur. Je me couche. Les mouettes bougent un peu, remuent une aile. Me regardent. Elles sont plus nerveuses quand il n'est pas là. Je me couche, je glisse la main sous l'oreiller.

Je prends le revolver.

La clef de la chambre 1

Moi : Adam court devant, les couilles qui ballottent à chaque enjambée. Ses brûlures sont à vif, les gales sont bouffées par le sel, ne reste qu'une pellicule blanche, baveuse. La peau autour est rouge, tuméfiée. Ça fait mal à voir.

Il a un tatouage sur l'omoplate. US Navy. Voilà quelque chose que je n'aurai jamais.

– Je sprinte un coup. On se rejoint à la réception.

Il fonce. Je ralentis la cadence. J'arrive au motel, alors que lui sort d'une des chambres au milieu de l'allée. Quand j'arrive à sa hauteur, il me tend un passeport. Il en tient un autre dans sa main. Deux passeports de la République démocratique du Congo. Deux nouvelles identités inventées en coulisse quelque part au creux du réseau, deux nouveaux noms qu'on inscrit dans les registres du pays pour la première fois. On repart vers la réception.

La porte-moustiquaire claque et on entre nus. Le vieux est là, le regard vers la fenêtre, perdu dans la marée montante. Il tourne les yeux vers moi, puis vers Adam. Il baisse les yeux et ne pose pas de question. Il ouvre le registre poussiéreux, Adam se penche et signe : Jacques Golden Misabiko. Chambre 7. Je me penche ensuite et je signe : Gustave Golden Misabiko, le frère de l'autre. Chambre 1.

La guillotine de la porte tombe une fois de plus. Adam m'arrête sur le similigazon devant ma chambre.

– Tu ne dois pas en parler à personne, tu comprends ?
– Oui.
– Je viendrai te chercher au coucher du soleil. On y retourne ce soir.

On est là, tout nus, à regarder les cargos au loin, à parler du mauvais temps.

– Dans quelques jours, tu vas y aller seul. Faut que mes brûlures guérissent. Tu vas y arriver ?
– Oui.

Il me regarde, cherche ses mots.

– Désolé pour le lit 32. Dure première nuit. Il s'appelait comment ?
– Je sais pas.
– Désolé.
– …
– À ce soir.
– C'est ça.

C'est ça. Embrasse Wendy pour moi. Je crache dans le sable et j'entre dans ma chambre trop grande, vers mon lit froid king size, pour moi tout seul. Je suis un roi.

Youpi.

Sevrage

Kaïn : Mes dents craquent, elles éclatent. C'est trop dur d'arrêter d'un coup. J'hallucine, je transpire, le cœur me lève... J'ai besoin d'une pause.

– Mon auto... Un morceau... Juste un morceau... Un bout, un peu de métal, de rouille... Après j'arrête, promis.

Je serre les poings, les paupières, les couilles, j'essaye d'arracher l'arbre, je me déplace des vertèbres, les bandages saignent, déchirent ma peau, je m'en fous. Donnez-moi un morceau de mon auto !

Les lames Mac 3 de Gillette

Moi : J'ai les yeux cernés, rouges, les traits tirés, le visage mal rasé, lamentable. Un peu somnambule, je cherche mon rasoir, mes lames Mac 3 de Gillette, ma bombe de crème sans émission de CFC. J'étends la crème sur mon visage.

Il est mort avec sa moustache. Je ne sais pas son nom. Pas un qui sache son nom. Sept milliards d'humains, pas un qui se souvienne de son nom. Le lit 32. Des numéros.

Ils sont encore là-bas. Ils attendent sur leurs lits verts numérotés. L'épuisement en guise d'humanité, la folie silencieuse en guise de survie. Le même corps que celui des rescapés des camps de concentration. Si on a tous un monstre qui sommeille en nous, on a tous aussi un lit qui nous attend, vert, étranger, numéroté. Tout le monde peut finir comme une épave. Avec un corps de fosse commune. Seul, décharné, dans la pauvreté la plus abjecte, la plus humiliante. Le vide qui prend toute la place. Les murs qui rétrécissent, l'odeur comme seule compagne de lit. L'humiliation, la faim, la torture banale. La petite torture des heures qui nous passent dessus, petite torture privée, banalisée. Peu importe où l'on est né, c'est partout pareil, dans les hospices dépotoirs de nos banlieues industrialisées, dans les camps de réfugiés des sept tiers-mondes, dans toutes les métropoles arides et anonymes. À l'heure des villes sans limites, de l'abstraction des mégapoles, la vieillesse devient un pays sous-développé, une purification ethnique à l'échelle individuelle, la bande-annonce d'une mort violente vécue au ralenti.

Ça va être quoi le numéro de mon lit ?

Je vomis dans la cuvette. Je tremble. Je tire la chasse. J'ouvre le robinet. Je me rince la bouche, je crache. Je m'asperge le visage d'eau et je me débarrasse de la mousse qui me recouvre le visage. La mousse disparaît par le trou de l'évier. Je me glisse la tête sous la champlure, je laisse l'eau couler, la peur disparaître par le trou de l'évier.

Je range mon rasoir de plastique, mes lames Mac 3 de Gillette et ma bombe de crème sans émission de CFC. Je me couche sur mon lit.

Je ferme les yeux.

Je me relève, je prends mon rasoir de plastique, mes lames Mac 3 de Gillette et ma bombe de crème sans émission de CFC et je les jette dans la poubelle. Je ne me raserai plus jamais avec des lames Mac 3 de Gillette et une bonbonne de crème sans CFC. Je te le jure, toi qui n'as pas de nom. Je vais retourner ce soir. Je vais prendre une pioche, une lame et un blaireau du cargo, et à partir de maintenant, je vais me raser à l'ancienne. Comme ça, chaque fois, je vais me souvenir de toi.

Il est 10 heures. Check out time, terminé.

Junkyard

Kaïn : Arrive Paloma et Wendy. Salopes.

– Détache-moi, Paloma.

– C'est beau, le verger, tous les pétales blancs…

– Toi, Wendy, détache-moi !

– Je peux pas Kaïn, qu'elle me dit, la pute de Wendy, les yeux pleins d'eau.

– C'est normal, Kaïn, me dit l'autre salope en plastique. Ça va passer.

– Qu'est-ce que tu veux ? je lui crie. De l'amour ? Tu veux te faire sucer, c'est ça ? Approche. Je vais te sucer, moi. Sors-la, ta crevette.

– Tais-toi, Kaïn ! répond Paloma. Pense à ta femme.

– Je m'en fous, de ma femme. Tu m'entends ? Tu veux m'enculer ? Vas-y, détache-moi, tourne-moi et fais ce que tu as à faire, mon cul est un stationnement ouvert.

– T'es mignon, tu sais. J'aurais presque envie de profiter de ta proposition ! Mais je suis une femme maintenant.

– Tu veux de l'amour, je vais t'en donner, moi. Allez ! Go ! Je veux juste un morceau de mon auto. Détache-moi et je te fais ce que tu veux. Tout ce que tu veux.

– Non. J'aurais l'impression de profiter de toi.

– Je vais te tuer. Je te jure, je vais te tuer, je vais crever tes seins en plastique avec mes dents !

– Viens, Wendy. À demain, Kaïn.

– T'es rien, t'es pas un homme, t'es pas une femme, t'es rien ! Une poupée gonflable, c'est ça que tu es, Paloma. Rien qu'une poupée gonflable, et je vais te crever ! Tu m'entends ?

Salon de barbier

Moi : Une femme nue. Sur une chaise de barbier. Lî Min, la clandestine. Elle est maigre, on voit ses os, ses côtes, ses hanches. Ses seins sont petits et fermes. Elle ouvre les yeux. Me fixe. Du rouge déborde de ses lèvres, du sang ou du rouge à lèvres. La chaise de barbier est dans une chaloupe. Celle où je me suis vidé après le ressac. La chaise tangue au rythme des vagues, au milieu de l'océan. La mer est calme, sourde. Dans la main osseuse de la Chinoise, un rasoir. Pas comme ceux du cargo ni même un Mac 3. Une lame qu'on ouvre et qu'on affile sur une ceinture. Elle ouvre la lame. Elle l'affile sur sa langue, de haut en bas, de bas en haut, d'un geste précis, sec. J'entends le métal sur le cuir de sa langue. Elle se coupe. Le sang coule. Déborde.

Elle écarte les jambes. Les poils sont longs, lisses. La peau est blanche. Je me penche, je ne sais pas pourquoi, mais je le fais. Je m'agenouille. Je sens la lame derrière mon cou. Elle me prend la tête, la force vers sa vulve, vers ses lèvres humides. J'y glisse ma langue, je lape ses lèvres, son clitoris, son con. Elle gémit. Les vagues nous bercent, elle souffle, se cambre et me tient la tête solidement. La salive suinte entre ses jambes, écume. Une odeur de plaisir. Presque métallique.

Elle me donne la lame. Je la pose au creux de sa hanche. J'appuie. Tranquillement, je la glisse sur sa peau, vers son sexe, je coupe les poils, doucement, en silence, hypnotisé. Les poils se détachent sans faire de bruit. Une goutte de sang perle. Elle l'attrape du bout du doigt. Me la dépose sur la langue. Son sang goûte le sel et la rouille. Je continue.

Des ailerons de requins tournent autour de la chaloupe. Sans bruit. Pas un son. Que le clapotis des vagues, la lame qui crépite sur les poils, un gémissement retenu. Elle s'excite. Dès qu'une goutte de sang perle, elle me tire la tête et je lape son sexe, ses lèvres, son clitoris de plus en plus à nu. Elle souffle, elle mouille, son sexe s'ouvre, gonfle, s'aseptise, se pornographie. Ses seins commencent à grossir. Ronds comme des globes terrestres. Je lève la tête, ses cheveux sont blonds. Son regard paniqué. Des larmes de mascara coulent. Elle essaye de se cacher la poitrine, mais ses seins sont tellement gros, ils vont éclater.

– Jette-moi à la mer ! me murmure-t-elle. Je t'en supplie, jette-moi.
– Non, arrête, attends.
– Ma famille… Les odeurs du village… Ici, je ne connais personne, personne ne me regarde !
– Arrête !
– Alors, j'ai essayé d'être comme eux.

Autour de la chaloupe, les requins sautent, claquant leur gueule, se débattant dans l'eau bouillonnante. Leurs multiples rangées de dents s'entrechoquent, mordent l'air, grincent, le sang rougit l'océan. Le ciel est gris, bas, les vagues montent, rouges, écumeuses.

– Tu me trouves belle ? Hein ? Embrasse-moi !

Elle ouvre la bouche, elle va me mordre, ses dents sont croches, ses lèvres se retroussent, ses gencives sont enflées, rouges, dégoulinantes de rouge à lèvres. Les requins cognent leur tête sur la chaloupe, ils la font tanguer, je perds pied, je passe près de tomber.

– Welcome to America ! qu'elle crie.
– Attends, c'est moi, madame Lî, c'est moi qui t'ai fait entrer, avec ton mari !
– Welcome to Amnesia !

Elle s'élance de toutes ses forces, je l'évite, la renverse au creux de la chaloupe, j'aperçois le rasoir, je le prends du côté de la lame, je m'ouvre la main, profondément, les os, les nerfs, la douleur, le sang pisse au fond du bateau entre les filets et les hameçons. Son visage hurle, ses dents claquent, son sexe écume, rouge, gluant, les requins s'excitent à l'odeur du sang, du sexe, ils frappent, plongent, ouvrent leur gueule, mordent, les queues éclaboussent, ils font basculer la chaloupe, je perds l'équilibre, elle s'élance encore, je la repousse, elle charge, je la plaque, elle va tomber par-dessus bord, je la pousse, la frappe du pied, elle se prend dans le filet, s'y emmêle, bascule dans l'eau, dans les vagues rouges, son pied est pris dans le filet qui se déroule, la chaloupe manque de se renverser, je suis propulsé sur le bord, elle crie, me tend la main, s'agrippe aux parois, je la repousse, elle me supplie, les yeux affolés, la bouche pleine d'eau, de sang, de mousse, les requins se lancent sur elle, ils la déchirent, la lacèrent, la déchiquettent, l'eau éclabousse, rouge, de la chair flotte, des lambeaux de peau, elle hurle, tout grouille, tout bouille, l'odeur est insupportable.

Puis, d'un coup, les requins l'attirent vers le fond, le filet se déroule à une vitesse folle, me manquant de justesse, je monte sur la chaise de barbier pour l'éviter, le dernier tronçon de filet disparaît sous la surface rouge.

Plus rien. La chaloupe se stabilise. Les vagues se calment. Les requins sont partis.

Ne reste que l'océan gluant, rouge, les grumeaux, et moi, dans la chaise de barbier à regarder la côte. À regarder l'Amérique. La main en sang.

Brise

Saül : Wendy. Elle, elle va m'aider. Elle en a plein, du savon. Je cogne à sa porte, j'entre, je vais vers son chariot de ménage, je prends le savon et elle pose pas de questions. C'est un bon plan.

La fenêtre est ouverte. Le rideau se balade au vent et le vent transporte des sons. Je bouge pas. Habituellement, quand elle fait la chambre des clients, c'est dans le lit des clients qu'elle la fait, jamais chez elle.

Puis le vent soulève le rideau et je les vois. Le tout-nu de la chambre 7 est tout nu. Wendy est sur lui, toute nue, elle aussi. Oh… Wendy s'étend sur le tout-nu, ses seins s'écrasent sur le ventre poilu, ses fesses commencent à monter, à descendre. Elle se redresse sur lui, elle est assise sur lui, ses seins se balancent comme ils vont, comme ils viennent. Wendy gémit, ouvre les yeux sur le monsieur, les grosses mains du monsieur enveloppent ses seins, elle respire plus vite, elle se balance plus vite, elle est à genoux sur lui, je vois tout entre ses jambes.

Le vent arrête de souffler, le rideau retombe.

Le rideau se relève encore, le lit travaille fort, les grosses mains du monsieur, les fesses de Wendy, le dos de Wendy, sa langue, tout ça... Oh...

Elle se couche contre lui. Plus rien ne bouge. Elle se roule sur le côté, regarde le plafond. Je vois tout. Ses seins... Ses jambes... Entre ses jambes...

Le tout-nu s'assoit sur le bord du lit. C'est fini.

– Le soleil se couche, il faut que j'aille travailler, qu'il dit. Je suis en retard. Il faut que je parte.
– Ce que tu fais, c'est en lien avec les cadavres échoués des fois le matin sur la plage, non ?
– Je ne sais pas de quoi tu parles. Il faut que je m'en aille, je ne peux pas rester.
– Pas de problème. J'ai du ménage à faire, il y a plein d'autres chambres.
– Je ne peux pas rester ici.
– Je comprends.
– Il faut que j'y aille.
– OK.
– ...
– Il faut que j'y aille.
– Ça guérira pas, les brûlures, si tu en prends pas soin.

María Magdalena. Il y a une fille dans ma chambre et elle s'appelle María Magdalena ! Du savon. C'est ça, je cherche du savon !

La réserve. L'ancien frigidaire au fond de la cuisine, c'est là que je dois aller. Là, il y a du savon pour des vêtements plus blancs que blancs. Mais je peux pas y aller maintenant, les vieux rôdent. Cette nuit, je vais y aller.

C'est un bon plan.

Soupe aux requins

Moi : Le soir venu, Adam me réveille en cognant à la porte.

– Tiens, je t'ai apporté des vêtements, qu'il me dit en entrant.

On dort mal le jour. J'ai oublié de prendre un somnifère, je me souviens de mes rêves. Plein de requins rôdent dans l'océan. Et moi, j'y retourne.

– Allez… Habille-toi ! me dit Adam, impatient.
– C'est quoi, les brûlures sur ton corps ? Les méthodes douces des agents de l'immigration ?
– C'est rien. Tu es prêt ?
– Si on est pour faire des conneries ensemble, ça vaut aussi bien que tu me parles un peu, non ?
– …
– Non ?
– Avant-hier, au lever du soleil, la plage était couverte de méduses. Tu te rappelles ?
– Vaguement. Douloureux ?
– Très. Et si je veux guérir, il faut que je laisse les gales se former. Donc, bientôt, tu vas y aller seul.

Et il part pour le grand jogging. Je le suis. J'ai mal à tous les muscles répertoriés par les encyclopédistes, et j'en ai sûrement découvert un ou deux de plus. Je ne suis pas allé voir Kaïn depuis qu'il est attaché au pommier. Je ne pourrais quand même pas prétendre que j'avais un rendez-vous, personne au motel n'a jamais de rendez-vous. J'ai perdu le fil des jours. Il faut que j'aille le voir.

On dépasse le motel. Je scrute l'horizon, je cherche des traces de requins, des ailerons. Il n'y a que quelques mouettes assises dans les vagues qui se laissent porter par l'eau. Au loin, les cargos sont immobiles. Impassibles. Ils paraissent tellement loin que j'en ai les poumons affolés. Ils sont encore plus loin que dans mon souvenir.

Adam chancelle lorsqu'il entre dans les vagues. L'eau décolle ses vêtements de ses plaies, le sel lui fait serrer les dents et les poings. Il continue.

– Dis-moi, Adam, il y a des requins dans les eaux, ici ?

Il ne répond pas. Il serre les dents et nage. Je le suis.

La septième vague. Pas de trace de requins.

La soixante-dixième vague. Toujours pas de requins en vue. Kaïn…
À mon retour, je vais te voir, promis.

Poissons nucléaires

Lamborghini

Kaïn : Une fourmi se promène sur ma joue. Qu'elle me mange. Il y a dix millions d'insectes par homme sur terre. Suffisamment pour me dévorer dans le temps que prend une Lamborghini pour passer de 0 à 100 km/h.

Le soleil se couche. J'ai la peau fendue, séchée, elle fait des cloques. J'ai soif, j'ai tellement soif que ma tête va exploser. Personne n'est venu. Ils m'ont tous laissé seul face à la fourmi, ils m'ont abandonné entre ses dents voraces.

C'est parfait. Laissez-moi mourir.

Dry martini

Paloma : Il n'y a plus personne au motel. Le soleil s'est couché et personne pour l'apéro. C'est pas très civilisé, manquer l'apéro.

Un autre martini. Même Souvlaki ne dit plus rien. Il dort la tête en bas, ses serres mauves agrippées au perchoir. Il se prend pour une chauve-souris. Un perroquet qui rêve d'être Batman. Tout le monde veut être un superhéros. Moi, tout ce que je veux, c'est être une femme et avoir des hommes à aimer. Et si, la fin de semaine, ils sauvent Gotham City des méchants terroristes, ça me va, tant qu'ils ont encore le temps d'aller danser avant de passer au lit. Les vrais héros, c'est pas eux, c'est les autres. Avec leurs problèmes de SPM ou de grosseur de pénis.

Il est où, tout le monde? Kaïn, lui, au moins, je sais où il est. Il ne se prend pas pour un héros, il se prend pour le Christ! Et c'est moi, sa vierge… Ha! ha! ha! Un autre martini et hop, le verger. Je regarde des deux côtés et je traverse l'autoroute.

C'est beau, la lune, dans le verger. Mais c'est pas facile, marcher en talons dans l'herbe. Surtout quand c'est la première fois qu'on en met depuis des mois! Il va les trouver beaux, mes talons, le garagiste.

– Salut Kaïn!

Il dit rien. Il dort.

– Kaïn! Réveille! Je m'ennuie, je veux danser, je veux baiser. Tout le monde ici est très gentil, mais il y a plus personne.
– Laisse-moi.
– Excuse-moi, ça doit être mon SPM.
– T'as pas d'utérus, Paloma.

Les mouettes : *Elle se blottit contre lui. Elle s'endort. Son martini se renverse dans les pétales et la rosée. Batman devrait venir sauver le joli veuf attaché par la méchante transsexuelle débauchée. Mais les superhéros, ça n'existe pas ! C'est pas comme le père Noël. Lui, il existe, c'est sûr, c'est un employé de Coca-Cola.*

Sous-marins

Saül : Le motel, la nuit, est plus long que le jour. Le lampadaire éclaire la plage. Les ampoules éclairent les portes de chambre. Il y a trop de lumière, c'est dangereux. Je passe par le stationnement.

Au fond du restaurant, il y a la cuisine, son huile, son four et ses couteaux. Derrière la cuisine, trois grosses portes avec des grandes poignées en métal qu'on tire et qui font clonc. On dirait trois sous-marins, avec des écoutilles qui font clonc quand on les ouvre. C'est là que je vais. Là, il y a du savon.

Au centre, c'est le frigidaire. Dedans, il y a le poisson, les légumes, la viande, plein de choses. À gauche, le congélateur. Pareil, sauf que lui, après l'écoutille et le clonc, c'est de la fumée qui sort tellement il fait froid. Ce sous-marin-là, il va plus profond au fond de la mer, et au fond de la mer, il fait tellement noir, tellement froid que les poissons ont une tige qui leur pousse dans le front avec une lumière au bout pour voir. C'est des poissons extraterrestres. À l'intérieur du congélateur, au fond des profondeurs, c'est les crevettes congelées, le poisson congelé, la chair de crabe, de homard, les petits pois congelés. Et le jus d'orange concentré avec pulpe, congelé lui aussi.

De l'autre côté, à droite du frigidaire, une troisième écoutille, la réserve. Le même sas, le même mécanisme en métal, le même clonc. Avant, c'était un deuxième frigidaire, aujourd'hui, c'est un frigidaire retraité, pas assez de clients, la crise économique. À l'intérieur, c'est grand comme ma chambre, un plancher blanc en tuiles lisses, les murs aussi, des étagères en métal. Dedans, il y a la vadrouille, les balais, les pâtes, le riz, les petits pois, le maïs. Et le savon. La lumière s'allume quand on ouvre la porte. J'ai regardé une fois, elle s'éteint quand on referme la porte parce qu'il y a quelque chose qui dépasse sur le côté de la porte, et quand elle se ferme, ça s'enfonce et la lumière s'éteint. À l'intérieur des trois sous-marins, il y a une grosse barre plate. Quand on pousse dessus, ça pousse le mécanisme de l'autre côté et ça ouvre la porte. J'ai pas essayé, il fait noir quand la porte se ferme. C'est dangereux, on pourrait rester coincé.

Date de péremption

– Le lit 62 a besoin d'être lavé, sa diarrhée n'a pas arrêté. Il faudrait des pilules constipantes.
– Les stocks sont vides.
– Le 87 est violent, il faut libérer les deux lits adjacents. Avec des calmants, ça irait mieux.
– Tu vas les trouver où, tes calmants ? Et où placer le 86 et le 88 ? Aide-moi plutôt, je dois donner une piqûre au lit 12, il est aveugle, mais encore fort, il ne veut pas que je le pique.
– Dès que j'ai fini avec le 36, j'arrive.
– Laisse tomber la piqûre, il n'y a plus de sérum.
– Il faut raser le 27.
– Le 21 va mieux, il va pouvoir retourner dans les containers, attendre son tour.
– T'as des anti-inflammatoires ?
– Non.
– Des antibiotiques ?
– Non.
– Des antidouleurs ?
– Non.
– Des aspirines ?
– Je crois qu'il m'en reste quelques-unes. Périmées.

Marée descendante

Le vieux : C'est dommage que je n'aie pas pu voir la décadence de ma mère. J'aurais bien aimé l'entendre gémir, la voir en pleine paranoïa croire qu'on la vole, la voir accumuler du sucre en sachets dans son tiroir de peur d'en manquer. Je l'imagine en train de fermer à clef son tiroir pour que personne ne vole son sucre. Refuser de sortir dans le corridor parce qu'elle sait qu'elle pue. Ma sœur, elle, elle a tout vu. La chanceuse. Toujours elle. Moi, j'étais pompiste sur la côte Est à l'autre bout du continent. Jamais je n'ai visité maman. Et c'est encore ma sœur qui a tout eu.

Maman…

C'est drôle à dire, maman, à mon âge.

Plus blanc que blanc

Saül : J'entre dans le restaurant. Il est inondé de noir.

Personne dans le restaurant.

Personne dans la cuisine.

Je vais prendre du savon, je vais prendre du pain aussi, je crois. Avec les conserves qui restent, on va pouvoir le tremper dans le jus.

La lumière de la réserve éclaire toute la cuisine quand j'ouvre l'écoutille. Vite ! La boîte de savon est là, sur l'étagère. Elle est beaucoup trop grosse.

Je sors du sous-marin, je vais dans la cuisine chercher quelque chose pour mettre le savon. J'ai un plan.

J'ai faim aussi.

Le tiroir à couteaux

Le vieux : Quelqu'un devrait me tuer, mais bon, les tueurs en série ne sont que dans les séries télévisées, et de toute façon, je ne suis pas sexy. Si on m'attache à un poteau, personne ne va me prendre en pitié.

La porte de la réserve est ouverte. Tiens. Et il y a du bruit du côté des armoires. Tiens, tiens…

J'ouvre le tiroir à couteaux.

Profondeurs

Saül: Il est là. Pendouillant, puant. Dans sa main qui tremble, un couteau. De sa langue, il joue avec son dentier, il me regarde de toute son odeur, de tout son dentier. Il entre, son odeur me crève la peau, tout l'air part, ne reste que l'odeur.

– Qu'est-ce que tu fais ici ? Tu nous voles ? On te nourrit, mais tu nous voles quand même ?

Il me dégoûte, me postillonne dessus.

– Tu aimes ça, la réserve, minus ? Elle est presque trop forte, la lumière, tu trouves pas ? Le blanc, les tuiles partout qui la reflètent. Ça ferait ressortir le rouge du sang, hein ? Même les albinos ont le sang rouge. Tu veux que je t'ouvre pour le prouver ? Non ? Tu ne veux pas me regarder ? Je te dégoûte, c'est ça ? Regarde-moi !

Il va me transpercer, me trouer avec son couteau, tout va sortir, le silence, le sang partout, collant, sur le plancher et personne va s'en rendre compte.

– Moi, cervelle d'oiseau, la lumière, j'aime ça parce que je te vois ! Tu as peur de moi. Appelle-les, tes amis ! Oh, tu peux pas ! Tu es muet ! Tu me fais pitié. Tes beaux petits yeux rouges d'infirme, pleins d'eau. Tu veux pas me regarder ? Regarde l'ampoule alors… L'ampoule !

Il met son couteau sous mon menton. Je regarde l'ampoule. Longtemps. Elle brûle, elle me mange les yeux, je les ferme, mais, immédiatement, je sens la lame, le froid.

– Ouvre les yeux ! Allez ! Encore ! L'ampoule ! Obéis ! Ouvre les yeux !

L'ampoule me dévore les yeux, je veux les fermer, mais il me frappe, fort. Alors, je les garde ouverts. Je les garde ouverts.

– C'est ça. Jusqu'à ce que les larmes coulent…

J'essaye de retenir mes larmes, je serre les poings, les dents, mais l'ampoule me brûle. Dès que j'essaye de cligner des paupières, je reçois un coup derrière la tête avec le plat de la lame du couteau.

– C'est ça. Vas-y, pleure, mon bébé. Pleure, déchet.

Je vois que du blanc. Il me pousse, je m'écroule à terre.

Clonc.

Plus rien. La lumière est éteinte, mais tout reste blanc. Ça brûle. J'entends derrière la porte du métal glisser dans le mécanisme de l'écoutille.

J'entends les murs vibrer. Ça y est, le sous-marin commence à descendre. Il va dans les profondeurs. L'ampoule est encore là, dans le noir, le noir opaque, dégoulinant. Un fantôme blanc devant moi, partout où je tourne les yeux. Ça chauffe. Le sous-marin descend, se referme sur moi. J'ai les yeux qui coulent et le noir entre en moi, l'eau entre dans le sous-marin. Il fait noir, tellement noir. J'étouffe ! Le noir m'aspire. Au secours !

Famines planifiées

Le pantalon de marié

María Magdalena : Je veux pas mettre le pantalon de mon mari. Il sent sa sueur, il m'écœure. Je sens encore son sexe entre mes jambes. Le petit n'est pas revenu. Il allait chercher du savon et revenir. Est-ce que tout le monde ment ?

Il fait noir. Des fois, un camion passe sur l'autoroute. Des fois, une auto. On voit la lumière arriver au bout de la pointe de la baie, puis tourner vers le motel, éclairer les chambres. Et ressortir de l'autre côté de la baie. Le bruit s'éloigne. De quel côté il est parti, mon mari ? Qu'il meure dans un accident, qu'il fasse un face à face avec un camion de vidange et qu'il meure, en sang, dans les ordures, en robe de mariée.

S'il me trouve… J'ai le revolver. Et s'il me tue, ce sera toujours mieux que ce qu'il me faisait quand je vivais. De toute façon, il viendra pas me chercher. Ce qu'il va venir chercher, c'est la valise.

Il y a presque plus de camions qui traversent la baie, il doit être tard. Le lit est encore vide. Le petit est pas là. C'est pas normal.

Je prends le revolver sous l'oreiller. Je soulève le pantalon du bout du canon. Je vais aller le laver dans la mer. Le soleil va se lever.

Il a dû lui arriver quelque chose.

J'ose pas sortir.

La constellation du Cancer

Kaïn : J'aurais envie du goût salé de sa peau, du curry de sa sueur, du goût de miel de sa vulve. La dévorer, la capote ouverte, le vent sur ses mamelons, et regarder les étoiles après l'amour. Jamais je n'oublierai la saveur de sa vulve. Mais son visage ?

Paloma dort contre moi. Elle tremble un peu. Je suis attaché alors je ne peux pas l'abrier, bien fait pour ta gueule, attrape la crève et crève, salope, tu m'as torché, sale pédé.

J'ai les jambes pleines de fourmis. Je ne bouge pas, je ne veux pas la réveiller. J'ai envie de pisser comme c'est pas possible. J'essaye de me déplacer, de faire glisser ma jambe droite de sous ma jambe gauche sans la réveiller. J'y arrive pas, elle se réveille. Elle me regarde. Je fais semblant de dormir. Elle se lève, passe une main sur mon visage et, sans un mot, elle s'en retourne au motel.

Je reste seul. Les étoiles me montrent du doigt.

Et je me pisse dessus.

Viens me chercher, mon amour, je crois que j'ai assez donné.

Acier inoxydable

Moi : Une deuxième nuit. Elle a passé dans un chaos sourd. Les gens curieux venaient me voir travailler, me scruter. Je commence à reconnaître des visages. Des luttes de pouvoir aussi. La tension règne au fond de la cale, pas beaucoup de place pour la vulnérabilité. On attend. Les femmes cherchent des protecteurs, les loups rôdent, les enfants se tiennent dans l'ombre. Ils attendent. Chaque jour au creux de la cale est une victoire. Personne de mort dans mes bras cette fois-ci.

Je nage.

Pour ne pas couler, je m'accroche à eux. S'ils traversent l'océan au complet dans des cercueils de métal de cent mille tonnes, je peux bien nager quelques heures par jour. Ce n'est pas comme si j'avais quelque chose de mieux à faire.

Le ciel se transforme. Les étoiles s'éteignent, les nuages servent de tampon pour absorber le sang qui a coulé cette nuit sur les océans.

Bientôt, mon pied va enfin toucher la terre, une plage, pareille à celles des tout-inclus où s'échouent les touristes ivres, beurrés de crème solaire, pendant que les locaux sourient en espérant une grenaille de pourboire.

Il y a quelqu'un sur la plage.

Une fille…

Accroupie, elle lave quelque chose dans l'eau.

Elle nous voit, se lève d'un coup, ramasse ses choses et court derrière le motel.

Le sable.

À la sortie de l'eau, les deux frères congolais se serrent dans leurs bras. Ils ne disent rien. Le vrai Gustave Golden Misabiko me prend la main dans sa paume massive et la serre contre son cœur. Ils sont arrivés. Six mois d'horreur, de camions diesel dans la gorge, de mendicité, de poussière et de douleur, de viols intimes et publics pour traverser l'Afrique vers un port, d'innombrables semaines à attendre un passeur, tout perdre peu à peu, savoir les noyés au large et espérer quand même passer. Se déshydrater l'humanité peu à peu. Puis une chance arrive. Une place à bord. Les jours en mer, la soif, le noir, la peur et l'immobilité. Avant, il y a ceux qui tombent en chemin, d'une balle, d'un coup de canon, ceux qu'on abandonne, cadavres encore vivants lancés en pleine mer pour ne pas payer la pénalité réservée aux capitaines pris en faute. Ceux qui se font cueillir au port et qui sont renvoyés par le premier ressac vers les prisons et les tortures des pays qu'ils ont fuis. Ceux qui meurent entre les prisons, au sommet des barbelées, sous la lame des frontières.

Quatre cents ans après la traite des Noirs, les cales des bateaux sont encore pleines. Encore une fois, les marchandises humaines apprennent la valeur de leur corps, ou l'absence de sa valeur, la petitesse de leur existence. Quatre cents ans après la traite des Noirs, deux Africains viennent de sortir de ces cales puantes pour mettre le pied sur le continent américain. Après des mois de fuite, Gustave et Jacques disparaissent de l'autre côté de l'autoroute. Que leurs fils soient des hommes, non plus des marchandises.

Adam attend debout, les yeux fermés. Il semble dormir. Son corps est rouge de plaies, décharné. Il ne pourra pas continuer.

Moi, j'ai autour du cou un petit sac de plastique blanc. À l'intérieur, un blaireau, un rasoir et une de ces lames rectangulaires en acier, très coupantes. De ces lames qui, en Amérique, servent à couper la cocaïne ou à s'ouvrir les veines. Quelquefois aussi à se raser.

J'ai le choix.

Gustave Golden Misabiko : *Elle m'a dit ne partez pas. Vous allez oublier votre langue, votre famille, votre Dieu, votre âme. La trace de vos pas s'effacera, vous allez cesser d'exister. Vous allez apprendre à n'être rien. Moins que des chiens. Vous mangerez votre peur, vous n'aurez rien d'autre qu'elle. Vous allez revivre votre mort cent fois sans rien dire. Tu as vu les corps de ceux qui sont revenus, ils ont été dévorés crus. Moins que des chiens. Ne partez pas. Je vendrai mes dents, mes os, mon sang. Ne me laissez pas.*

J'ai dit on est déjà moins que des chiens. J'ai dit la mort connaît notre nom. Elle le murmure la nuit pour s'exciter. Là-bas, ils parlent une autre langue, on se cachera dans les mots étrangers. La mort nous oubliera. Tu es malade. Deux hospitalisations depuis les rebelles. Depuis ce qu'ils t'ont fait. Il faut t'enlever l'utérus pour que tu vives. Là-bas ils prennent soin des gens comme toi. Je te ferai venir. Je te ferai vivre jusqu'à ce que tu viennes. Tu vivras.

Six mois depuis. On est arrivés.

Bon Dieu, fais qu'elle ait attendu, fais qu'elle entende. L'impensable est arrivé, on a tous les deux survécu. Fais qu'elle aussi ait survécu.

La vieille : Chambre 1. Check out time 10 o'clock !

Mousse à barbe

Moi : L'évier. Le miroir. L'eau chaude. Le blaireau. Le savon. Je tourne. Dans le sens contraire des aiguilles d'une montre. J'aimerais remonter le temps. Réapprendre à vivre. Aimer. L'eau ne tourne pas du même sens au nord et au sud de l'équateur. La Terre tourne à l'envers pour un des deux hémisphères.

Je me masque le visage de mousse. Le rasoir glisse sur ma peau. La mousse s'accumule, les poils, l'eau chaude, l'eau froide, le côté nord du rasoir, le côté sud. Et le sang. Mon propre sang coule, perle dans la mousse.

Qu'est-ce qui se passe ? Qu'est-ce qui est en train de m'arriver ?

Déjeuner

Wendy : Pourquoi je suis pas heureuse ? Je devrais être heureuse, il faut que je sois heureuse, j'ai pas le droit de ne pas être heureuse. Est-ce que la tristesse est génétique ? Morphologique, hormonale ? Chimique ? Le bonheur peut pas être purement chimique ? Je suis ridicule, ça fait quelques jours qu'il s'est échoué dans mon lit et déjà j'imagine les week-ends en famille et les balades à la campagne.

Il change d'identité tous les jours. C'est un nouvel homme chaque jour.

Je vais aller faire sa chambre.

Poissons nucléaires

Saül : J'ai cherché la porte, il n'y a plus de porte, le sous-marin s'est échoué au fond, alors j'ai couru, et tout est tombé, les étagères sont tombées sur moi, elles m'ont écrasé, le monde s'écroule encore, le bruit, les conserves sur moi, mon crâne, broyé, cassé, brisé, le savon partout, les conserves, partout, le pain écrasé, l'eau s'infiltre dans le sous-marin, le noir pousse sur moi, m'écrase, l'air manque.

Ça coule, de l'eau, de mon crâne.
L'eau goûte la viande. Le pétrole, c'est ça, c'est du pétrole. On ne peut pas nager dans le pétrole.
Je sais pas nager.

Du bruit. Quelque chose. Du métal grince contre du métal. L'écoutille va s'ouvrir, j'entends le mécanisme. On vient me sauver !

La lumière explose, je vois rien, je me roule en boule, dans le savon et le pétrole rouge qui sort de mon crâne.

– Qu'est-ce qui se passe ici ? Tiens, tiens ! Qu'il est cachottier, mon frère.

La vieille, son odeur à elle. Elle reste là, en silence. Plus un bruit. Juste la lumière.

– Tu sais, toute ma vie j'ai attendu. Je le sentais, j'étais spéciale. J'allais un jour me retrouver en haut des barricades, un sein au vent, un drapeau à la main, à redonner espoir aux agonisants. Quelque chose allait arriver. N'importe quoi, un génocide, une catastrophe nucléaire, un raz-de-marée. Mais non. Du vent. Les portes du motel qui s'égosillent, les fenêtres qui claquent, qui sifflent. Rien. Il vente fort aujourd'hui. C'est tout. C'est monstrueux. Et c'est comme ça.

Quelque chose tombe devant moi. Un balai. Je me glisse dans un coin, les tuiles s'enroulent autour de ma gorge.

– Tu as tout sali. Tu vas tout nettoyer et ensuite peut-être que tu sortiras.

Clonc. La lumière se ferme d'un coup. Le bruit horrible du métal contre le métal. Le noir coule dans mes poumons, l'air part, il part vite. Je me traîne jusqu'à la porte, je la pousse, rien. Mes mains font un petit bruit en glissant.

Le vide.

Check out time

Moi : Une autre nuit. La nage a été dure, la nuit longue, les clandestins s'impatientent, les mourants meurent. Le clandestin que je passe cette fois-ci me regarde, les yeux plissés, durs, striés par les années à fuir, à voir les autres mourir, à oublier les siens, à voir le monde les vomir, les haïr. Pourtant, je ne sais pas si c'est le reflet du soleil qui se lève, mais il reste un éclat d'espoir, de rêve dans ses pupilles. Il tuerait pour cette trace. Il tuerait quiconque se mettrait sur son chemin. Aucun remerciement. Il ne faudrait pas qu'en plus il remercie. Il est arrivé. Et il s'est battu pour y arriver. Il a tué pour y arriver. Il se tourne vers le continent, crache à terre, et traverse l'autoroute.

Adam semble sur le point de s'écrouler. Ses gales suppurent.

– Ce soir, tu y vas seul. OK ?
– OK.
– Ça va aller, tu vas voir.
– Comme tu dis, je vais voir.
– Je te donnerai les passeports.
– OK.

Mohamed Brejnik : *Ma femme est morte. Dans l'étable. Elle s'occupait du troupeau. Les moutons aussi sont morts, ils les ont tous égorgés. L'étable est démolie. Comme mon pays. Je sais que les fleurs repoussent entre les carcasses d'autos rouillées. La beauté reprend sa place, mais l'étable restera au sol. Le bois est mélangé avec le métal des clous et des mortiers, avec les douilles. Les parcelles d'obus éclatés rouillent entre les fleurs, les tessons et les planches noircies. C'est là que je l'ai enterrée. Dans les restes carbonisés de l'étable qu'on avait bâtie ensemble. Avec le bois brûlé. Avec les animaux. Pour que la mort n'oublie pas. Pour que la mort dorme avec la honte, comme moi je dors avec un tir de mortier dans mon lit. L'étable restera démolie. Le pays aussi. Il n'y a plus rien pour moi là-bas.*

La vieille : Signez ici. Check out time 10 o'clock…

Cold Turkey

Kaïn : Ma femme est la meilleure cuisinière de tout le parc automobile. Elle prend un gigot d'agneau, y plante un couteau un peu partout et le gave de gousses d'ail. Plein de gousses. Ensuite, de la moutarde. Pas de la moutarde jaune fluo, non, de la moutarde de Français. Partout. En dessous, par-dessus, dans les coins. Puis du romarin frais. Du poivre, des bouts de pain sec dans la moutarde, un peu de sel, des oignons et des carottes dans le fond du chaudron. Et à côté, des pommes de terre avec du beurre et du thym enveloppées dans de l'aluminium, le tout dans le four, faire cuire lentement. Et ça explose sous la dent.

Dans son sandwich au poulet, elle met de la mayonnaise, des échalotes et une laitue, de la roquette qu'elle appelle ça. Dans ses œufs, elle ajoute un peu d'estragon. Très peu, c'est sucré, qu'elle dit. Ou du féta, du basilic frais et deux olives.

Sa lasagne est tellement appétissante qu'on se coucherait dedans, entre les étages. Sans faire l'amour, juste pour dormir collés, le ventre plein.

Steak frites. T-bone. Hamburger avec piments forts marinés coupés en petites tranches, fromage suisse. Son bacon est plus croustillant qu'un film XXX. Et moi, pendant ce temps-là, je mangeais les jambes de toutes les filles qui voulaient bien les écarter.

La sueur me traverse le dos, elle laisse des tranchées béantes de chair.

– Vous vous prétendez libres. Même pas capable de laisser un homme choisir sa mort.

Personne n'entend mes murmures. Juste le vent dans les pommiers. Il vente fort aujourd'hui.

Quatre jours maintenant. Je vends ma sœur, ma mère, mon garage pour un morceau de carrosserie. Une goutte d'eau. Un peu d'eau. J'ai les parois de la gorge qui se collent l'une contre l'autre. Et chaque fois, ça ressemble à de la panique.

Pour oublier la soif, j'essaye de me concentrer sur la douleur, sur la honte, sur elle, ses plats, ses seins.

Du bruit. Quelqu'un vient. Une femme toute jeune, maigre, pantalon noir, chemise blanche, les pieds nus pleins de sable. Merde, elle a un revolver ! Elle le pointe sur moi, elle tremble, paniquée.

– Woo… Attention, avec le revolver.
– Aidez-moi, qu'elle dit en commençant à pleurer.
– Calme-toi.
– J'ai besoin d'aide.
– Baisse ton arme. Tu veux pas qu'il arrive un accident, hein ? Tu veux pas tuer personne OK, alors pointe ton revolver ailleurs, OK ?
– …
– Baisse ton arme. Après, tu m'expliqueras.
– …
– C'est ça.
– …
– Maintenant, explique-moi.
– Je cherche un petit albinos. Il a disparu. Depuis deux jours. Il est parti chercher du savon, pour mon pantalon.

Le fond

Saül : Au-dessus de moi, il y a des milliers de tonnes d'eau. Des milliers de milliers de poissons. Des pieuvres, elles ont des ventouses, elles crachent de l'encre noire de leur cul. Il fait noir.

Plus haut encore, très loin, il y a les cargos qui flottent. Et les mouettes. Elles tournent en rond. Elles me cherchent.

Rave Candy

Moi : J'ai pas pris le temps de dormir. J'ai plutôt pris un speed dans ma valise. Le stationnement, l'autoroute, le verger. Le speed commence à faire effet. Traverser l'autoroute seul, ça va, mais traverser seul l'océan vers les cargos ?

Kaïn a maigri. Déjà. Plein de pétales l'entourent.

– Je laisse le motel quelques jours et, pendant ce temps-là, tout fout le camp ? Le petit a disparu ?
– Quoi ?
– Qu'est-ce que tu ne comprends pas ? Le petit est pas allé se coucher depuis deux jours.
– Comment tu sais ?

Il me raconte la petite en chemise que j'ai vue plus tôt. Ses yeux sont injectés de sang, plantés au creux de cratères noirs. On voit qu'il se force pour garder la tête haute et les paupières ouvertes, mais tout semble brisé.

– Détache-moi et je le trouve, le petit.
– Désolé, Kaïn. Je vais me débrouiller.
– Allez, tu vois bien que je suis en pleine forme ? Tout ce qu'il me faut, c'est un bon lit, une bonne douche et un repas chaud.
– Non, Kaïn. Je ne peux pas. Pas encore. C'est Paloma qui mène le jeu.
– Quoi ? T'as pas de couilles ? Tu attends qu'une femme te dise quoi faire ?
– J'ai pas de temps à perdre avec toi.

Faut trouver le petit.

Calibre 33

María Magdalena : Quelqu'un ouvre la porte de la chambre. Je suis cachée sous le lit. C'est pas le petit, je vois ses pieds couverts de sable. Au pire, j'ai le revolver. Au pire, je vais tirer, je vais tirer, je vais tirer…

L'autre cherche dans la chambre, rapidement. Il cherche le petit.

– Saül ? Saül, t'es où merde ?

Il ressort. Saül ? Il s'appelle Saül. Quelque chose est arrivé, mon mari est peut-être revenu. Ça doit être ça. Il est revenu chercher la valise.

Le revolver est toujours plus lourd qu'il en a l'air quand je le prends. Toujours plus froid. Il me regarde. Un œil noir qui pleure des balles.

Très tôt, trop tôt, j'ai avalé. Je vais me mettre le revolver dans la gueule et je vais encore avaler, je vais appuyer sur le bouton et ça va être la fin de l'émission.

J'attends encore un peu.

Les mendiants qu'on traîne en justice

La vieille : Il y a un bateau de pêcheur sur la mer. Et plein de mouettes mendient derrière. Les mouettes, c'est des rats avec des ailes. Des mendiants qui traînent derrière ceux qui travaillent honnêtement. C'est plein de microbes.

Le travail. Voilà ce qui est important.

La traîne de la mariée

Paloma : Au loin, des mouettes suivent un bateau de pêcheur. Des centaines de mouettes qui suivent l'embarcation, qui piquent dans le remous blanc du bateau, qui percent les flots là où la coque tranche l'eau. Les remous, c'est comme une traîne de mariée ! Je deviens romantique. Maintenant que j'ai des seins, un sexe bien lubrifié et des hormones en comprimés à prendre tous les matins et tous les soirs, en plus d'une dette de quelques milliers de dollars, j'ai le droit d'avoir un peu d'affection.

C'est triste de boire seule en se levant. Tiens, parlant d'homme, voilà mon dépuceleur !

– Tu veux faire l'amour avec moi, mon mignon ? Ça te va bien, l'épuisement.
– Paloma, tu as vu Saül ?

La traîne de la comète

Wendy : Il dort. J'ai désinfecté ses brûlures, je les ai bandées. Il n'a pas de vêtements à laver, que des vieilles espadrilles mouillées. Je mets du journal à l'intérieur, des mauvaises nouvelles, des génocides oubliés en boule, le papier journal absorbe l'eau. Lui, je le lave. Je glisse le détergent sur ma langue, je le dépose dans sa bouche. De mes seins, je balaye sa colère, de mon sexe, j'aspire les crimes et l'injustice, et je jouis sur lui, je le récure, je le javellise de mon plaisir, je fais de lui un homme, non pas un soldat. J'ouvre ses poings et j'y mets mes fesses. Le réfrigérateur qui lui sert de dos, où il entasse sa haine, je le récure des ongles, j'arrache la douleur et il jouit en moi le manque de tendresse qu'il prenait pour l'état des choses, pour un combat.

Il ne sait pas baiser. Il fait ça brutalement, rapidement. Je vais devoir lui apprendre.

Par ma fenêtre, j'aperçois un bateau de pêcheur. Les bateaux de pêche sont les comètes de la mer. Leur queue est picorée par les mouettes derrière leurs sillons.

On frappe à la porte. Pourtant, il est écrit *Do not disturb*.

– Ouvre, Wendy.

La chambre 1. Pas maintenant...

– Je suis désolée, c'était très bien avec toi, t'es gourmand, ça fait du bien, mais je peux pas recommencer. Je peux pas t'aider.
– Wendy, ouvre. Saül a disparu.

Conseil d'administration

Moi : Je suis tellement fatigué que j'en tremble de froid. Mes dents grincent, je me masse les muscles de la mâchoire. Tout va mal.

– Il est pas dans sa chambre, que je lance à Wendy et Paloma. J'ai même été voir dans les fossés au bord de l'autoroute au cas où il aurait été frappé.
– Mon Dieu, dis pas ça ! s'exclame Wendy, affolée.
– Est-ce qu'il sait nager ? demande froidement Paloma.
– Je sais pas, je réponds, craignant le pire.
– Wendy, est-ce qu'il sait nager ? demande Paloma, qui commence à s'énerver. Réponds !
– Je sais pas ! répond Wendy, énervée elle aussi. Je sais pas. Je ne me rappelle pas l'avoir vu se baigner.

Paloma prend les choses en main.

– Wendy, tu t'occupes des chambres. Toi, du verger et de la plage. Moi, je fais le tour du stationnement et du restaurant.

Noir

Saül : Une mer de pétrole, mes ailes, dans le pétrole, mes plumes, dans le pétrole... Ma bouche est pleine de pétrole, mes mains, mes poumons, mes narines, mes yeux... Collants, gluants, chauds...

Pleins de piranhas m'attaquent la langue, je mords pour me défendre. Les piranhas grugent, mordent, déchirent.

Ça brûle…

Battue

Moi : Je cours dans le verger, sur la plage, sur l'autoroute. Rien. Après, on veut que je traverse l'océan seul ? Je serai jamais capable, j'abandonne, pendez-moi pour collaboration avec l'ennemi, rasez-moi la tête. T'es où, petit ?

Paloma : La vieille lave la vaisselle à la cuisine, et moi, je la cuisine. Elle dit n'importe quoi, parle d'émissions de télé des années quatre-vingt. Change de sujet. Elle parle trop. C'est louche. Je lui ai offert un martini, elle a refusé, catégorique. Je sirote le mien. La vieille sorcière explique une recette de gâteau de mariage pour trente personnes. Elle se doute de quelque chose, je le jurerais. Mais elle ne bronche pas.

Elle monte la garde ou j'hallucine ?

Wendy : J'ai fait les chambres du motel. Rien. Reste les quartiers des vieux. Il faut que j'aille voir. Je monte l'escalier derrière le comptoir de la réception, une limonade à la main. Il fait chaud. Tout le monde a envie d'une limonade.

Le vieux est couché, les yeux fermés, sur le couvre-lit vert de sa chambre. Deux lits simples, bien tirés, avec couvre-lit en grosse laine et oreillers assortis. Une télé noire sur une table à carte. Un dentier jaune dans un verre à côté d'une paire de lunettes à double foyer sur la table de chevet. Dans le coin, le soluté bleu fluo débranché qui dégoutte sur le plancher. L'aiguille du cathéter est encore dans son bras dégoulinant. Il ne m'a pas vue.

Je me glisse dans la seule autre pièce du deuxième étage, l'espèce de salon-bureau. Un sofa-lit défoncé, une table en similibois avec une nappe en dentelle de plastique, un tableau avec soixante sortes de nœuds marins. Quelques livres sur une étagère, des livres de médecine surtout, sur la grossesse. Ils sont cinglés, les jumeaux. Deux portes. J'ouvre la première : les vieux registres de la réception, classés par année, des dossiers, des factures, de la papeterie. J'ouvre l'autre porte, la toilette. Sale. Une armoire à pharmacie, un autre support à soluté, des pilules par paniers, deux robes de chambre crasseuses, un tas de boîtes de Viagra, mais pas de petit.

– Qu'est-ce que tu fais ici ? marmonne le vieux. Mon cœur s'arrête.
– Il fait chaud, j'ai pensé, une limonade…
– C'est interdit aux employés de monter.
– Je la dépose ici, sur la table de chevet.

Je garde la limonade fermement dans ma main. Il s'assoit.

– Monsieur…
– Le temps disparaît.
– On cherche le petit, que je laisse échapper, tentant le tout pour le tout.
– J'arrive dans le restaurant le matin, je m'assois, puis c'est la nuit. Je suis dans l'escalier. On est en train de me voler.

Il met ses lunettes à double foyer.

– Personne ne l'a vu depuis deux jours. Il faut nous aider.
– Assis-toi sur mes genoux.
– Pardon ?

Le cœur me lève.

– Viens sur mes genoux, comme sur le père Noël.
– Monsieur, c'est important.
– S'il te plaît, assis-toi. Maintenant !
– Monsieur.

Je ne veux pas. Mais je sais qu'il sait. C'est certain qu'il sait.

– Assis-toi !

Je dépose la limonade sur la table de chevet. Lentement. Le cœur serré. Je m'assois. Ses jambes sont flasques, ses fémurs proéminents. Il ne remet même pas son dentier pour me tripoter. Je me mords la main. La sienne, osseuse, me caresse. Je veux jamais vieillir. Je vois le vieux, ses mains sur mes fesses, dans le miroir fixé à la porte du garde-robe.

– Un jour, le petit va me tuer. Un jour, il va plus avoir peur, et il va me tuer. Tu le remercieras, OK ? Est-ce que je l'ai vraiment enfermé dans la réserve ?
– Pardon ?

Je me lève d'un bond, le regarde.

– Je suis fatigué, qu'il dit en regardant le plancher. Tout le monde ment. Même mes souvenirs. J'ai pas pu réellement l'enfermer dans la réserve, hein ?
– Gros dégueulasse, que je lui lance en le giflant.

Je prends la limonade, je manque de me tromper avec le dentier, et je dévale les escaliers vers la cuisine.

La réserve

Paloma : Wendy arrive, entre dans la cuisine en furie, dépose avec fracas le verre de limonade sur le comptoir, pousse la vieille qui s'interpose, et fonce vers l'arrière.

– Je sais où il est.

Au fond, trois réfrigérateurs. Un couteau bloque l'ouverture de l'un d'eux. Elle le retire d'un coup sec, la lame glisse sur le métal avec un bruit horrible.

Elle ouvre la porte, la lumière s'allume sur Saül en boule, sur le plancher, dos à nous. Il se recroqueville en rampant dans un coin de la pièce. Un peu partout, des conserves, des boîtes, de la poudre à récurer, des pâtes éparpillées, collées. Du sang brille sur les tuiles trop blanches. Je me retourne vers la vieille et je la vois s'enfuir du restaurant.

– Mon Dieu, s'exclame Wendy, qui se fige devant la scène.
– Saül, c'est nous. C'est moi, Paloma. Avec Wendy. C'est fini. On est là. Regarde-moi.

Sa bouche est pleine de sang. Ses poignets sont en sang. Il saigne aussi de la tête, le sang rouge colle, coagulé dans ses cheveux blancs, sur le blanc de sa peau, sur le blanc des tuiles, dans les grumeaux de détergent. Je m'accroupis, le prends doucement dans mes bras, il me repousse, se met à courir partout, tombe, se relève. Des gouttes de sang marquent son trajet, Petit Poucet version sadique.

Wendy pleure. Mon amant de la chambre 1 arrive. Je tente de raisonner le petit.

– Arrête, arrête ! Regarde-moi, Saül.
– Deux jours. Ça fait deux jours, gémit Wendy.
– Respire… C'est ça. On va retourner à ta chambre.

Mon amant reste figé, muet. Que c'est inutile, des fois, un homme. J'attrape le petit, l'immobilise. Son regard est perdu. Chaque fois qu'il ouvre la bouche, de la bave rouge coule sur son menton.

– Il s'est mordu la langue, murmure Wendy. Il s'est rongé les poignets.

Je le serre contre moi, mais il se débat. Il se dirige vers les étagères renversées et commence à tasser les conserves. Il cherche quelque chose craintivement, comme s'il s'attendait à voir un monstre sortir

165

de sous les débris. Deux jours. Ça fait deux jours. Des monstres, il a dû en voir.

Il sort un balai de sous les décombres. Il tourne ensuite en rond, perdu, en cherchant par où commencer le ménage. Je le prends par les épaules.

– Saül, toi et moi, on s'est toujours parlé comme des hommes. Alors, écoute-moi. Tu t'es assez battu. T'es un enfant, Saül, un enfant. On va retourner à ta chambre. Fais-nous confiance, Wendy va le faire, le ménage. OK ? Viens.

Il refuse d'écouter, il flippe.

– María Magdalena t'attend, dit doucement Wendy. Tu te souviens d'elle ?

Il arrête. Nous regarde. Dans les yeux.

– C'est elle qui nous a avertis, continue Wendy. Inquiète-toi pas, on va rien dire. On garde le secret, je te le jure.

Elle s'approche du petit en se mordant la lèvre, les joues mouillées. Elle lui lave doucement le sang coagulé sur le menton, la joue. Il ouvre la bouche pour parler, et ça saigne encore. Alors, elle recommence.

– Saül, María Magdalena n'a pas à se cacher de nous, qu'elle lui chuchote. Des vieux, je comprends, mais pas de nous. Nous, on va vous aider. On va s'organiser pour que vous soyez en sécurité. Tu veux bien ?

Désinfectant

Moi : Je suis sans mot. Je veux tuer. Wendy commence à faire le ménage. Je redresse l'étagère, elle y aligne les conserves. Le petit nous regarde, mollusque de fatigue et de douleur. Lentement, il prend une tasse à mesurer, la remplit du savon éparpillé sur le plancher, mélangé à de la farine et du sucre.

– C'est ça que tu es venu chercher ? je lui demande. Pour María Magdalena ? Je l'ai vue laver son pantalon dans l'eau. Elle a besoin de savon, c'est ça ?

Ça le calme un peu que l'on comprenne. Protéger la gamine tout seul, c'est un gros mandat pour un enfant de dix ans. Il hoche la tête. Je prends sa tasse à mesurer, je la remplis de savon. Paloma serre Saül contre elle, lui frotte le dos.

On l'accompagne hors de la réserve. Wendy continue à nettoyer.

Je le soulève et l'assois sur le comptoir de la cuisine, à côté de l'évier. Sous le comptoir, il y a du désinfectant à plancher. Je le dilue et je lui lave les plaies, comme je le fais aux mourants du *Cap Béatrice* sur leurs lits numérotés.

Ensuite, Paloma, Saül et moi, on sort de la cuisine. Le soleil disparaît sous les vagues, derrière les cargos. Lâche.

Wendy reste seule dans la réserve.

Vénus

Les vagues s'écroulent sur ma gueule et me gardent éveillé. Il fait noir. La journée n'est pas finie. Je vais seul de l'autre côté. Et je suis en retard.

Septième vague. Ça va, le ressac ne m'appelle plus par mon petit nom. La tête pleine de colère, je passe les vagues en voyant encore les poignets de Saül, le sang sortir de sa bouche, tacher sa chemise. À chaque brasse, je frappe l'eau du poing. Je nage pour toi, Saül.

Soixante-dixième vague. Il fait noir. J'ai les lèvres bleues, Vénus est rouge et elle paresse sur l'horizon. Les pilules me gardent éveillé, mais mes pensées s'éparpillent, je dois arrêter, chercher les cargos des yeux. Recommencer à nager.

Il y a une nouvelle pensionnaire au motel. María Magdalena va s'occuper de Saül. Je nage pour elle.

Cent septième vague. Tu m'aides encore, petit. Comme les premiers jours, quand tu avais conduit mon auto noire sur le neutre et que tu avais ri de moi. Un jour, je t'apprendrai à conduire vraiment, avec l'essence et la vitesse. Ensemble, on va s'occuper de Kaïn. Je nage pour toi, concessionnaire rouillé.

Cinq cent septième vague. Vénus me tire vers elle. C'est une planète, elle ne tourne pas autour de l'étoile Polaire, elle tourne autour du soleil. Et le soleil tourne autour de l'océan. Tous ceux qui disent le contraire sont des menteurs. Vénus, c'est l'étoile de l'amour. Ce n'est pas une étoile, me dirait Wendy. Elle est amoureuse. D'un autre. C'est comme ça. Journée de merde. Je nage pour toi, Wendy Windex.

Sept cent soixante-dixième vague. J'arrête un peu, je me couche sur le dos, je regarde les milliers d'étoiles. Les vagues me bercent. Il faut que je tienne. Pour eux, du motel, pour eux, du cargo.

L'océan est tellement grand, les cargos sont des plumes perdues à la merci des vagues.

J'aurais dû prendre plus de speed.

Mille soixante-septième vague. Il faut que j'y arrive, il faut pas que je lâche. Des hommes se révoltent de leur condition de bétail, ils mordent et tuent pour une nouvelle chance à la vie. Là-bas, dans ces fosses communes en acier inoxydable, ils m'attendent. Je nage pour vous.

Deux mille cent trente-septième vague. Les ampoules jaunes qui brillent entre les chambres du motel, le long du similigazon, me servent de phares. Je dois m'éloigner d'elles. À l'opposé se trouvent les cargos. Je recommence à nager. Vénus, promets-moi des jours heureux. Promets-moi l'amour, la tendresse, la chaleur. Je me laisse hypnotiser. J'oublie que je nage. J'oublie mes mollets, mes orteils, mon cœur affamé, j'oublie le manque, la pornographie, les drogues dures, j'oublie mes erreurs, mes échecs, les défaites et les humiliations, j'oublie les baises ratées, les mots de trop, les verres de trop, les infirmités, j'oublie le passé, l'avenir. J'oublie la peur. Je nage. C'est tout.

Je nage pour moi.

Lits numérotés

Bouche-à-bouche

María Magdalena : Il s'appelle Saül. Et il dort.

Devant la fenêtre, une mouette crie, le cou plié en deux. Saül a du sang coagulé sur les lèvres. Je mouille le bout de mon doigt et je les lave doucement, sans le réveiller.

Il a des spasmes dans son sommeil. Dehors, la mouette gueule. Ça le réveille, il se débat, donne des coups, veut se mordre les bras, claque des dents.

— Il reste un piranha en moi, ils m'ont attaqué dans la réserve, il en reste un en moi, je le sens, il me bouffe, il bouffe ma langue morte, je peux pas te protéger, je sais pas nager, je sais pas voler, tu sens bon, mais il faut que tu ailles dormir ailleurs.
— Merci pour le savon.
— Tu comprends pas ! La chambre 1 ! Il a un lit double, tu vas être plus en sécurité avec lui, et pour votre voyage de noces, il y a le voilier dans le cadre sur son mur !

Il se débat de plus belle, il claque des dents, mâche le vide.
Non, pas le vide. Sa langue.
Il faut que je fasse quelque chose.

– Tu peux pas m'entendre, ma langue est morte, chienne de langue, langue de porc dans le vinaigre, je vais l'arracher, il y a un piranha en moi, il va la manger, je l'arrache, ça goûte la viande. Le piranha...

Je l'embrasse. Je lui donne la mienne, de langue. Qu'il la mange, qu'il la morde s'il le veut.

Il recule et se fige, me regarde. Je l'embrasse encore, je glisse ma langue entre ses dents. Il recule d'un bond au fond du lit.

Je me rapproche de lui. Il ferme les yeux, plisse les paupières et s'endort.

Je tire les couvertures sur nous. Sur nos têtes. Quand il se débat encore, je le serre contre moi. Et je l'embrasse. Il ouvre alors les yeux, il me regarde, son regard vient de tellement profond, on dirait le centre de la mer.

Ses lèvres goûtent le sang, mais il ne saigne plus. Je lui fais un peu comme de la respiration artificielle, sauf que je glisse ma langue. Je lui caresse les dents, les lèvres, du bout de la langue. Sa mâchoire se détend.

Il y a du savon dans une tasse à mesurer à côté de la chemise et du pantalon. Les cadavres de mes souvenirs. J'ai la chair de poule. Lui, il dort tout habillé.

C'est pas le revolver qui a gagné.

Mouroir

Moi : Dans la cale du bateau, le reste de l'humanité. Les autres. Ceux qui n'ont pas de congélateur. Au fond de la cale, en marge même de cet autre monde, la fange. Le mouroir. L'écume des hommes, ceux qu'on ne voit pas, dont on ne parle même pas. Se lèvent un matin, sortent de leur container, trébuchent, titubent, et s'assoient sur le bord d'un lit libre. Puis ils se couchent et, dès que leur tête se pose sur l'oreiller, ils perdent leur nom.

Ozgür me parle peu, il me teste. Il me regarde, avec sa tache de vin en forme de pays. Il est là, son pays d'origine. Une tache. Un grand homme, la barbe très forte, toujours rasée, toujours en train de repousser, grise, sous sa moustache toujours bien taillée. Beaucoup d'hommes ici portent la moustache, je réalise. Je réalise beaucoup de choses. Ozgür m'observe. Je m'en fous, je suis beaucoup trop fatigué pour m'en préoccuper.

La nuit avance. Je me déshabille et je donne mes vêtements à une Philippine, je crois. Ozgür vient vers moi, en buvant bruyamment d'une bouteille sans étiquette. Il me tend la main. Je la prends. Je la retiens un peu. Le bout de ses doigts est brûlé. Il me soupèse encore. Silencieux. Acharné. Calmement enragé.

– Je me les suis brûlés avec un fer à repasser, au camp de tri. Dans un centre près de Varsovie. On le faisait tous. Pour effacer nos empreintes digitales. Je n'ai plus d'identité, plus de passé, plus de pays. Ils ne pourront jamais me renvoyer.

Il me tend la bouteille, une vodka artisanale chaude. Je bois.

– Je suis Kurde, il paraît. Ce qui devrait me servir de pays s'étend entre la Turquie, l'Irak, l'Iran et la Syrie. Tous des gens très compréhensifs. Je suis né en Syrie, je porte un prénom turc, qui veut supposément dire « liberté », mais je suis Kurde, c'est-à-dire que je ne suis rien. Je me suis battu en Turquie au siècle dernier auprès d'Öcalan, avec le PKK. On voulait faire comprendre à ces États qu'ils devaient nous redonner notre terre. On espérait. Tous ceux que j'aimais sont morts. C'est un peu de ma faute, quand on combat, on aime de moins en moins. Je suis rentré en Syrie, mais depuis la Syrie est éventrée par les guerres froides, civiles et saintes. Le carnage global. Le reste est banal : prison, torture, évasion, fuite.

La routine, quoi...

– Juste en Pologne, il y avait à l'époque dix-sept centres pour les demandeurs d'asile et treize centres de détention pour les sans-papiers arrêtés. On nous entassait. Ça débordait. Alors, les gens du coin ont commencé à nous haïr. Ils nous blâmaient de tout. On n'avait rien, on ne comprenait rien et on aurait tout fait pour survivre, pour rester. On prenait les pires boulots pour les pires salaires. On s'humiliait. On avait l'habitude. Mais d'autres camps se sont ajoutés. Encore plus. La colère. La pression est devenue peu à peu insupportable. La nervosité gagnait les gardes. On était vraiment beaucoup trop nombreux. Et on s'impatientait. Incendies de protestation, grèves de la faim, mutineries, révoltes. La répression est devenue de plus en plus violente. Quand on est invisible, en marge, sans législation, les autorités locales ne craignent rien. La nuit, ils faisaient des descentes dans les camps, en cagoules. Violaient, tuaient, sans gêne.

Je l'écoute, nu, avec uniquement mes souliers de plage, debout au pied de l'échelle qui monte vers le ciel, vers l'Amérique. Je me tais.

– C'est le prologue d'une guerre sans frontières. Et c'est le mouvement qui est attaqué. Les aéroports, les gares comme à Madrid, les métros comme à Londres. Le mouvement. Ils veulent nous immobiliser dans notre misère. Déjà l'ennemi numéro un, le terrorisme, n'est pas un empire ni même un territoire, c'est un réseau international qui, lui aussi, perce les frontières et se déplace. En perpétuelle migration. La guerre n'est plus territoriale. Elle est entre les murs, au-dessous des frontières, interne, intestine. Partout.

Puis il me regarde dans les yeux. Il pèse ses mots, pour être certain que je comprenne ce qui se passe.

– Toi, tu viens de choisir ton camp.

Fourmilière

Kaïn : Le soleil se lève. La lumière est splendide, elle transforme les fleurs des pommiers en gisements d'or.

Paloma dort, la tête sur mes jambes. Elle ronfle en fait. Elle est saoule. Je pourrais la tuer, lui briser le cou pour m'avoir humilié, m'avoir crucifié, m'avoir torché. L'écraser comme une fourmi.

Je ne bouge pas. Le cœur veut me sortir du corps. J'espère que le vacarme de mes battements cardiaques ne va pas la réveiller.

Ça y est. Le soleil est levé.

Pepsodent

La vieille : J'ai passé ma vie à tout régler autour de moi pour que rien ne bouge.

Il dort, son dentier dans un verre d'eau. Je lui lance l'eau et le dentier en plein visage. Il secoue la tête, ouvre difficilement les yeux. Qu'est-ce qu'il est laid ! Les hommes sont minables. Mon frère se laisse pourrir, il ne se lave jamais. Voilà, il se rendort dans l'eau après avoir fait tomber son dentier sur le plancher, dans la poussière. Non, il ne dort pas. Il fait semblant. Minable.

J'enfile mes pantoufles. Heureusement qu'il y a la rampe, l'escalier est une torture, avec mes hanches en plastique.

Le restaurant.

Tiens, le groom qui commence sa journée. Oh, les jolis bandages !

La ménagère.

Elle commence à me fatiguer, avec ses airs de pute. Tu es là pour le surveiller n'est-ce pas ? Tu me regardes, pleine de haine. Tu te crois indignée, pure. Mais dans cette indignation, j'existe, tu sauras. Tu me fais vivre. Tu es la prochaine, ma jolie.

On sait tous ici ce qui s'est passé. Mais vous ne dites rien, vous ne faites rien. Minables.

Lit queen

Moi : Sur la table de chevet, à côté du lit de Paloma, il y a des romans Harlequin, des verres de martini vides et des noyaux d'olives dans un cendrier, comme des mégots. Dans le coin, le perroquet se grignote les serres.

– Je suis allé voir Kaïn. Il sent la vieille urine. Ses bras sont bleus, on voit les ecchymoses sous les bandages. Faut que ça arrête.
– Quand les Mi'gmaqs font la danse du soleil, ils restent quatre jours sans boire ni manger, à danser. Au soleil. C'est d'un sexy, je te jure ! Tous ces beaux costauds, torse nu, qui se défoncent ! Dire qu'ensuite, ils avalent un trio burger, frites et boisson gazeuse au fast-food le plus près…
– Paloma, c'est toi qui t'es retrouvée attachée à un arbre à sevrer, non ?
– Pourquoi tu dis ça ?
– Réponds-moi.
– Franchement, tu me vois…
– C'est toi.
– …
– …
– Quand je me suis fait faire les seins, j'ai fait enlever les marques du même coup. Les traces de piqûres, c'est pas très féminin. C'étaient les cicatrices de Paul, moi, je m'appelle Paloma. Mais toi, à grincer des dents comme tu le fais, les pupilles rondes comme des comprimés, tu vas bientôt être le prochain attaché au pommier.

– Le petit se ronge les bras, Kaïn délire. Et les vieux vont chercher des coupables.

– Le client est roi ! Toujours des bonnes excuses, toujours des circonstances atténuantes. Demain, j'arrête, c'est promis. Mais crois-moi, bel Adonis, junkie tu es, junkie tu resteras. Les femmes à la maison qui avalent une dose avec leur téléroman à deux heures de l'après-midi ne l'ont pas plus facile. On les retrouve mortes, la tête dans le micro-ondes.

Elle prend mes mains qui tremblent, les immobilise, Parkinson précoce, effet secondaire des petites pilules vertes et des vérités lancées au visage.

– Avant de te retrouver attaché, tu veux faire l'amour avec moi ?

– Non, Paloma. J'aimerais qu'on libère Kaïn et ensuite aller dormir.

– Avec tout ce que tu as avalé, tu risques pas de dormir de sitôt.

– C'est toi qui me parles de téléroman et de sevrage, la table de chevet pleine de noyaux d'olives et de romans d'amour à cinq sous ?

Elle s'assombrit.

– Je vais aller le voir. Tu vas m'aider à trouver un homme qui veuille bien mettre ses valises sous mon lit queen ?

La mer de la Tranquillité

Le vieux : Quand j'étais petit, j'aimais faire voler les oiseaux sur les places publiques. Je courais, les pigeons s'envolaient entre les clochards et les alcooliques. Je sentais le vent de leurs ailes sur mon visage. Ils avaient peur de moi, les oiseaux. C'était la première fois que quelque chose avait peur de moi.

Quand ma sœur est venue me chercher à la station-service où je macérais, je n'avais plus qu'eux, les pigeons. Je les nourrissais en silence. Dans les parcs. Comme un dernier arrêt avant la mort. J'étais comme eux, moi aussi, nourri de restes.

Les veines de mon corps ont toutes été violées par des aiguilles. Surtout par la gueule bleue du soluté de Viagra. Elle est là, dans mon bras, l'aiguille. Le cathéter est devenu rigide, jaune, le trou dans la veine est dur, il y a de la corne, de la peau morte autour.

Le stationnement. La Cadillac du garagiste... Est-ce qu'il la mangeait? Non, je deviens gâteux, j'invente n'importe quoi. Je m'assois sur une chaise à côté de la pompe à essence hors d'usage. La chaise de l'ancien pompiste. Craquée de soleil, sèche de sel. Face à l'autoroute.

J'ouvre le sac de pain.

Je lance quelques morceaux devant moi.

Rien.

De temps en temps, un camion passe, chargé de bruit. Sinon, rien. Le soleil. La lumière. Tout paraît blanc.

Certains disent que l'âme a un poids...

Une mouette. Une deuxième. Leurs cris. Elles se chamaillent pour les bouts de pain enrichi. Un camion passe, elles s'envolent. Elles battent un peu des ailes, s'élèvent dans les airs et reviennent.

Feux de forêt

Kaïn : Un pétale de fleur, c'est aussi compliqué que l'univers. Les nervures, les traces de pollen, les millions de couleurs dans le blanc. La vie y est écrite. Rien n'est fixé dans ce blanc, rien n'est arrêté. Tout bouge, tout s'invente et se réinvente, selon le soleil, le regard.

L'odeur du verger le matin est un monde en soi. Le parfum de la rosée qui s'accouple avec la terre, de l'herbe qui boit, des toiles d'araignées gorgées d'eau.

Les pétales se fanent, et rien ne sent plus mauvais que l'eau de vieilles fleurs flétries. L'odeur des fleurs oubliées, c'est l'odeur même de la mort.

Paloma approche entre les pommiers, avec un panier à pique-nique en osier dans une main.

– Salut, mon chou !

Elle sort du panier une nappe du restaurant quadrillée rouge et blanc, et elle recouvre le blanc des pétales. La nappe avec son quadrillage, c'est la carte de nos villes, avec nos banlieues, nos maisons en rangées. C'est insupportable, l'abstraction des villes, c'est complètement anormal. De quoi devenir fou. C'est une conspiration pour nous rendre fous.

Paloma sort un melon d'eau, des cerises, des bleuets et des fraises. Plein de fruits qui étaient des fleurs multicolores auparavant. C'est la preuve, le blanc des pétales, c'est le secret de la vie ! Paloma sort une carafe d'eau avec des zestes de lime.

– On peut te détacher ? me demande Paloma.
– Oui.
– Tu vas faire quoi ?
– Je vais boire. Et manger les fruits.
– Tu vas y aller doucement ?
– Je vais faire ce que je peux.
– Et après, dans le stationnement, tu vas faire quoi ?
– Je vais juste manger, me laver dans les vagues et aller dormir.
– Je peux t'attacher, mais je peux pas te guérir. Tu comprends ?
– Arrête de me traiter comme un adolescent.

Cinq jours sans boire ni manger.

La première gorgée me traverse le corps. Je sens l'eau glisser dans ma gorge, dans mon estomac, jusque dans mes veines, mes artères. Mon cœur bat tellement fort.

179

Des bleuets. J'ai jamais rien goûté d'aussi savoureux.

– Après les feux de forêt, une des premières plantes à repousser, c'est les bleuets.

Ma gorge se crispe à la première bouchée de melon d'eau. Mon cœur pistonne. Je dépose la tranche. Je me couche sur le dos. Je regarde le ciel bleu dans les branches du pommier, à travers les pétales. J'attends que mon cœur se calme. Puis je me redresse et j'avale une autre bouchée de melon.

Paloma mange quelques bleuets.

– Les chasseurs le savent…
– Quoi ?
– Pour les bleuets. Ils attirent le gros gibier. Après les feux, les chasseurs se cachent dans la cendre et ils attendent, prêts à tuer.

The Marlboro Man

Moi : J'allume la lumière au-dessus du miroir de la salle de bain. J'ai les yeux rouges, les mains tremblotantes, les joues creuses, les traits tirés. Il commence même à y avoir du gris dans ma barbe. Je m'appuie contre le lavabo. Je regarde le trou au fond de l'évier, le fixe. Je mets le bouchon.

Je sors le rasoir de métal, le blaireau. Je fais couler l'eau chaude, je prends le petit savon qui s'emballe tout seul dans un papier propre tous les matins dans toutes les chambres d'hôtel anonymes. Je le passe sous le robinet, je fais tourner le blaireau dessus jusqu'à ce que la mousse lève.

Je grince un peu des dents. Il est beau le geste de faire monter le savon avec le blaireau. Me raser avait toujours été un geste banal, endormi. Aujourd'hui, j'ai l'impression de participer à un rituel. Un rituel funéraire.

Il est mort avec sa moustache.

La lame, la mousse, l'eau qui coule.

Les Harlequin de Paloma. Les poignets de Saül. Les injures de Kaïn. María Magdalena cachée sous le lit. Le mythe de monsieur muscle, du Marlboro Man. Je me prends pour un héros, un cow-boy qui sauve la veuve, l'orpheline et l'Amérique au complet. Je ne suis pas le Marlboro Man, je ne fume même pas la cigarette. La terre tourne à l'envers et moi, je cours pour rester sur place.

Avec les speed boats qui me naviguent dans le corps, je suis en train de me couper partout en me rasant.

La Terre tourne sur elle-même, elle fait son travail d'introspection, elle veut comprendre, elle veut s'aimer, alors elle lit des livres de spiritualité. Elle a lu Deepak Chopra et Paolo Coelho, elle sait que son trésor est dans sa cour arrière, que son bonheur dépend d'elle, et d'elle seule. Alors, elle travaille sur elle-même, elle continue de tourner, et connais-toi toi-même, achète mon livre, l'art du bonheur et le dalaï-lama qui travaille au Walmart maintenant, employé du mois de la grande industrie du bonheur self-made, concessionnaire de paradis préfabriqué. On a le devoir aujourd'hui d'être heureux. La vie n'a aucun sens autrement. C'est une responsabilité difficile à porter. Et si on n'est pas heureux, eh bien, vaut mieux rester chez soi, honte à nous, la rue appartient aux joyeux. Alors on fait de la croissance personnelle, comme si notre personnalité était cotée en bourse, sujette aux courbes de croissance. Connais ton moi à toi. Aime ton enfant intérieur. Moi, moi et encore moi. L'individualisme fait spiritualité.

La Terre tourne sur elle-même, le savon tourne au fond du lavabo, les hommes meurent avec ou sans moustache, avec ou sans espoir, avec ou sans amis. C'est lui, le Marlboro Man. L'homme avec sa moustache, mort, un lasso à la main à essayer d'attraper le rêve américain. C'est mon héros.

Le speed limit fait encore crisser ses pneus dans ma tête. J'ouvre la valise. Somnonal, 200 mg par tablette, si l'insomnie persiste, prière de consulter votre médecin.

Est-ce que je devrais me laisser pousser la moustache ?

Cette nuit, c'est congé. C'est au tour d'Adam d'y aller. J'ai protesté, ses brûlures ne sont pas guéries. Il n'a rien voulu savoir.

J'ouvre une autre boîte. Venlafaxine : antidépresseur anxiolytique de type IRSN, inhibiteur de recapture de la sérotonine et de la nora-drénaline plus connu sous le nom Effexor. De Pfizer. Très efficace.

J'éventre une cigarette Marlboro, j'y ajoute de la gomme brune à haute concentration de tétrahydrocannabinol et j'enroule le tout d'une feuille de RizLa+ gris.

J'allume le ventilateur.

J'allume aussi le joint.

Demain, j'arrête, c'est promis.

**Come to where the flavor is.
Marlboro.**

Dead end

Kaïn : Le soleil se lève. Paloma a ramassé le pique-nique et les bandages. Elle m'a ensuite laissé seul.

La fourmi est là, devant moi. Elle me dévisage. Revenir chez les humains ? Quitter les pétales et la rosée, quitter le royaume végétal ? Pourquoi ? Comment trouver un sens à tout ça ?

Je me lève. Mon dos craque, mes jambes tremblent, mon cœur canarde. Je m'appuie sur le pommier, je ferme les yeux.

Tranquillement, je quitte le Golgotha, mon centre de réhabilitation.

J'ai pas les mots pour dire ce que je vis.

Je traverse l'autoroute dans l'autre sens.

Dentiers

Saül : Il reste un piranha en moi, je le sens, il me bouffe. J'aime mieux mourir qu'être un enfant, qu'avoir encore besoin des autres. Même deux vieillards tout tremblants sont plus forts que moi.

Le piranha saute, il donne des coups tandis que je remonte le motel vers ma chambre.

Paloma est assise à côté de sa porte. Souvlaki gueule, il se tortille, sa langue est sèche et grise. La mienne est morte. Je peux même pas appeler au secours. Paloma me fait un sourire, me dit de m'asseoir avec elle, mais je veux pas. J'ai fini ma journée de travail, je veux rentrer chez moi.

Je leur laisse encore cent coups derrière ma tête, aux vieux. Le temps que mes poignets guérissent et que la barbe me pousse. Quand j'aurai de la barbe, le piranha va sortir de ma gueule et je vais mordre, leur peau molle va s'arracher facilement avec les dents. Je vais monter au deuxième étage en pleine nuit, je vais lui ouvrir la bouche à la vieille, et le couteau du tiroir, il va glisser sur le plastique de son dentier. Plus de langue. Puis, le couteau va se frotter contre la fermeture éclair du vieux. Plus de pénis de vieux. Le couteau, ça fait un bruit horrible contre le métal.

Le piranha manque d'air.

La marée descend. J'arrête de marcher. J'arrête de serrer les poings, les paupières et la mâchoire. J'arrête d'aiguiser les couteaux sur les dents du piranha. J'arrête de respirer, même.

La marée déshabille la plage.

María Magdalena m'attend en regardant la mer au loin, par la fenêtre. Puis, elle me regarde. Je suis sûr qu'elle voit le piranha, parce qu'il se remet à sauter en moi.

Piscine hors terre

Le vieux : Au bord de l'autoroute, je regarde le temps passer. Les dix-huit roues passer. Le temps passer en dix-huit roues.

Venez, mouettes ! Mangez dans ma main, voici votre pain quotidien, ne vous soumettez pas à la tentation, mais délivrez-vous du mal. Amen.

Aujourd'hui, je sauve le monde, je lui donne mes miettes.

Quand les camions passent, les mouettes s'en vont. Mais dès que les camions sont passés, elles reviennent. Elles ont besoin de moi.

Le garagiste sort du verger. Un jour, lui aussi sera comme moi. Mais là, il veut sa part du miracle, son morceau de pain blanc, il veut se joindre aux mouettes lui aussi, me becqueter dans la main. Il s'assoit sur le sol et s'appuie contre la pompe à essence. Il ne dit rien. Il regarde la route comme moi. Il ferme les yeux. Il respire.

Il y a une mouette morte qui flotte dans une piscine, quelque part, la tête en bas, dans le chlore d'une banlieue. J'aimerais bien flotter moi aussi. Hier, j'ai été malade dans l'évier de la cuisine. Je me suis essuyé la commissure des lèvres, mais le goût persiste. Quand j'ouvre la bouche, il y a un filet blanc. Un peu d'écume aussi, au coin de mes lèvres. J'aimerais être une mouette bien grasse, voler jusqu'au ciel. Mais non, Jonathan Livingston le goéland, c'est du vomi. Je flotte dans mon mini-océan rond et bleu, dans mon Viagra qui coule sur mon pantalon. Mon soluté. C'est une minipiscine au bout d'une patère. Les mouettes ont toujours vécu sur les côtes, mais les dépotoirs sont plus gros que l'océan Pacifique, alors elles ont migré. Clandestinement. Et il y en a une qui a pris une piscine pour l'océan. Une piscine, c'est la mer mise en conserve. Je flotte la tête vers le bas. Dans le chlore bleu. Tout le Viagra que je me suis injecté, tout le soluté bleu qui est entré dans mes veines, ça remplit au moins une piscine.

Le garagiste se lève. Il est nu-pieds. Maigre, brûlé. Il me regarde, mais ne me voit pas.

Le soleil avance. Je dois déplacer ma chaise pour rester à l'ombre. Bientôt, le soleil va se coucher.

Où est-ce que je suis ?
Qu'est-ce que je disais ?
Je suis une mouette ? Non, ce n'est pas ça…

Êta aquarides

Moi : Un feu de plage. Paloma nous a préparé des crevettes. Même saoule, elle nous materne, et nous, on la laisse faire. Crevettes à la diabla, en brochettes avec de l'oignon, du paprika, de la salsa mexicana muy picante, le tout saupoudré de sucre de canne, d'une lampée de ron añejos, de fleur de sel et d'huile de sésame. Wendy a fait une guacamole, j'ai fait des mojitos pour tout le monde. Kaïn a refusé, mais juste pour la forme.

Quand la nuit est tombée, je suis allé chercher Saül et María Magdalena. Avec prudence, ils nous ont suivis vers le feu, juste à temps pour les crevettes et le guacamole. Deux autres mojitos. Les crevettes se mangent goulûment avec de la lime, les mojitos coulent à flots. Wendy boit peu, songeuse. Saül regarde le feu, María Magdalena écoute Wendy, Kaïn récupère. Paloma et moi, on boit. Beaucoup.

– Ce soir, c'est les êta aquarides, nous annonce Wendy. C'est comme les perséides, mais au printemps.
– On va pouvoir faire des vœux ? je demande.
– Oui. Il va y avoir un essaim d'étoiles filantes dans la constellation du Verseau. C'est lié au passage de la comète de Halley.
– Moi, tant qu'on peut faire des vœux, ça me va. Je vais laisser passer aucune occasion.

Quand la lune se couche et que la nuit est bien noire, il se met à pleuvoir des étoiles filantes. On fait des vœux, on rit, la lime tache les mentons, on surveille le petit, il sursaute à tout bout de champ. Les étoiles volent comme une poignée d'antidépresseurs lancés dans les airs. Et moi, à chaque étoile, je fais un vœu. Que la soirée ne se termine jamais. Qu'Adam n'ait pas de problème durant sa traversée. Que son clandestin trouve ce à quoi il rêve. Que Kaïn reprenne goût à la vie. Que les vieux aillent se coucher une fois pour toutes. Que je ne dorme pas seul toutes les nuits, que je sache ce que c'est être un homme sans être un tueur. Que je tombe encore une fois en amour, que je ne tombe pas de trop haut. Que Paloma rencontre un sugar daddy pas trop impotent, qu'elle ait des amants, plein d'amants. Qu'un jour, je montre à mes enfants comment faire du vélo. Que Kaïn vienne nager dans les flots avec nous jusqu'aux cargos.

Un conte de fées.

Saül et María Magdalena partent les premiers. Ensuite Wendy se lève, parfumée de métaphysique et de sensualité, puis Paloma, complètement saoule. Ne reste que Kaïn et moi.

Sous les étoiles qui se faufilent, on parle de choses et d'autres, de souvenirs, de voitures, de femmes. On se faufile, on évite de parler pour de vrai, on fait semblant.

Puis je me lève à mon tour. Avec les baignades et la fatigue, le niveau d'alcool dépasse ma ligne de flottaison. Bonne nuit. Après quelques pas dans le noir, quand je suis bien dos à lui et qu'il est bien seul, face au feu et à la mer, il m'arrête.

– Je vais essayer. Je garantis rien, mais je vais essayer.

Par pudeur, je ne me retourne pas. Je ne reviens pas. Je fais semblant. Je reprends ma marche vers ma chambre en regardant les étoiles. J'espère faire un dernier vœu avant de dormir, mais le ciel a tout donné. Meilleure chance la prochaine fois.

Beauté bidon et crevaison

Adam : Après la douceur du corps de Wendy, la rouille des cargos a plus que jamais une odeur de sang. Eux n'ont pas bougé. Pendant que je goûtais à l'amour, que je dormais dans des draps propres, tout continuait. L'exode. Le raz-de-marée.

La chambre 1 tient le coup. Les cargos débordent, à deux, ça ira mieux. On n'a plus le choix, ils arrivent en trop grand nombre. Il dort ce soir. Demain, on reviendra ensemble.

C'est le tour de la belle du bidonville aujourd'hui. En haut sur le pont, dans le vent du jour qui se lève, elle me raconte sa vie là-bas, à l'autre extrémité du vent. Elle s'est évadée des rues de l'Inde et de ses castes encore intouchables.

Impressionnée par le continent devant ses yeux, elle parle sans arrêt dans son anglais roulant. Elle s'agrippe à ses souvenirs pour ne pas disparaître, pour emporter un peu de son identité dans l'anonymat qui l'attend. Les boulots illégaux, les lits sans papier et sans amour qui sont en marge de l'abondance. Elle sait déjà tout, elle a déjà tout compris. Elle ne part pas avec un rêve de célébrité. Elle ne veut qu'une pause à l'esclavage.

Priyanka Kolkata : *La belle du bidonville a les cheveux de plastique, le sourire millionnaire et les seins sincères. Elle cache maladroitement ses hanches précaires par les trous de son sari millénaire. Une ficelle de vipère autour de son cou trop joli. Une ficelle porte-bonheur, un génie contre le mauvais œil. Il est dangereux d'être belle lorsqu'on est pauvre.*

Le parrain adipeux a les cheveux de fer, le sourire militaire et le ventre bulldozer. Il grossit comme un coup d'État et boit à même le bidonville. Il est l'homme aux cent bras, à la moustache incontournable, aux gestes après rasage. Il est l'homme d'un seul mot. On l'appelle Dieu.

Elle, elle s'appelle Priyanka Kolkata, mais personne ne l'appelle vraiment. L'enfance passée les genoux dans les ordures, les yeux plus haut que la ville, elle cherche dans les dépotoirs de quoi rêver, de quoi échanger, de quoi manger. Le regard du parrain boulimique pèse sur ses hanches camouflées, ses cheveux fondants, ses seins d'argile. Elle serre la ficelle de vipère, son porte-bonheur.

Mais le ventre du parrain est roi. Il dit achat : le sexe peu pubère aux cheveux de soie, contre une promesse aux dents en or.

Et la famille comme une épidémie.

– Ta mère a vendu ses cheveux, petite, à toi d'être grande.

Le père a parlé, le parrain a souri, le marché est conclu, la protection, promise. La mère sans cheveux ferme les yeux, se mord les lèvres et ouvre les cuisses de sa fille. Le marteau-piqueur entre dans ses profondeurs, la soie se déchire, la décharge publique, la petite se casse les ongles, ses yeux se révulsent, le parrain marteau-piqueur sue de l'huile sale, crache tout à coup ses égouts en elle, arrache la vipère et meurt.

Il meurt.

Le porte-bonheur gît brisé sur le plancher globuleux. Le parrain perd la sueur et le sang par son marteau-piqueur. La belle au sourire plastique, aux cheveux maintenant adipeux replace son sari, se relève, gifle sa mère sans chevelure. La petite angélique, l'ange déviergé, disséqué, est chassée, répudiée. Elle quitte la tôle qui leur sert d'abri, là où elle s'entassait avec ses mille frères et sœurs, avec son semblant de père et son détail de mère. Ne reste que la rue. Elle se couche sur la voie publique, elle ferme ses yeux, ouvre ses jambes aux vicieux à deux roues, aux visqueux à trois roues, aux troupeaux deux temps, aux autobus éléphants. Belle dépotoir sous les pneus des vieux.

Adam : Elle a tout payé avec ses cuisses. Son corps n'a plus de frontière, ses seins sont des devises étrangères. Elle porte mes vêtements maintenant. Une fois l'histoire terminée, sans hésiter, sans même me regarder, elle saute dans le vide, dans l'inconnu, dans le rêve d'une terre qui lui passerait un peu moins dessus. Sur la côte, elle va vouloir s'offrir à moi, payer son dû, elle va se sentir brusquée que je refuse, elle ne comprendra pas que je n'exige pas mon dû de chair.

Devises étrangères

C'est la pleine lune, la mer est sauvage. Le vent hurle, les vagues s'écroulent les unes sur les autres, trop violentes pour que ce soit prudent. Priyanka souffle, elle peine à avancer, elle n'aurait jamais dû sauter, c'est à peine si elle sait nager. Je la vois se débattre, elle n'y croit plus, à la côte. On n'offre pas son cul, sa bouche, son sexe à tous les passeurs du monde pour finir le corps plein d'eau, blanchi, gonflé, abandonné sur une plage polluée. C'est quoi ? Fallait pas espérer ? Fallait pas croire qu'on méritait plus ? Fallait pas croire qu'il y avait assez d'abondance pour qu'on puisse en ramasser les miettes ? Fallait rester chez soi à se faire manger par les rapaces, à attendre que la vie crève en espérant ne jamais revenir, ne jamais être réincarnée ?

Pas cette nuit. Si elle coule, je ne le supporterai pas. Je vais en vouloir à Wendy de m'avoir ramolli, je ne serai plus capable de la voir sans la détester. Je ne veux pas du cadavre d'une intouchable trop jolie, trop maigre, dans mon lit, entre elle et moi. Je n'ai plus le dos assez dur ni le cœur assez blindé. La belle va crever, merde ! Pas cette nuit, je t'en supplie. Pas cette nuit !

Elle abandonne...

Cumulus nimbus

Saül : María Magdalena me prend par la main, me tire derrière le motel. La lune met du lait partout, sur tout.

On arrive à l'autoroute. On regarde des deux côtés, un gros camion passe, il fait du bruit, on traverse. On va dans le verger. Et la lune nous suit. On marche sur les pétales, il y en a partout, des pétales, sur les feuilles, dans les arbres, sur le gazon. Le piranha dort.

Quand on entend presque plus les vagues, quand la lune prend toute la place dans le verger, elle se plante devant moi. Elle se penche un peu, elle m'embrasse sur la bouche. Je suis une grande personne depuis le noir, et je parle pas de ma poussée de croissance. Je sais pas où mettre mon nez quand je l'embrasse, mais j'apprendrai. Le piranha dort. Le silence se fait encore plus silencieux. La mer murmure au loin.

María Magdalena sourit, mais c'est moins rieur, c'est plus triste, plus tendre. Elle commence à déboutonner sa chemise. Je regarde chaque bouton se défaire, la bouche un peu ouverte, les poumons miniatures. Ses seins apparaissent. Quand elle me voit oublier de vivre, elle rit un peu, gênée, puis, doucement, comme si elle avait peur elle aussi, elle se colle sur moi, ses seins nus se plantent en moi. Quelque chose d'horrible va arriver, quelque chose de terrible, on va exploser, le vieux va nous ouvrir le ventre avec son couteau, il va nous pisser dessus, le piranha s'agite en plein cauchemar, me mord la langue. Elle arrête, prend ma tête dans ses mains, me met la langue dans la bouche, je ferme les yeux fort pour pas voir le malheur qui guette, elle prend mes mains et les place sur ses seins.

Je sens son cœur battre fort. Ses seins, c'est du beurre, de l'eau, de la lumière, de la musique. Elle sourit plus, elle me regarde. Comme moi, elle a peur. Sa chemise tombe dans les pétales. Elle défait le bouton de son pantalon, son pantalon tombe, et elle est là. En petite culotte. Je sais que je dois faire quelque chose. Je fais rien. Elle baisse sa culotte. Le poil entre ses jambes. Il doit pas être loin, le malheur. Je fais rien, je bouge pas, je respire même pas, je veux pas briser le temps. Elle se penche et je mets mes lèvres sur sa bouche. Ça goûte le sel.

Elle déboutonne ma chemise. Elle défait mon pantalon, je suis gêné à cause de ma poussée de croissance, mais je bouge pas, elle me dit des yeux que c'est comme ça. Je le sens, le malheur, il nous épie, entre les arbres noirs, entre les nuages, la grêle et les épines. Je suis tout nu, sauf mes bandages sales. Elle aussi, elle est toute nue. Complètement nue. Elle se colle contre moi, ses seins se plantent sur le haut de mon ventre. Le malheur grogne, mais je l'entends pas.

Elle me couche sur le dos, dans l'herbe.

Les mouettes volent autour de nous, dans le vent, dans la nuit, elles nous laissent tranquilles. María Magdalena me regarde, ses mamelons se blottissent contre mon ventre, les pointes sont devenues dures, la lune nous éclaire, les pétales éclaboussent, le vent. On s'embrasse. On quitte le verger, on monte plus haut, dans les airs. On monte.

Les mouettes sont minuscules, sous nous. On est tellement haut que le malheur cherche. Et María Magdalena écarte ses jambes, je sens son poil, sa peau, et de l'humidité, puis elle prend mon pénis et elle l'entre en elle. Mon cœur arrête, je la regarde, elle fait oui de la tête. On est tellement haut maintenant, on est dans ses yeux. Le malheur attend, bavant de rage. Elle prend mes mains et les colle sur ses fesses, et je serre. Je serre ses fesses, son corps, ses seins qui pointent en moi, je respire sa peau, elle se colle contre moi, elle se cambre, la terre est loin, l'air existe plus, il y a juste quelques pétales collés à notre peau, qui nous portent, des petits lits blancs. Tout monte en moi, tout tourne, les yeux, le cœur, je m'agrippe à ses yeux, ma peau boit, mes yeux boivent, mes mains boivent, mon corps, mon pénis, je la bois, j'ai tellement soif de la boire, je la veux, la boire, j'ai soif d'elle, je veux exploser, je vais exploser, j'explose.

Elle s'arrête. Mon cœur bat n'importe comment. Il est où, le malheur ? Il attend quoi ?

On se serre fort. Ses fesses brillent dans le noir, ses cheveux tombent sur mon visage, je suis encore en elle. Il commence à venter.

Elle recommence à bouger son bassin. Je bouge, moi aussi. Mes mains sont libres, elles font ce qu'elles veulent. Ses seins, son dos, ses fesses, son cou, son visage, ses joues humides. María Magdalena rit un peu, sans faire de bruit. Elle ferme les yeux, j'ai encore soif, j'ai jamais eu aussi soif, mes lèvres touchent tellement, tout brille en moi, en elle, c'est doux, c'est fort, c'est puissant, mon cœur bat, mon bassin bouge, tremble, je pleure, je ris, je veux éclater, je vais éclater, j'éclate encore. Ça dure mille ans, c'est maintenant, je suis dans elle, je suis elle, notre peau se parle, nos mains se connaissent, j'ai jamais rien vu de plus belle.

Les mouettes sont parties se coucher. Des plumes tournent autour dans le vent qui se lève pendant qu'on reste couchés. Les pétales flottent. Le monde reste aussi laid, mais jamais personne va nous enlever qu'elle et moi, maintenant, on est heureux.

Geyser

Adam : Un souffle.
Profond...

L'eau bout. J'ai réveillé les monstres des profondeurs, on va être bouffés par le Kraken, digérés par son haleine !

Là, devant, l'eau se soulève !

Une gigantesque masse noire ! Un geyser, une respiration, un souffle si fort, presque chaud.

Une baleine !
Juste devant !

Priyanka s'agrippe à moi, me plonge la tête sous l'eau, je remonte, je la contrôle, la baleine tourne, revient, crache encore son air, sa vapeur nous éclabousse, elle plonge.

Elle passe sous nous !
Magnifique…

On se calme. La mer aussi se calme, les vagues s'apaisent. La baleine tourne autour de nous, immense. De la tendresse faite chair, tous les je t'aime non dits concentrés en elle, tout l'amour des mères sans enfants, toute la tendresse des puceaux morts à la guerre.

Elle ressort de l'eau, le reflet de la lune brille sur sa peau. Elle replonge. C'est magnifique. On est si petits et si heureux de l'être. Impressionné, je ramasse mon courage. Je me gonfle les poumons, je prends la belle du bidonville dans mes bras, je la sors de l'eau, la couche sur moi, sur mon ventre. Elle tousse, crache. Elle se calme. Reprend son souffle. Je recommence à nager. Sur le dos, la belle lovée contre moi. De toute sa tendresse gigantesque, de son absolue douceur, la baleine ouvre le chemin. Elle entre sous l'eau, ressort avec éclat après un moment et replonge aussitôt. Je la perds des yeux, je nage sur le dos, doucement. Le ciel s'éclaircit. Je n'entends plus son souffle, mais je sais qu'elle est encore là.

Je nage, en portant la jolie épuisée sur moi, je sens le sel manger les gales des méduses, j'entends les vagues tomber. Et chaque fois que l'air me manque, que le poids de la belle me coule, chaque fois que je me demande si j'ai rêvé, j'entends son souffle, je sens sous moi sa présence, sa grandiose présence. Priyanka aussi la sent. Elle reprend des forces.

Elle recommence même à nager.

Une fois sur le continent, je vais aller dormir dans une autre chambre que la mienne. Une chambre qui sent la lavande, où je pourrai rêver.

Cette nuit, Dieu sait pourquoi, l'océan a été indulgent.

Les mouettes : Le malheur est écrasé au bord d'une route de service. Une trace de pneu pleine de sang continue sur la chaussée. Les mouches picorent le cadavre éventré. Les corbeaux s'en viennent. Demain, le malheur sera de retour. La terre vient de recommencer à tourner. Et en tournant, le vent s'est levé.

Dans la chambre 8, un ancien garagiste dort dans la lumière de la lune qui passe à travers la fenêtre qui donne sur le stationnement. Dans son rêve, une femme se colle contre lui. Une belle femme, translucide, transparente, douce. Son épouse. Sa douleur. Toute douce, la douleur, cette nuit. Il la voit. Il voit son visage, le reconnaît. Elle lui baise les yeux et lui susurre : « Bonne nuit. »

Cette nuit, personne n'est tombé sous les balles, personne n'est mort de faim, personne n'a été violé dans les stationnements détraqués, personne n'a battu son enfant. Trêve mondiale. Les fusils ont refusé de fonctionner, les bombes sont restées harnachées au fond des canons, les canons sont restés muets. Les soldats ont bu plus qu'à l'habitude, les violeurs se sont branlés et, rassasiés, ils se sont endormis. Les violents ont rêvé aux dessins animés de leur enfance. Les présidents ont regardé la télé.

Cette nuit, les hommes, les femmes et les enfants ont bien dormi.

QUATRIÈME PARTIE

Sur les cent premières économies mondiales, cinquante et une sont des multinationales et seulement quarante-neuf sont des pays.

Naomi Klein, *No logo.*

Maisons mobiles

HIGH TIDES

AM 1H33   PM 2H12
Suleyman Sarr, Sénégalais. Chambre 1.

AM 2H24   PM 3H08
Milena Melkiavitch, Kosovar. Chambre 1.

AM 3H19   PM 4H08
Eugenia Rodrigues, Mexicaine. Chambre 1.

AM 4H18   PM 5H12
Fares Issa, Syrien. Chambre 1.

AM 5H23   PM 6H20
Shahida Khaled Djebelalnour, Palestinienne. Chambre 1.
Ismaïl Benhicham, Palestinien. Chambre 1.
Blanche Nyao Rodrigue, Togolaise. Chambre 1.
Abel Nyao Rodrigue, Togolais. Chambre 1.
Khalida Rachida, Libyenne. Chambre 1.
Ying Be, Ouïgour. Chambre 1.
Arsène Mardekian, Arménien. Chambre 1.
Amoussa Dahmani-Khouhli, Rwandais. Chambre 1.
Magnolia Song, Chinoise. Chambre 1.
María Del Jesus Vilipenda, Équatorienne. Chambre 1.
Tran Tran Abao Tran, Vietnamien. Chambre 1.
Philippe Ducros, Québécois. Chambre 1.

Angle mort

Trailer Park Joe : Dans la cabine de mon camion, j'ai une couchette, une douche et un micro-ondes. C'est mon travail. C'est ma maison. J'habite partout. J'ai une femme dans tous les bars de camionneurs, je la paie à la chanson, elle danse pour moi et, selon les lois en vigueur entre les frontières, des fois, je peux toucher. Sinon, j'attends la fin de la soirée, et si je suis gentil et j'ai allongé assez, peut-être qu'elle va venir prendre sa douche dans ma cabine, qu'elle va s'allonger quelques heures sur la couchette pour me donner un peu d'amour micro-ondes. Toutes les autoroutes se ressemblent, toutes les cantines se ressemblent, tous les bars de danseuses se ressemblent, toutes les danseuses et toutes les danses contact se ressemblent, toutes les semaines se ressemblent, toutes les heures, les années, les journées, les limites de vitesse, les chargements, les pesées. Toutes les vies se ressemblent. Une série de Coca-Cola et de hamburgers dans un chapelet de cantines toutes pareilles.

Puis un jour, on demande un Coke Diet. Un jour, la demoiselle demande des sous avant de monter dans la cabine. On reconnaît plus la chanson sur laquelle elle danse. Un jour, le poil de son sexe est trimé. Un jour, il est complètement rasé. Puis après, il y a un anneau percé dans son clitoris et un tatouage chinois juste en haut de ses fesses. « Éternité » en chinois, qu'elle t'explique dans la cabine privée où pour quinze minutes même pas, tu allonges plus que ce que, toi, tu vaux en une journée. Elle se vend plus cher que toi, tu réalises. Beaucoup plus cher. Et elle veut plus dormir dans ton micro-ondes. Mais si jamais tu es chanceux, que tu acceptes de donner tes heures supplémentaires en plus, alors peut-être que tu peux la baiser en regardant le tatouage chinois aller et venir, en sachant que toi, tu restes une fois qu'elle est passée, l'éternité.

Puis le lendemain, elle veut plus monter. Tout ce que tu as, c'est pas assez.

FMI

Adam : Cinq ans. Un petit Irakien. La peau sur les os. Des plaies de lit. Des lunettes épaisses, noires. Un des verres brisé. Les yeux fermés. Déposé sur un brancard. Le lit 27. Tout petit. Un drap vert sur le corps. Mort. De faim. Pendant que les bateaux de croisière sont pleins, que le membership des terrains de golf se vend un million USD, pendant qu'on déverse nos surplus de lait dans les rivières, que les réfrigérateurs des métropolitains puent la bouffe pourrie, les restes rassis, les Tupperware couverts de mousse, pendant que les clubs sélect, cigares et cognac, débordent d'héritiers qui vivent de leurs intérêts de père en fils, pendant que leurs enfants gaspillent l'héritage dans les drogues fortes, la prostitution et les accidents en Porsche, pendant qu'ils construisent une station de ski dans le désert à Dubaï, une montagne russe dans le West Edmonton Mall et une station spatiale quelque part, pendant que les buffets à volonté sont ouverts et que les pizzerias livrent vingt-quatre heures par jour, un garçon est mort de faim dans la cale d'un bateau. Ça me déchire.

Pendant qu'ils achètent et vendent des empires, qu'ils jouent avec les devises, qu'ils spéculent sur le pétrole, les dents pleines d'or et de viande, pendant qu'ils regardent le monde, les gens meurent encore de faim. Un petit Irakien. Ses lunettes pliées, déposées sur le drap sur son ventre. Inutiles.

La colère règne dans la cale, les couteaux sont sortis, personne ne parle, personne ne bouge, de peur d'un carnage généralisé. On fume en regardant les ampoules tanguer, en crachant par terre un peu plus qu'à l'ordinaire. Même la mère pleure en silence, résignée, assise sur le lit 26. On a tout essayé, lait en poudre, banane, biscuits soda, de l'eau avec du sucre, avec du sel… C'était déjà trop tard.

Ils avaient promis. Les OGM allaient tout régler. On allait nourrir le tiers-monde. Ils allaient irriguer le désert. Le FMI et la Banque mondiale s'occupaient de tout, ne vous en faites pas, continuez à jouer, à regarder la télé. Tout le monde a sa chance ! God is on our side, you can do it, yes we can, buy now pay later ! Ils avaient assuré qu'il y avait des armes de destruction massive.

Ozgür se couche par terre, ferme les yeux. Faut pas qu'il pleure. Il le sait. Je le sais. Autrement ça va être la folie ici, les gens le respectent, il est garant de l'ordre, autrement tout flanche et c'est le chaos. Il rage en silence. Mais il tient. Il va tenir. Faut pas pleurer. Pas nous. Eux, oui, OK, mais nous, il faut qu'on continue. Pas le choix.

Cinq ans…

La chambre 1 et moi, on remonte sur le pont en silence. Avec nos clandestins. Léopold Luvuezo, Centrafricain, et Ho Ci An, Birmane. La Birmane a proposé de laisser sa place à la mère du petit, mais l'Irakienne ne pouvait pas encore laisser le corps. Alors, on monte tous les quatre, échelon par échelon. On se sauve comme des traîtres.

À mi-chemin, une voix a commencé à s'élever. Un chant. Syrien, je crois. Une femme, seule. La femme chante, faux, faiblement. Puis, la mère gémit et on l'entend pleurer. Les autres femmes se mettent à fredonner aussi, à pleurer, à gémir, et, peu à peu, le rugissement de la mère emplit la cale.

On referme l'écoutille et on plonge dans la mer noire, Léopold et moi. Et on se met à nager vers l'Amérique.

Truck stop

Trailer Park Joe : Alors, je suis devenu gros. Immense. Overload. Combo trio supersize, TV dinner, livraison 24 heures sur 24, A&W, McDo, Pizza Hut, chicken skin sandwich, hamburger double boulette, déjeuner du camionneur, trois sortes de viande, thé glacé format familial, buffet ouvert, all you can eat, pizzas géantes, sous-marins sans fin, de la sauce sur les frites, de l'huile sur les pâtes, du beurre à l'ail sur le pain, du gravy sur le steak, toujours plus gros le steak, 12 oz, 20 oz, 36 oz, pommes de terre au four, riz et patates dans des assiettes gigantesques, toujours plus grandes, chocolat jumbo size, econopack, banana split, saccharine, MSG, OGM, gras trans, jamais assez, drive-thru fast food, drive-thru pharmacy, drive-thru bank, cinéparc, distributrice, overload charge, drive-thru your life, Shell, Taco Bell, Exxon Mobile, Burger King, GM, PFK, overload life, des vans, des vans, encore des vans, partout des commandes à l'auto, partout des camions, toujours quelque chose à bouffer, Doritos, Frito-Lay, bretzels, peanuts, M&M, plus rien à dire, plus envie de baiser, juste manger, s'empiffrer, mastiquer, dévorer…

Il y a des gens qui vivent de ça, qui font des concours, qui mangent des centaines de hot-dogs en une heure, qui gagnent des médailles pour ça. Moi, je le faisais en amateur. Dans l'ombre. En silence.

Ordonnance

Moi : Les gens meurent, les guerres ne coagulent pas, et je n'ai rien à dire. Aujourd'hui, je ne ferai même pas semblant de faire un geste significatif, d'avoir une idée. Je vais me contenter de répondre aux questions. Quand le silence sera trop lourd, je dirai une banalité, je serai peut-être même drôle. Je serai vide. Je n'ai rien à dire. Je ne me battrai pour aucune cause, je ne serai d'aucun front. Je ne ferai rien. Je ne choquerai personne. Personne ne m'enverra de messages haineux, ou d'insultes, je ne changerai pas le monde, je resterai chez moi, je penserai à autre chose. J'écouterai d'une oreille, je me laisserai influencer, je tournerai la tête. Je regarderai ailleurs. Quand les gens vont mourir, je vais changer de trottoir. Ne me parlez pas. Ne me regardez pas. Je répondrai aux sondages, j'aurai le mot drôle, le mot juste. Rien de révolutionnaire, rien de controversé. Comme un popsicle à la cerise, un goût qu'on aime, mais surtout qu'on connaît. Je serai invisible, inodore, terne, sans saveur, stérile. Je ne sortirai même pas de ma chambre. Je prendrai des pilules. Je regarderai de la porno. Mes pilules donneront un sens à ma vie pour quelques heures. La porno me donnera l'impression d'avoir rencontré quelqu'un. Pour quelques instants. Même pas une heure.

Vous pouvez tous crever, aujourd'hui, je m'en fous. Je ne veux que passer au travers de la journée.

Je vais devoir augmenter mon ordonnance.

Réseau contact

Paloma : Il est plus facile de nos jours de changer de genre que de rencontrer quelqu'un. Quelques dettes, quelques opérations douloureuses et le tour est joué, j'étais un homme, je suis une femme. J'étais seul, je suis maintenant seule. Je suce les noyaux d'olives à défaut de sucer des couilles et j'attends le retour de la chaleur. Il fait froid, la nuit. Je ne sais pas si le garagiste me laissera dormir au pied de son lit, maintenant qu'il est maigre et qu'il mange comme du monde. Au pied de son lit. Comme un chien. Une chienne, plutôt. Pluto ! Et hop, une olive de plus.

< JAPONAIS MOUSTACHU AIME PEAU DOUCE ET FEMME CORPULENTE CHERCHE UN ENDROIT OÙ SE CACHER, QUELQU'UN POUR LE PROTÉGER.

Quand je suis trop en manque, il y a mille sites dix-huit ans et plus. Comme si les parents savaient comment utiliser un ordinateur.

J'ouvre tous les sites, je magasine. Toutes les déviations les plus étranges, dans de petites fenêtres. Vente à l'étalage. Des fillettes qui se bouffent le cul, des demoiselles avec un pénis et des seins gigantesques, des hommes recouverts de bouffe, fouettés par des vieilles obèses enrobées de latex, une Chinoise enceinte qui suce un cheval, un blond aryen qui se fait enculer par des chiens, des groupes tout de cuir sanglés, des aiguilles dans les mamelons, des clitoris gros comme le doigt, de la merde, des claques sur les fesses, des donjons, de la double pénétration, et même, déviance ultime, des couples qui font l'amour en s'embrassant. Toutes les déviations les plus cochonnes, les plus sadiques, les plus érotiques. Des she-males, du bonding, des pères de famille, des maris à la maison, des travelos brésiliens, barely legal, deep throat, fist fuck, tout est là. Tantrisme punk, branding génital, morphing, transgenres, orgies, ass to mouth, MILF, horny housewives, mangas, n'importe quoi, à moi le choix.

< COUPLE HOMOSEXUEL CHERCHE ANDROGYNE POUR FAIRE LA CUISINE ET LE BED-IN. SOUMISSION TOTALE DEMANDÉE.

Comme il est plus facile de rencontrer un apiculteur dyslexique japonais sur le Web que de rencontrer son voisin, j'essaye d'être de mon époque.

< ZOOLOGUE FUMEUR VEUT AGRANDIR SON ZOO ET SERVIR D'APPÂT, CHERCHE DOMINATRICE POUR LE METTRE EN CAGE. BIEN RÉMUNÉRÉ.

Je regarde les photos, j'essaye de rencontrer l'âme sœur, ou tout au moins un compagnon, quelqu'un. Je suis épuisée de rire du fait que je me sens seule, je suis épuisée de me masturber et de fermer la lumière ensuite. De sucer des olives, de combler le vide de latex et de m'endormir au fond d'un verre de martini en forme de touffe.

< SOLITAIRE CHERCHE COUPLE POUR COMPAGNIE, EST PRÊT À TOUT ET À TOUTES, WEEK-END SEULEMENT.

Ils mettent des photos d'eux. Nus. Il faut vérifier la marchandise. La marchandise... C'est fou ce que les humains ont de valeur, entre le speed-dating et la traite des blanches. Au début, mon prince roulait en Corvette rose et portait un parfum d'essence et de dollars. Maintenant, j'aimerais seulement qu'il soit doux, qu'il aime le martini et qu'il sache rire. Et qu'il me baise, des fois. Demain, je ne voudrai plus rien.

< VIEILLE AMOUREUSE CHERCHE GEORGE DU CANTON DE TROUVILLE POUR AMOUR PERDU PEUT-ÊTRE RETROUVÉ.

Kaïn est de retour dans sa chambre. Une autre étape est commencée pour lui. Peut-être la plus difficile. Les jours, un à la suite de l'autre. Le banal. Se brosser les dents. Manger. Dormir. Attendre. Oublier. Et peut-être recommencer à espérer.

Puissent les contes de fées exister pendant que j'ai encore un compte d'abonnée.

Je m'endors dans des rêves de petites filles. Comme quoi il peut rester quelque chose après les viols de toilette et les descentes de flics dans les piqueries.

Cantine d'autoroute

Trailer Park Joe : Arrêt cardiaque. Je pesais 380 livres. Je parlais à personne, personne me parlait, sauf pour me demander si je voulais qu'on réchauffe mon café, si je voulais le gâteau au chocolat ou la tarte au sucre. L'assurance de la compagnie m'a payé une liposuccion. Ensuite, ils m'ont cousu l'estomac, ils me l'ont broché. Ils m'ont donné une prescription. J'ai moins faim depuis que je prends mes pilules. Maintenant, plus de saucisse avec mes œufs, le matin. Des fois, un peu de bacon. Mais je dis encore oui quand la serveuse veut réchauffer mon café.

Et là, il paraît que la machine sonne et qu'il faut que j'arrête. Un dernier voyage et c'est fini.

Une maison. Comme dernier voyage, je descends une maison de l'autre côté de la frontière. Ça prend un gros camion pour tirer une maison. Des camions pleins d'immigrés qui traversent de bas en haut, il y en a plein, je l'ai même fait, des fois. Ça vaut pas beaucoup, un clandestin. Mais des camions assez gros pour tirer une maison, c'est rare. C'est la première fois que j'en tire une. J'ai jamais eu de maison ni de femme pour m'attendre, mais, pour mon dernier voyage, il a fallu que ce soit la maison d'un autre.

Quelqu'un qui a réussi.

Coffre à gants

Kaïn : Il est tard. Tout le monde dort. Sauf peut-être les vieux. Je le vois, le vieux, à travers la fenêtre de ma chambre.. Il reste là, à côté de la pompe à essence. Il attend. Il se lève juste pour aller chercher du pain blanc tranché. C'est lui que je comprends le plus en ce moment. Il mange juste du pain blanc tranché. Combien de temps on peut vivre à manger juste du pain blanc tranché ?

Je me lève. J'ouvre la porte de ma chambre. Celle qui donne sur le stationnement. Elle est là. Ma Cadillac. La lumière du stationnement la fait briller. J'ouvre la portière. Je m'assois sur le siège du passager. Tiens. Le bouton du coffre à gants. C'est là, dans le coffre à gants, qu'on range les revolvers. Tiens. Le bouton se détache facilement. Je prendrais bien un peu de Prestone pour l'aider à descendre.

Ah, le goût sucré de l'antigel ! Imbattable.

Pain blanc enrichi

Le vieux : Un camion passe avec fracas dans la lumière du matin. Les mouettes s'envolent. Le dix-huit roues roule vite. La remorque pleine de bétail. Des vaches. Le camion suit la courbe et sort de la baie.

Les mouettes reviennent, gueulent, se chamaillent. Elles mangent le pain que je leur donne.

Les mouettes s'envolent encore. Un autre camion. Un camion de pétrole, avec son gros cylindre en acier chromé. Si seulement il pouvait manquer le tournant, se fracasser dans le motel, tout faire sauter.

Il y a un homme. Un garagiste en chienne de travail. Il avance sur l'autoroute. Il marche sur la ligne blanche, lentement.

Venez, les mouettes. C'est ça, faites comme tout le monde, battez-vous pour des restes, des retailles, des miettes. J'ai pris ça où, ce pain-là, moi ? Weston... Blanc... Enrichi... Dans la réserve ?

La dernière cigarette

Kaïn, concessionnaire de l'année : On s'habitue à manger du métal. Je veux pas m'habituer. C'est fini. Je suis pas le concessionnaire de l'année. Je suis juste un garagiste. S'il vous plaît, essayez pas ça à la maison.

Maison unifamiliale

Le vieux : Les mouettes s'envolent. Un autre camion. C'est drôle, il tire une remorque pleine de petites autos compactes, deux étages de petites autos ligotées dans des positions étranges. Une des chaînes de la remorque traîne au sol. Le garagiste est toujours là, au centre de la route.

Le klaxon déchire le ciel, les mouettes montent plus haut, le garagiste dégage au dernier moment. Taureau ! D'un geste de la main, il laisse le camion passer, la chaîne glisse à ses pieds, balaye l'asphalte, le manque de justesse. Les mouettes se rapprochent, tournent autour de lui pendant qu'il reprend sa place en plein milieu de l'autoroute.

Le silence revient.

Pas les mouettes.

Je suis bien peu de chose avec mon pain enrichi. Peut-être que si je mettais du beurre dessus ?

Buffet chinois

Trailer Park Joe : J'ai jamais pris l'avion. Une fois la maison livrée, une fois le compteur arrêté, je m'achète un billet et je pars. Loin. À l'autre bout du monde. Viêtnam. Il paraît qu'ils mangent du chat là-bas. Il paraît que les filles se vendent aussi. Qu'elles ont des numéros sur le ventre, qu'elles sourient tout le temps, qu'elles font bien à manger et qu'elles sont nées pour faire l'amour. On s'achète une femme, ensuite, c'est les pantoufles, la dinde du dimanche et le mascara qui traîne sur le comptoir de la salle de bain. Je vais en choisir une pas trop jeune, une qui va avoir fini sa carrière, comme moi.

Non… Non !

Maison unifamiliale (suite)

Les mouettes : Le camion hurle, le klaxon fracasse le ciel, les tuyaux d'échappement crachent du noir. Le garagiste est là ! Sur l'asphalte, sur la ligne blanche. Il regarde la mer ! Le camion se précipite sur lui, les pneus crissent, la cabine l'évite de justesse, perd le contrôle, la remorque dérape sur le côté, se déséquilibre, se lève sur les roues de gauche, la cabine percute le fossé, la maison se renverse sur le pavé, à toute vitesse, elle se fracasse, se décarcasse, les fenêtres éclatent, le frigidaire défonce le mur, le bois vole dans les airs, les planches tournent sur elles-mêmes, le bruit remplit tout, les murs s'écrasent contre le bitume, la maison se broie contre elle-même, les montants percent les murs, les tibias percent les muscles. Tout va très lentement. Une télé flotte en suspension, elle tourne et tourne, s'écrase, explose, dévisagée, l'écran en mille morceaux, les yeux crevés, les os sortent de partout, la remorque s'arrache de la cabine, rugissante, les membres se déchirent, s'arrachent du corps, la cabine s'enfonce dans le ravin, les arcades sourcilières se défoncent, les lumières éclatent, la vitre coule, éclabousse, rouge, la tôle se déchire, la peau se déchire, le corps broyé, la maison se répand sur l'asphalte, la cage thoracique perce de partout, les organes crèvent, les tripes, les bardeaux, le plâtre, les cheveux. Les briques roulent dans la poussière, dans le hurlement du métal, les poutres se tordent, la colonne vertébrale craque, le crâne éclate, la route rugit, les entrailles, l'huile à chauffage qui asperge le ciment, rouge, collante, chaude, le plâtre, la peau dans l'asphalte, les éclisses d'os, les dents, le corps difforme roule sur lui-même, le cou se tord, se saigne, le four démantelé, plus rien ne tient, le bruit remplit tout. Les débris de la maison s'entassent avec fracas du côté de la mer, la cabine roule sur elle-même, du côté verger, elle s'écrase, furieuse, dans les pommiers, à l'envers, les roues continuent de tourner, les briques retombent, rebondissent, les planches tournoient, planent et piquent vers la route. La maison de banlieue est éventrée, les morceaux roulent dans la poussière, se collent à la poussière et au sang.

C'est beau !

On vole, on tourne, on crie. La poussière retombe, le sang rigole. On attend que chaque planche ait fini de tourner, de tomber, de rebondir et que tout se soit immobilisé.

Ne reste que la fumée, la poussière, quelques assiettes qui roulent et pivotent sur l'asphalte, les roues qui tournent et tournent, désaxées, de moins en moins vite, la fumée.

La dernière assiette se couche dans les débris. Le vent emporte la poussière de plâtre sur l'autoroute. La fumée monte de la cabine renversée, noire, dense. Les roues tournent lentement.

Le vieux : Il y avait quelqu'un sur la voie, non ?

Maison unifamiliale (suite et fin)

Saül : Le bruit. Très fort. Le malheur nous a retrouvés. María Magdalena se cache sous le lit, elle prend l'oreiller avec elle. Moi, je veux voir. Je veux savoir c'est quoi son visage, au malheur.

Moi : Un rugissement qui n'en finit plus. La chambre tremble, on égorge du métal, mon cœur explose, je m'agrippe au lit pour ne pas être soufflé par l'onde de choc. Je bondis. Un pantalon, le tour du motel, Saül arrive de l'autre côté, on court.

Une maison tombée du ciel, explosée, une cabine de camion fracassée dans le fossé, des morceaux volent encore, de la fumée, du bruit visible, puant. Je dépasse le vieux sur sa chaise, ça sent la mort, je cherche dans les débris, j'écarte les planches, le plâtre, la vitre, la cabine fume, les roues tournent encore, désaxées.

La maison explosée, c'est moi. La violence, l'asphalte noir, c'est moi, le dix-huit roues écrasé, c'est moi, la cabine plantée dans un pommier, c'est moi, c'est moi... Je soulève les planches, les clous me lacèrent les jambes.

Kaïn, fais-moi pas ça...

– KAÏN !

Wendy : Le client de la chambre 1 s'époumone, gueule, nu-pieds, torse nu, il lutte contre les planches, soulève les débris de meubles, il se cambre sous un mur, il crie et le lève, le mur se brise en deux, s'écroule sur lui, le plâtre, la douleur, il recommence, crie, soulève des panneaux de bois, les coins de toit, il rage, tombe, le sang, la poussière, il continue, avec fureur, il crie.

– Tu m'avais promis, mon salaud. Fais-moi pas ça...

Je ferai pas le ménage. Il n'y a plus rien à faire. Je suis inutile.

Paloma accourt, en robe de chambre.

Paloma : Je suis arrivée trop tard.

Wendy : Adam surgit en plein sprint, nu, dégoulinant d'eau de mer. Il regarde les lieux, analyse. Traverse l'autoroute, saute dans le ravin, se lance sur la cabine, se démène contre la portière, l'ouvre.

209

Paloma : Je suis arrivée trop tard.

Wendy : La chambre 1 rejoint Adam. Le coussin gonflable empêche toute manœuvre. Adam ramasse un bout de tôle tranchant et le découpe. Ils sortent un camionneur inconscient. La cabine du camion fume, il y a même un peu de feu qui sort du moteur. Mon Dieu !

– Adam ! Adam, restez pas là ! Le feu !

Moi : On traîne le camionneur, on traverse l'autoroute, le feu monte, la poussière commence à rougir…

Wendy : Et tout explose.

María Magdalena : Tout explose. Je veux éteindre la télé, mais il y a des dessins animés maintenant, j'y arrive pas, je veux, mais j'y arrive pas. Il y a trop de bruit. Je dépose le revolver.

Moi : Tout explose…

Wendy : Je tourne la tête et je la vois, la vieille, à la fenêtre du deuxième étage, qui regarde les dégâts. Qui ne bouge pas.

Paloma : Trop tard.

Wendy : Saül est debout, immobile, au milieu des décombres. Il fixe le sol.

Une main. Sous le réfrigérateur. Avec des bagues en or. Trop grandes, les bagues.

Reste juste l'alliance. L'anneau d'or sur le rouge du sang.

La chambre 1 et Adam s'engueulent.

– Viens, Adam. On va nager.

– C'est pas le temps.
– Fais ce que tu veux, moi, je reste pas ici.
– Attends ! Wendy, les autres, le petit… Il y a un orage qui arrive !
– Arrangez-vous.
– Tu comprends pas, la tempête s'en vient !
– Laisse-moi.
– C'est dangereux !
– Laisse-moi !

Et la chambre 1 part.

Paloma tombe à genoux.

C'est fini.

En cas de crise

Association québécoise de prévention du suicide : 1-866-277-3553
Suicide Action Montréal : 514-723-4000
Tel-Aide : 514-935-1101
Tel-jeunes : 1-800-263-2266
Jeunesse J'écoute : 1-800-668-6868
Gai écoute : 514-866-0103

Quotas de pêche

Orage

Moi : Le noir, l'eau partout, autour, au-dessus, en dessous, devant, dedans, les vagues, l'écume, la pluie, les rafales, la nuit sans lune, le jour qui ne se lève pas, tout s'écroule sur moi. Les vagues gigantesques me soulèvent, montent, montent, puis tombent, creusent, rugissent, en furie, je me débats, le ciel se déchire, le tonnerre matraque, l'eau règne, bouillonne, se révèle, monte encore, tombe, m'écrase, se joue de moi, pitié…

Je suis en train de tenter les dieux. Il n'y a pas de place pour un homme dans la mer cette nuit. J'aurais jamais dû venir. L'océan hurle, rage.
Je hurle et je rage avec lui.
Je respire quand je peux, les rafales me lacèrent le visage, prendre de l'air, avancer. Suivre le rythme des vagues, être furieux moi aussi. Vivre.

J'aperçois parfois les cargos dans les éclairs, une lueur entre les vagues, à travers la fureur, dans le rugissement.
Garder le cap. Avancer. Ne pas dériver.
L'eau me fouette, les vagues grimpent, hautes, monstrueuses, elles s'écroulent, m'écrasent, me frappent, me coulent.
J'ai laissé mon ami mourir.

Ne pas dériver, ne pas laisser les idées dériver, rester en vie.
Ne pas mourir moi aussi.

Une autre vague se dresse devant moi, un mur, la peur me fore le ventre, le vertige. Où sont les cargos? La vague s'effondre, m'avale, je coule, garder la tête hors de l'eau, je coule, rattraper la surface, garder la bouche hors de l'eau, la frontière entre l'air et l'eau n'existe plus, je nage dans l'air, je respire l'eau, la vague remonte, me soulève.

De l'air.
Je respire, un peu.
Puis le vide, je tombe, l'eau, les poumons me brûlent, métal incandescent dans la gorge, dans les poumons. De l'air!

Reste sur place, reprends ton souffle, crache.
Le tonnerre gueule, les éclairs tombent, l'univers jubile à la vue de ma frayeur.

Une autre vague se dresse, me soulève, mon cœur éclate, mes poumons crachent, mes bras s'affolent, elle tombe... Où est la surface? Où est le large?

Kaïn, aide-moi, je veux pas mourir, attire-moi pas, coule-moi pas avec toi!

Ça recommence, je monte, je monte, puis le vide, la chute, le bouillon.

J'ai cru une fois de plus vaincre le monde, j'ai cru que l'océan, le vent et la tempête allaient me laisser passer, allaient s'attendrir de ma douleur et me laisser vivre. Seulement parce que je souffre.

Kaïn...
Pourquoi?
Pourquoi tu as fait ça?

Entre les vagues, les éclairs et les bourrasques, j'arrive à reprendre un peu mon souffle.
J'avance peu à peu.

Peu à peu, j'avance.

Chambre 18

Adam : Le cœur du camionneur bat encore. Il va s'en sortir. Probablement quelques os brisés, son bras gauche et sa jambe droite semblent endommagés. Le bras du volant, le pied du frein. Son front est ouvert. Sa barbe blanche mal rasée est noire de sang coagulé et de suie.

La tempête est arrivée. Elle frappe les fenêtres, inonde la plage, bat son plein sur le motel. Le tonnerre fracasse le ciel. Le jour s'est levé, gris, noir, violent. La chambre 1 est quelque part au large. Quel con !

On loue une chambre pour le camionneur. La 18. Paloma et Wendy s'occupent de lui, elles vont le laver, le panser. Il y a un nouveau locataire au motel. Un accidenté de la route.

Kaïn est mort. Je me suis occupé de son corps. J'ai obligé les autres à partir, ils n'ont pas à connaître les charniers. J'ai ensuite soulevé tant bien que mal le réfrigérateur. Le blanc de l'émail glissait, dégoulinant de sang. Sous lui, le corps désarticulé de Kaïn. Horrible. Et la pluie a commencé. Forte. Elle lave le sang, la folie.

J'ai pris Kaïn dans mes bras et je l'ai ramené à sa chambre. La numéro 8. Je le couche sur son lit.

Wendy entre. Elle pleure. Ensemble, on lave le cadavre du garagiste du mieux qu'on peut. On enroule ensuite son corps dans le drap. Le sang colle, imbibe le coton. On dépose sa casquette de concessionnaire sur son visage.

214

Lit numéro 8.

Les fenêtres vibrent sous l'orage qui semble se calmer.

Sous le lit de la chambre 999 *(The Return)*

Saül : Je pensais avoir vu le fond de la mer, là où même la lumière est jamais allée. Il y a encore plus profond. Il y a sa main sous le frigidaire. Le malheur nous a retrouvés, il est mort de rire. Il s'est vengé.

La pluie tombe, elle veut entrer de partout, on l'entend partout, forte, en colère.

María Magdalena est sous le lit. Je l'entends pleurer. Kaïn est mort, mouette écrasée au bord de l'autoroute. Je me glisse sous le lit. Je ferme les yeux.

Je vois sa main. Dans la mort, il me tend la main.

Wendy va faire le ménage.

On va survivre. On va encore être là demain. L'orage va passer.

Cash

Paloma : Je ne suis pas morte, moi, Kaïn. Tu ne me verras pas en noir, demain. Je mettrai ce que j'ai de plus coloré, de plus sexy. Cette nuit, j'ai pleuré. Beaucoup même. Mais là, c'est fini. Tu trouvais ça dur de vivre, eh bien nous aussi, on trouve ça dur. Et ça ne sera pas plus facile maintenant que tu es parti. T'as pensé juste à toi, mon cochon. Tu vas me manquer. Mais je vais vivre. Je suis arrivée trop tard ? Tant pis.

Le camionneur est là, sur son lit, inconscient. Le front ouvert, contusionné. Wendy est partie s'occuper du corps de Kaïn, moi, je m'occupe de lui. Doucement, j'enlève sa veste, j'ouvre sa chemise, j'enlève son pantalon. Je le lave. Je désinfecte ses plaies, les panse. Le genou est bleu, enflé, mais la jambe ne semble pas brisée. Son épaule s'est disloquée, c'est elle qui a pris le coup. J'inspire un bon coup, et je la remets en place. Il va lancer la balle de baseball moins loin, j'en ai peur. La trace de la ceinture de sécurité est découpée dans sa peau, mauve, enflée, brûlée. Je reboutonne sa chemise. Je monte le drap sur son corps.

L'orage me rend folle.

Je fouille dans la poche de son pantalon. Un portefeuille. Joseph Cash. Bienvenue à l'Eden Motel, Mister Cash. Pas de photo de femme ni d'enfants. Un permis de conduire, des dollars, des pesos. Un condom. Un permis de pêche. Je remets le tout à sa place.

Joseph Cash. Sur son camion, c'est écrit Trailer Park Joe.

Je le borde. Je remonte ses draps jusqu'au menton.

Puis, je m'étends à côté de lui. Je m'enroule dans le couvre-lit. J'espère que ça ne te dérange pas, Joseph, que je dorme un peu ici ? C'est comme si je mettais ma photo dans ton portefeuille, le temps de ta convalescence. C'est pas tout, les dollars, il faut bien qu'il y ait autre chose, dans un portefeuille.

Et je ferme les yeux en écoutant la pluie.

Lit numéro 8

Moi : J'ai survécu. Le vent m'a poussé vers les cargos. Je suis en vie.

Le navire monte et descend, les ampoules se balancent, ça me lève le cœur, je m'écroule dès que je mets le pied dans la cale.

216

Ozgür s'approche, inquiet. Je lui explique brièvement. Il me lève et me prend dans ses bras. Ça me surprend, et là, devant tous ces inconnus, dans la noirceur et l'humidité, dans l'odeur de pétrole et de pourriture, sans que je m'y attende, comme un con, je me mets à chialer. La digue est brisée. Je pleure. Il me serre, je sens sa moustache dans mon cou. Il me serre puissamment. Je pleure, je me vide. J'ai honte. Je me dis : pas ici, pas devant eux, ici personne ne pleure. La mort est partout ici, les gens font avec, merde, arrête de pleurer. Mais rien n'y fait. Je bave même.

Je m'assois sur un lit. Le numéro 8. Tout tangue, la mer nous rappelle qu'elle est reine. J'aurais pu couler. Ne pas y penser. Kaïn est mort et moi, j'ai survécu. C'est tout. Un homme que je n'ai jamais vu m'offre une bouteille. Je bois. De l'ouzo. C'est un peu sucré, mais très fort. J'en bois encore. La nausée, je me précipite sur un seau, et je dégueule. Je m'essuie la bouche. Je me rassois sur le lit numéro 8. Et je bois encore au goulot. Personne ne se formalise. D'autres hommes viennent, ils fument, ils boivent. Ils parlent tout bas, ils sentent eux aussi la fureur de l'océan. La bouteille passe. Ça arrache. Ils rient un peu de moi, me donnent des claques dans le dos, me passent la bouteille encore une fois, des cigarettes aussi. Je ne fume même pas, c'est vous dire comment, eux, c'est des hommes. Alors, j'en allume une. Ozgür est là. Les mourants sont dans leur lit, autour, ils nous regardent. Quand la bouteille est finie, on en sort une nouvelle. Vodka. De Donetsk, me dit un Ukrainien. Les ampoules scintillent dans la cale du bateau, nos ombres s'allongent et se rétrécissent sur les parois de métal rouillé. Je pense au Marlboro Man. Je suis entouré de superhéros. Les hommes rient, fument, la cendre des cigarettes tombe sur leurs pantalons, ils la balayent du revers de la main. Ils ont tous vu la mort. On s'en remet, c'est tout. Ils rient encore, ils rient d'elle, ils rient de moi sans gêne maintenant.

Il n'y a plus rien à dire.

Bien saoul, je m'allonge sur le lit. Et je m'endors au milieu des rires, de l'odeur de sueur et des cendres de mégots. Le fond de la mer est rempli de mégots, d'hommes morts trop jeunes.

Le lit numéro 8.
Pour quelques heures, je n'ai plus de nom.

Speed date, blind date, expiry date

AA

Moi : Lit numéro 8.
Je m'appelle comment, déjà ?

C'est à peu près le silence dans la cale. Les ampoules tanguent, les rats grouillent. Au loin, un homme gueule. De l'eau coule.

Je me lève, la nausée monte, je vomis jusqu'à ma bile. Je me déshabille sans attendre, encore saoul, ça tangue fort, je ne garde que mes souliers. Ozgür approche, prend les vêtements, me donne de l'eau. Il sent le débit de boisson. Je titube, l'échelle, je monte, la nausée, l'écoutille. Le bruit du métal qui grince.

La lumière. Il fait grand jour. J'ai dormi longtemps. Le ciel se dégage. Il faut que je rentre au motel, ils doivent me détester.

Je me laisse tomber du haut du cargo, vers la mer, je vais me casser le cou, m'éclater la peau. Au dernier instant je me redresse, je colle les pieds, je me prends les couilles.

Et je perce l'océan.

Ouvert 24 heures

Adam : La tempête s'est calmée, mais il pleut encore. Il vente fort. Wendy et moi, on commence à ramasser le bois de la maison démolie. Tranquillement. Toutes les planches, les restes de tables, de chaises. Les vestiges.

Wendy est magnifique. Chaque instant à ses côtés me bouleverse. Je ne devrais pas m'attacher, je ne devrais plus aimer, juste me battre. Je n'y arrive plus. Et ça me terrifie. Je ne connaissais pas Kaïn. Il est mort. Ça me dégoûte. Sans Wendy, je mettrais le feu au monde, je ferais tout sauter.

Sur la plage au bout du motel, on construit peu à peu un grand bûcher. Des coins de tables, des bouts de charpentes. Des morceaux de murs. En silence. Elle pleure encore. Je ne sais pas quoi faire, alors je me tais.

Le jour est levé depuis quelques heures maintenant. La chambre 1 n'est pas rentré. C'est pas normal. Je n'en parle pas. Mais Wendy regarde vers le large.

– On va l'attendre, qu'elle me dit doucement. Il ne s'est pas noyé. Il va revenir bientôt. Crois-moi. Sinon, rien ne vaut la peine.

Elle y croit.

Zone sinistrée

Moi : L'extrémité de la plage, là où les coquillages viennent mourir. Un Vietnamien que j'avais à peine remarqué. Ils savent être discrets, les Asiatiques. Le Viêtnam a gagné la guerre contre les US, faut pas gagner la guerre contre l'empire, c'est très mauvais pour l'économie. Alors, les gens essayent de fuir, et ils vont où ? Au cœur de l'empire. Il me fait un signe de tête. Je fais pareil. Il va élever ses enfants dans l'ombre. Et la troisième génération va être toute belle, tout intégrée, toute mélangée, toute prête à se lancer devant un camion ou en haut d'un pont.

Il traverse l'autoroute. Je cours vers la réception. Le soleil est haut dans le ciel. Insolent.

Adam et Wendy sont sur la plage. Ils montent un bûcher. S'arrêtent quand ils me voient.

– J'étais inquiète, me dit Wendy.
– Je sais, je réponds. Moi aussi, j'ai eu peur. Très peur.
– Tu aurais pas dû partir.
– Je sais, Wendy.
– Tu aurais pu te noyer.
– Je sais. Excuse-moi. J'aurais tué. Il fallait que je quitte ça, l'Amérique. Je pouvais plus la sentir.
– Tu aurais dû te noyer.
– C'est pas vrai ce que je dis. Il fallait pas que je me sauve. Mais je l'ai fait quand même. Pardonne-moi.
– …
– …
– On va l'incinérer au coucher du soleil.

J'ai honte. Adam ne dit rien. Il n'en pense pas moins.

La réception. Je signe. Nisreen Fandi, Syrienne, l'heureuse élue de demain. Chambre 1. La vieille fait semblant de rien. Une maison s'écrase sur sa platebande, un dix-huit roues explose, elle fait semblant de rien.

Chambre 1.

Mon lit, ma valise, la toilette, mes lames de rasoir. Le voilier dans son cadre. Je l'explose d'un coup de poing, la vitre éclate, le sang gicle. La douleur.

La vitre parsème le tapis en corduroy. Les coupures parsèment mes jointures.

Je ne sais pas qui j'ai frappé. Moi, Kaïn, le Bon Dieu, le soleil, les vieux, les plaisanciers sur le voilier, le président des US of A, ou le reste de l'humanité. Ça n'a rien changé. À part que j'ai là, inscrite dans ma main droite, une coupure béante entre avant et maintenant. L'image du voilier est tombée derrière mon lit. D'après moi, avec un nouveau cadre, elle est récupérable.

Hollywood

Je bois du rhum blanc. Je ne sais pas comment je vais réussir à me lever tous les matins. Adam ne dit rien. Il prend la bouteille et en avale une grosse gorgée. C'est bien. Un peu de solidarité.

On est là, Paloma, Adam, Wendy, Saül et moi. María Magdalena regarde de la fenêtre de sa chambre. Les vieux sont restés cachés.

Puis, comme le ciel commence enfin à rougir de ce qui vient de se passer, on dépose sur le bûcher, enroulé dans un drap blanc, le corps de Kaïn Silicone, concessionnaire de vieilles autos flambant neuves, garagiste de génie.

Wendy met le feu à la maison.

L'essence qu'on y a versée s'enflamme rapidement. Les flammes caressent le bois, se répandent. Le ciel est en sang. La plage brûle. La maison flambe en morceaux détachés.

Saül lance des pierres dans le feu. On voit bien qu'il crie. Je le prends dans mes bras. Et il me frappe. Au début, il me frappe le ventre. Puis les épaules. Plus fort. Puis il ne résiste plus. Il frappe fort. Partout. Wendy nous crie d'arrêter. Adam la retient. Paloma gémit. Le petit frappe, il frappe jusqu'à ce que je ressente quelque chose. Je suis devenu un monstre. Je n'arrive plus à pleurer.

Kaïn est mort. Sa chair sent le gigot d'agneau.

On lui a fait une belle fin, comme dans les films d'action. Il est allé au paradis, le village à côté de Hollywood. Il a fait un discours du tonnerre quand il a reçu des mains de sa femme l'Oscar du meilleur acteur. Ils étaient beaux, elle était habillée Jean-Paul Gaultier, robe sexy, vernis bleu metalflake. Kaïn portait un veston de lin blanc Versace. C'était une belle cérémonie.

Il y avait foule à son enterrement.

Le ciel est complètement noir. Pas de lune. Un vent des terres souffle sur le brasier. Le vent des terres, chaud, le vent qui rend fou, il paraît. Il transporte tous les râles des phases terminales de partout sur le continent. Tous les soupirs des agonisants de tous les départements de soins palliatifs de tous les hôpitaux bondés, surpeuplés. Et même les râles de tous ceux qui meurent à la maison, ceux qui n'ont pas gagné, ceux qui n'ont pas assez d'argent pour avoir pu s'acheter des assurances. Les étincelles de la maison s'envolent au large.

La bouteille est finie. Tout le monde en a bu. Adam embrasse Wendy et il plonge dans l'eau. C'est son tour cette nuit. On voit bien qu'elle voudrait qu'il reste cette fois-ci, juste cette nuit. Il l'a embrassée un peu distraitement, et il a plongé. Elle est restée seule.

Avec qui je vais boire, maintenant ?

Ce soir, le motel est complet. No vacancy. Le deuil a pris toutes les chambres.

Bûcher

Adam : L'odeur de brûlé me suit. C'est un gros feu, tout ce qui peut être brûlé va y passer, le plâtre, les montants de la charpente, même les bardeaux. Les flammes ont des couleurs étranges quand elles lèchent des matériaux chimiques.

Au début de la traversée, les étincelles tombent tout autour de moi dans de petits grésillements. La lumière se reflète sur les vagues, ça me donne l'impression de nager dans de l'or. La fumée me suit le plus loin qu'elle peut, laissant une espèce de cendre partout sur les flots. Je l'imagine peut-être, la cendre, ça me fait du bien de croire que je nage dans Kaïn. Dans sa lumière et ses poussières. Finalement, ne reste que l'odeur. Puis plus rien. La mer. Les vagues et le sel. L'iode qui désinfecte.

Et les profondeurs.

Sterilized Safe for Use

Moi : Trailer Park Joe est encore inconscient. Sa température est descendue, mais pas suffisamment pour qu'il soit hors de danger. Paloma a changé ses draps, ses pansements, et maintenant je le rase pendant que Wendy change le savon et le verre d'eau. Sterilized Safe for Use. Je commence à avoir le tour avec les rasoirs. Un nouveau naufrage, rien de plus. Lui, au moins, on connaît son nom. Joseph Cash. Mais j'aime mieux l'appeler Trailer Park Joe.

Après l'avoir rasé, je retourne dans le stationnement. Incroyable ce que le speed que je prends peut être efficace. La qualité des produits vendus au marché noir devrait inspirer les lois pharmaceutiques. Je m'assois à côté de la pompe à essence, à côté du vieux débris. Il maigrit lui aussi. Il va peut-être bientôt falloir le coucher sur un lit vert. Je vais peut-être devoir le raser lui aussi. Faudrait que je commence par me raser moi-même. Faudrait que j'aille me coucher.

– Les mouettes, ça ne devrait pas conduire, qu'il me dit. C'est comme les épaulards et les cachalots. Vous voulez de l'essence ?
– Vous avez encore besoin de ça ? je demande en pointant son sac de soluté bleu.
– Ça ? C'est quoi ?

Puis, plus rien. On regarde les autos passer.

Je prends son support à soluté avec le sac. On va essayer de faire quelque chose pour Trailer Park Joe.

Je le donne à Paloma. Puis j'erre. L'autoroute. Ce qu'il reste de la maison unifamiliale. Un lampadaire éclaire la scène du crime. Même pas un ours en peluche. Le génocide a été complet.

On a assassiné le Christ une deuxième fois. Ça prend bien un vendeur d'automobiles usagées pour jouer le rôle du Christ en Amérique. Un prophète du vide, du manque, un junkie de supermarché, suicidé dans une maison de banlieue au bord d'une autoroute qui mène nulle part. Avec un petit sapin sent-bon dans le cou, qui dégage une odeur de réveillon de Noël. Une odeur boulimique de cadeaux, d'oncles vicieux et saouls. Un jour, il y aura un supermarché à ton nom, Kaïn Silicone, vendeur de l'année.

Le sommier dans le fossé. Adam et Wendy l'ont oublié. J'écarte les débris et je me couche dessus. Je vais rester ici au cas où le concessionnaire ressusciterait. Les étoiles apparaissent dans le ciel. Mortes depuis longtemps, me dirait Wendy. Non, elle ne me dirait rien.

Ça sent la poussière. Si jamais je pars un jour de la chambre 1, j'aimerais bien essayer moi aussi. Avoir une famille. Des enfants. Changer les couches, amener le bébé au sein de sa mère. Peindre la chambre, ne pas faire mes nuits. L'entendre dire papa. Lui apprendre à marcher, à faire du vélo, à nager. Jouer au baseball avec lui. Lui expliquer les condoms. L'entendre dire papa, j'ai besoin de l'auto.

– Désolé mon fils, papa est en panne d'essence. Pas de danger qu'on parte d'ici.

Kaïn, si t'es quelque part à table avec le PDG de General Motors, pourrais-tu lui remettre ma réclamation ?

Baleinière

La chaloupe. Le vieillard. Assis sur la chaise de barbier. Il me regarde en faisant rouler son dentier dans sa bouche. La mer est agitée, folle. Le ciel est gris, houleux. Aucune terre en vue. Les vagues se fracassent, leur écume est portée par le vent et nous trempe de la tête aux pieds. Les os du vieillard pointent sous sa robe de chambre, une odeur sucrée de pourriture flotte dans la tempête. Le son de l'ouragan me parvient pourtant de très loin. Tout ce que j'entends, c'est le dentier du vieillard qui claque. Et sa respiration rauque. Sa soif.

Derrière lui, un geyser. Un puissant jet de baleine. Le vieillard tourne la chaise vers elle, se penche devant le bateau, avide, fou. Son dentier roule dans sa bouche, ses gencives, rouges de sang. Il claque la mâchoire d'excitation, la chaloupe fonce vers le rorqual bleu, le vieillard se lève et ramasse un grand harpon au fond de la chaloupe. Des larmes bleues fluorescentes sortent de ses yeux, coulent dans ses rides et s'engouffrent dans le trou noir et gluant de sa bouche.

La baleine, devant nous, nage aussi vite qu'elle le peut, mais le vieillard est habile. Le vent lève sa robe de chambre mouillée, découvrant ses jambes maigres, molles, bleues, son sexe qui pend et ses couilles lourdes et grises. Il lance le harpon avec force, perce la peau noire du rorqual, le sang jaillit, remplit de rouge l'écume des vagues, nous éclabousse. Le vieillard hurle de joie. Le harpon est attaché à la baleinière, une fumée épaisse se dégage de la poulie où la corde est enroulée, elle glisse dans la pluie, dans le sang qui gicle alors que la baleine se sauve. La corde se tend, le coup me renverse dans les filets, le vieillard hurle plus fort, les yeux bleu Viagra, la robe de chambre complètement ouverte sur son corps décharné, veineux, flasque, sur ses os protubérants. Sur son érection. Il bande, le monstre ! Le sang l'excite !

Il tire sur la corde du harpon, se rapproche de la baleine, lui saute sur le dos, une lance en main qu'il plonge dans son cou. Les flots sont rouges, bouillonnants, la baleine se débat, le vieillard tient bon, il plonge le harpon encore et encore. La baleine donne un grand coup de queue, roule sur le ventre pour se débarrasser du harpon et du vieux, il tombe dans l'eau, la suit, roule sous elle, elle se débat, son ventre sort de l'eau, couvert de sang, elle tressaille, roule encore, son œil affolé, suppliant. Mort à la tendresse, vive les gangbangs, mort à la sensualité, vive le fist-fuck, elle pousse un dernier soupir et s'éteint dans un fracas de bouillons et d'éclaboussements. La chaloupe est pleine de sang. Le vieillard triomphe debout sur la carcasse.

Puis ils arrivent. Les ailerons. Ils se lancent sur le cadavre, des centaines, des requins blancs, des requins-marteaux, des requins bleus, nombreux, fous, ils dévorent, leurs ouïes tressaillent, leurs queues frappent les vagues, les dents tranchent, percent, arrachent, les lambeaux de chair flottent, un requin saute hors de l'eau, la bouche grand ouverte, il replonge avec furie, la double rangée de dents se referme sur le flanc de la baleine, le sang, par jets, l'eau rose, rouge, la chair. Le vieillard se tourne vers moi, me fixe, alors que les requins se lancent sur lui et le dévorent.

Ne reste que le squelette énorme qui flotte, rongé, grugé.

Je ne suis plus dans la chaloupe.

Je suis sur un sommier, un sommier gorgé d'eau salée et de sang, un sommier qui flotte, naufragé au milieu de l'océan. Je traverse l'océan en solitaire sur le sommier d'un lit simple, à me mentir que tout va bien, seul dans l'immensité, sur un lit vide, entouré d'ailerons. Le sommier coule.

Tout va bien.

Les requins qui m'entourent ont des yeux de vieillards. Je vais mourir seul.
Tout va bien.

L'asphalte

Wendy : Maintenant qu'on a vu les nuages de haut, qu'on a trouvé ça beau, mais qu'on n'y a pas trouvé ni dieu, ni géant, ni château, maintenant qu'on a percé l'atmosphère de satellites, que la lune n'est plus qu'un grand pas dans la marche de l'homme, maintenant que les microscopes voient l'univers dans chaque goutte de sang, que les télescopes nous parlent du passé, du début des temps, est-ce qu'on ne pourrait pas enfin trouver comment être heureux ? Suffisamment au moins pour ne plus se jeter devant un camion ?

Je n'arrive pas à dormir.

Je sors de ma chambre, il fait trop froid. Kaïn est mort. Adam est parti.

La nuit est crue, cruelle, humide. Silencieuse. Personne. Les restes de la maison se laissent couvrir de rosée. Le ciel est clair, la lune vient de se lever, elle brille faiblement. L'autoroute est vide. La ligne blanche continue sans fin. Je me couche sur l'asphalte, les bras en croix. L'asphalte est chaud, la chaleur du soleil y est stockée.

Je m'envole vers les étoiles.

Je retourne dans la maison explosée.

Déjà, la nature semble l'envahir.

Sur la base de lit, quelqu'un dort. C'est la chambre 1. Il frémit, gémit, en boule. Je pourrai pas faire le ménage de cette maison-là, tu comprends, hein ? Je n'ai pas la force.

Fais-moi quand même un peu de place. Dors. Dors dans mes bras.

L'heure du loup

Le motel : *Le soleil est tombé depuis longtemps. C'est l'heure la plus froide de la nuit, juste avant la rosée du matin. Dans les métropoles, c'est l'heure des prédateurs et du viol.*

Au bord de l'autoroute, là où, habituellement, on trouve une carcasse de raton laveur ou de chat, une maison a été éventrée, livrée au regard des camions. L'humidité a collé la poussière aux dalles noires et blanches du plancher, aux résidus de plâtre et de fer tordu, au carrelage de céramique éclatée. La lune est muette, haute, imparfaite. Comme tout.

De l'autre côté de la route, dans le verger, deux yeux brillent, scintillants, un regard de lune. Un chevreuil. Immobile. C'est l'heure du loup, après tout. Aux abords de l'autoroute, il guette. Silencieux. Ses oreilles bougent rapidement, scrutent le silence. Deux autres chevreuils derrière. Puis un quatrième. Le mâle regarde des deux côtés de la route, brisant avec souplesse son immobilité, il s'élance fébrilement sur l'asphalte humide. De nouveau l'immobilité. Là, à l'endroit même où un garagiste s'est fait faucher, il reprend le guet. Le silence. La lune. Imparfaite.

Même la mer retient son souffle.

Il repart, se dirige pas à pas vers les vestiges de la maison unifamiliale. Prudemment, les autres traversent la route.

Soudain tous s'immobilisent. Un bruit. Presque rien. Une rumeur. Une porte vient de se fermer. La ménagère est allée se coucher. Puis de nouveau, le silence. La lune, imparfaite, et la mer qui n'ose plus gémir. Les chevreuils recommencent alors à respirer. Leurs muscles chauds s'activent avec souplesse et force.

Le mâle entre dans les décombres sans sonner. La biche, de son côté, hume le danger, la tristesse et la mort. Mais le silence a repris ses droits, alors elle avance elle aussi dans le fossé. Ses deux petits pressent le pas et pénètrent à leur tour dans les débris. Un humain dort. De son nez, le chevreuil lit l'odeur de la peur, de la colère, de la douleur. Le reste de sa famille récolte silencieusement les odeurs des murs, des jours vécus, des tristesses et des joies de ceux qui vivaient ici. L'odeur de la catastrophe, aussi.

Partout, ça sent le sang. Les quatre chevreuils se regroupent. Et de leur langue, ils lapent les débris. Tranquillement. Silencieusement. Prudemment. L'homme dort. La lune se cache derrière un nuage.

Le mâle lève la tête d'un coup, les autres réagissent immédiatement. Un bruit. Au loin. Une lueur, même. Une lueur qui s'approche, vite. Qui se précipite vers eux. Les phares d'un camion et son chargement de bois. Le camion fonce, quatre paires d'yeux tétanisés renvoient la lumière de ses phares. Le mâle bondit sur l'autoroute, il se fait happer par les phares, se fige, les freins moteurs hurlent, le chauffeur se tend, son cœur bondit, le chevreuil bondit à son tour au dernier moment et disparaît dans le verger. Dans le fossé, la mère et ses deux petits regardent, glacés.

Le camion prend sa courbe, étonné de voir les débris démolis, étonné d'être encore en vie. La famille de cervidés disparaît dans le verger. Le silence revient sur le dormeur en boule sur son sommier.

Sommier

Moi : Je me réveille en sursaut, l'haleine putride du vieux directement dans ma gueule, son regard fou penché sur moi, trop proche pour que ce soit sain. Le cœur me défonce la poitrine. Je me lève d'un coup. Il me regarde, la peau moite, les cheveux sales.

– Vous avez les rêves troublés. Votre conscience n'est pas tranquille.
– Laissez-moi.
– Moi, je ne dors plus. Comme ça, pas de problème.

Ne jamais se coucher sans somnifère avant de dormir, ou tout au moins, sans un gros joint. Autrement, on se souvient de ses rêves, et ça il ne faut pas. Sur le sommier, il y a une couverture. Quelqu'un m'a mis une couverture pendant que je dormais. Wendy.

Le vieux repart lentement comme si de rien n'était. Sa robe de chambre est trempée de rosée, ses pantoufles laissent des traces mouillées dans la poussière, sur le carrelage blanc et noir. L'air est humide, pesant. Il fera chaud.

Le stationnement.

Ma chambre.

Le miroir. La petite lampe au-dessus du miroir. Le bouchon au fond du lavabo, l'eau chaude. La vapeur qui monte, qui se colle au bas du miroir. Mes lames, ma pioche, le savon, mon blaireau. Mon visage dans le miroir, embué, tendu, tordu.

Je n'ai jamais rasé Kaïn.

Le savon mousse. Et moi, dans le miroir, sous la lampe de l'interrogatoire, sous la lame du bourreau, j'avoue tout. Je me lance à l'eau, je rase les inconnus, je dors dans des ruines. Je m'occupe des autres, Paloma, le petit, les naufragés. Ça me donne l'impression de vivre. D'être important. De réussir quelque chose. Je change le monde pour ne pas avoir à changer les draps de mon lit. La solitude est une guerre civile. On ne peut la gagner seul. Alors, je m'enrôle, je donne mon cœur monoplace comme un organe de rechange à un organisme humanitaire, je m'indigne, je crie pour les autres. Mon cœur est un bordel militaire où l'on parle fort et où l'on pleure en privé parce qu'on a payé. Alors, les femmes et les enfants d'abord.

Les poils tournent au fond du lavabo. La terre tourne autour du soleil. Pas à la même vitesse pour tous, c'est sûr. La marée monte et descend, les naufragés plongent du cargo, on en lance d'autres à la mer, enroulés dans des draps verts. Les Formule 1 tournent autour de la piste de course, comme des connes, comme des chiens qui cherchent à se mordre la queue.

La terre tourne autour du soleil et les jours passent. C'est là que la douleur est la plus aiguë, quand la vie reprend sa place. Et qu'on voit le trou laissé par ton absence, Kaïn.

Les femmes et les enfants d'abord.

HIGH AND LOW TIDES
24H/24   7DAYS/WEEK

CINQUIÈME PARTIE

En 2005, l'Amérique du Nord a consommé vingt-quatre millions de barils de pétrole par jour.

Wikipédia, « Régions pétrolifères en Amérique du Nord. »

Bouteilles à la mer

Soins palliatifs

Paloma : Près de deux mois. Et personne n'est venu pour toi. Quelqu'un disparaît comme ça de la carte routière et personne ne réagit. Aucune photo dans le portefeuille, aucun secours après l'accident, aucune photo sur les pintes de lait, rien. On frappe un mur à cent milles à l'heure, personne ne s'en rend compte. Quelqu'un de la compagnie mère appelle le destinataire, la marchandise n'est pas arrivée, on contacte les assurances, on dédommage le client, et on passe à un autre appel. Comment est-ce possible ?

Pour exister, il faut qu'au moins une personne sache qu'on existe. Je suis là. Reste inconscient tant que tu veux, Joseph, je suis là. Repose-toi, je garde le fort. Tu n'es pas mort, tu m'entends ? Alors, si tu veux te réveiller, sache que je suis là. J'ai envie de te connaître, de te faire des œufs, de chercher ta bière, de te faire griller du poisson. Tu aimes le poisson, non ? Le soupçon de vie qu'il te reste, je vais te le parfumer. Même si c'est ça qu'il te reste à vivre, d'être sur le dos, même si c'est tout ce que ton sang a la force de te donner comme vie, je reste avec toi. Tu m'entends, Joseph ?

Les poils de ton ventre sont blancs. Ils se collent contre ta peau quand je te lave. Tes ecchymoses s'en vont. Tu as des taches de vieillesse sur les bras et sur la poitrine. Et le poil de ton sexe est tout blanc. Je prends une autre gorgée de martini.

235

Je lave ton pénis. Je passe le doigt sur son gland. Il se dresse. Tu bandes depuis qu'on te nourrit du soluté du vieux. Je prends une gorgée de martini, je finis le verre d'un coup. Je me lève, je vais à ton minibar, je l'ouvre, il y a de la vodka et du gin, je verse la vodka dans mon verre, j'avale d'un coup. Puis le gin. J'espère que ça ne te dérange pas si je pige un peu dans ton minibar.

Je te caresse. Je te prends dans ma bouche en faisant bien attention de ne pas écraser ton genou brisé. Je vais ramener la vie en toi. Tu sues. Tu fais de la fièvre. Tu frémis.

Je me déshabille. Je me couche contre toi. Je caresse ton sexe, je mets ma main entre mes jambes, je me lubrifie des doigts pendant que je te caresse. Puis je me redresse, je monte sur toi, de ma main j'écarte mes lèvres et je t'enfonce en moi. Je me frotte contre toi, caresse ton ventre de mes seins, je t'enfonce complètement. Je sens ton membre en moi, tu sues, je m'en fous, tu as tué mon ami après tout.

Vacancy

Moi : On ne parlera jamais assez du vide. Celui après l'amour, après la rupture, après la mort, après les soirées d'ivresse ou les nuits de drogue, après le cybersexe et les cartes de crédit. Le vide entre les gens. Le silence rempli de mots absents, de téléviseurs ouverts sur le néant, le vide fait image, fait son.

Le vide entre mes pilules. Le vide où stagnent les boat people qui m'attendent au bout de la traversée. Le vide des profondeurs sans fond, inexplorées, sous moi. L'absence.

Le fantôme de Kaïn rôde entre nos mots. Il rit aux blagues de Paloma, gueule autour du feu, et fixe le verre de mescal que j'avale à sa place. Il hante la chambre 8, devenue propre, anonyme, stérilisée. Avec air freshener et petit savon enveloppé.

Le vide ne se refermera pas.

On fera avec, c'est tout.

Planètes habitées

Saül : Les mouettes, des fois, elles montent, vite, haut, puis, demi-tour rapide, elles plongent dans les vagues. Même s'il y a des piranhas. Et elles ressortent avec un poisson. J'ai un piranha en moi. Je lui explique tout ça, à María Magdalena, les mouettes, les poissons nucléaires et le fond de l'océan. Elle rit un peu. Et elle se recouche. Sur le dos, ses seins, ils se reposent un peu sur le côté de son corps, ça fait un pli sur le côté, et c'est là que la vie a commencé.

Elle a des plumes dans les cheveux.

Je couche ma tête sur son ventre.

– Tu as remarqué ?

Je suis petit, mais pas con, je sais que c'est pas les mouettes qui apportent les bébés. Les bébés, c'est pas comme les étoiles, ça naît dans le ventre des femmes, et si c'est compliqué pour les étoiles, pour nous, les humains, c'est assez simple. C'est après que ça se complique.

J'essuie ses larmes. Ça fait ça, un homme.

– J'ai peur.

Moi aussi, j'ai peur. Je peux pas m'occuper de moi, et maintenant, il faut que je m'occupe d'elle et de son ventre. Elle glisse ses mains derrière sa tête, sous l'oreiller, et ça fait monter un peu ses seins, c'est comme si ses seins, c'est des planètes qui se lèvent. J'ai une plume sur la langue. Elle ramène ses bras.

Dans ses mains, il y a un revolver noir.

Il faut que j'aille travailler.

L'homme Atlas de la misère du monde

Moi : Le lit 18. Pour avoir un dos comme ça, il faut avoir porté la Terre sur ses épaules. Des vers. Des asticots blancs qui entrent et qui sortent de son dos, qui font un bruit gélatineux quand je les arrache à la pince. Des *small doctors* comme les appelle Ozgür, parce qu'ils empêchent la gangrène, ils la bouffent. Des vers à viande, les mêmes que ceux des poubelles, qui entrent et sortent de son dos, qui lui mangent le dos, les épaules, lui qu'on a laissé au fond d'une poubelle, lui en qui on a déversé des promesses de fortune rapide, de célébrité, de blondes pulpeuses, mauvais karma, tu vas être heureux dans ta prochaine vie, déchet mondial, viande humaine, toi, tu pourris encore vivant, tu te décomposes en toute pauvreté. Les vers entrent, sortent, blancs, répugnants, ils rampent sous le lit, se perdent entre les planches du faux plancher.

Le lit 18. Arrivé dans la journée. Un type de l'Inde, je crois, vu la cendre qu'il a sur le front. Toujours pas de nom. Ozgür m'a mis une paire de pinces dans les mains, un peu de désinfectant à plancher et il m'a montré son lit. Le 18. Le type ne bronche pas, ne bouge pas quand je retire les vers. Respire à peine. Small doctors. Médecins sans frontières et sans honte qui se tortillent, visqueux, qui entrent en lui sans frapper. Ses os résonnent lorsque je les accroche, mes pinces dégoulinent de désinfectant à plancher dilué, et l'odeur, et les gémissements. Les vers entrent et sortent, la chair odorante, brunâtre, dégoulinante, je la coupe, gras animal rance, les vers tricotent entre les os, entre les pinces, entre les doigts, entre les lits verts, entre la vie et la mort.

J'éclaire son dos avec une vieille lampe de poche pour attirer les asticots. Des vers dans la pomme de l'Eden Motel, NO

TRESPASSING. Vous, milliards d'étrangers, pauvres parmi les pauvres, échoués des guerres et des marchés, restez chez vous. NO TRESPASSING. Le sang ne coule pas, il a caillé à même ses veines pourries, ne reste que l'odeur âcre, l'odeur de la mort. Il gémit. Son corps est un marécage, il se décompose à vue d'œil. NO TRESPASSING, plein de vers, aux frontières de notre confort, un homme entre et sort de sa tombe, un homme se meurt de ne pas mourir, ses yeux se ferment de ne pas s'éteindre, le tronc se plie de ne pas se rompre, l'homme Atlas de la misère du monde ne dit rien, attend, résigné, triste, silencieux, immaculée douleur, esclave épuisé, le dos comme une plaie de lit de génération en génération, la nausée, les pinces, les vers en dessous du lit qui cherchent une autre plaie où établir leur clinique cloaque, NO TRESPASSING. Et le désinfectant à plancher dilué qui vire blanc asticot lorsqu'on y met l'eau, les vers qui entrent et qui sortent de moi, de mon cœur, de mon corps, de mon sexe, de mon dos, de mes lèvres, de mes rêves moites, de mes nuits, qui jutent quand on presse trop fort, ils éclatent, asticots, vermines, petits docteurs, coupables, découpables, en minimorceaux, qui revivent de chaque partie, qui se multiplient, qui rampent sous les lits, la panique. Silencieuse, sournoise. À retardement.

Je plonge du pont du cargo. Lui, Atlas, il est resté à bord. Demain, il va être mort. Fuck you all !

Playstation

María Magdalena : Quand on a un enfant, on ne peut plus penser à se mettre le revolver dans la bouche et à éteindre la télé une fois pour toutes. Quand on a un enfant, les revolvers, ça sert à éloigner les chiens. Ça fait combien de temps que j'ai fait l'amour à Saül pour la première fois ? Les jours passent bizarrement, ici. L'autre, le chien, il a craché son sperme partout en moi. Si au moins il m'avait juste défoncé les fesses, je saurais qui est le père. Mes seins grossissent encore. Saül a une façon de les aimer, de souffler dessus…

J'ai tellement peur que je veux me mettre le revolver entre les jambes et m'avorter. Il l'a déjà fait, le monstre, me mettre le canon dans le sexe, peut-être que c'est le revolver, le père ? Non, le revolver n'a pas joui.

Je n'arrive pas à dormir. Le soleil se lève au loin. De plus en plus loin. J'ai l'impression de rentrer en moi. Saül dort à côté de moi. Sa main chaude sur mon ventre. La mienne est froide et elle tient le revolver.

Saül, réveille-toi. Prends-moi dans tes bras, laisse-moi pas. Tu grinces encore des dents en dormant.

Je pourrais mettre le revolver entre mes jambes et fermer le Playstation une fois pour toutes, avant qu'il ne soit trop tard.

Les draps

Moi : Le ventilateur tourne au plafond. Le soleil s'est couché sans moi. Je l'ai vu de ma fenêtre, flamboyant, sanguinaire. Je ne suis même pas sorti l'acclamer. J'ai plutôt allumé un joint. Et comme ça m'étourdissait, fatigué, remué, j'ai voulu me coucher, mais la panique… Sournoise. À retardement. Je me suis levé, j'ai pris un tranquillisant en pensant à Atlas, au poids du monde sur ses épaules.

La lame sur le cou, la mousse sur les doigts. Marlboro Man, mort avec sa moustache, est au paradis des hindous en train de changer les draps du lit 18, attendant Atlas dans la mort. J'ai pris un neuroleptique. Je m'endormais un peu, j'ai avalé un speed.

Le vieux est toujours à la même place. Il bouge sa chaise en suivant l'ombre. Sa robe de chambre se décolore au soleil.

J'ai soupé avec Adam, Wendy et Paloma, mais je n'ai rien dit. Atlas est resté anonyme, de l'autre côté de la chance. On a mangé des pétoncles. Des pétoncles légèrement poêlés, avec de l'origan, un soupçon de vin blanc, des champignons frais, un concassé de tomates et des oignons. Quelques petites crevettes fraîches aussi. Pour le sel. Il y a des choses comme ça qui n'ont aucun bon sens, s'est indignée Paloma. Vous avez vu de quoi ça a l'air un pétoncle? Et ils veulent me faire croire que c'est un mâle? On en a mis quelques-uns de côté pour la chambre 999. Adam a pris le shift de nuit.

Wendy, Paloma et moi, on est allés voir Trailer Park Joe étendu dans le lit de la chambre 18. Je pensais à Atlas couché sur l'autre lit 18, celui que personne ne veut voir. Deux chemins si différents pour aboutir sur un lit numéroté.

Je suis allé me coucher. Mais la panique m'attendait. À la même place. Sournoise et à retardement. Elle n'avait pas bougé d'un centimètre. J'ai pris un antidépresseur, cette fois-ci. Pour dormir, un autre joint, un somnifère, un rhum double. Un deuxième double. Le ventilateur faisait des ovales dans le ciel, la mer rugissait un opéra romantique. Les somnifères ont fait leur effet.

Mais la bombe à retardement vient de péter. Je me suis réveillé le souffle court, les draps humides autour du cou, boa albinos et moite, long asticot qui me bouffe le cœur, qui m'éclate les yeux, qui fait couler le pus de mes pupilles.

Après les traversées vers l'autre monde, après la job, après la mort, je rentre au motel. On boit, on mange, on rit. Mais les souvenirs enfouis remontent à la surface, ils irradient, Bhopal, Tchernobyl, Fukushima. Ils entrent et ils sortent, ils restent et ils me tuent quand les autres oublient.

L'homme Atlas vient de mourir. J'en suis sûr.

J'ouvre ma valise, je pige une poignée de bonbons au hasard, un cocktail de comprimés pour faire de ma nuit un conte de fées. J'avale le tout en buvant au goulot.

Corne de brume

J'ouvre les yeux. Gluant. Baignant dans mon vomi. Il fait jour. Je suis allé trop loin. Qu'est-ce que je cherche ? À mourir ?

La mer est en furie, je l'entends d'ici. Le soleil est haut. J'ai aucune idée de l'heure. Le vent fait claquer les portes du motel, les vagues sont énormes, les rafales en emportent la crête. La marée est haute. Le ciel est bleu, les nuages, hauts et blancs. Le vent entre de partout. Il fait trembler le motel et craquer les fenêtres de ma chambre. Le ventilateur tourne toujours, comme un idiot.

Le corduroy du tapis craque de sable et de pilules tombées de la valise renversée.

Les tuiles blanches de la toilette. Je vomis à pleins boyaux dans la cuvette. Je m'accroche au lavabo pour m'éviter d'être aspiré par l'eau quand je tire la chaîne. Ce n'est pas une vie. Ce n'est même pas intéressant. Je me rince la bouche.

Je laisse les draps souillés en boule dans la douche, je me mets à quatre pattes, je commence à ramasser tous les comprimés tombés de la valise. Toutes les fois que j'ai fouillé dans les poches de mon pantalon à la recherche d'un reste de drogue, les fois que j'ai cherché entre les coussins des sofas, que j'ai scruté à quatre pattes le plancher en espérant trouver un peu de hashish, un bout de joint éteint, un fond de sac, une pilule égarée…

Les pilules sont au creux de ma main.

Je les avale ? Toutes d'un coup ? Tant qu'à y être…

Les draps pleins de grumeaux sont encore dans la douche.

Le voilier dans son cadre brisé gît dans la poussière sous le lit.

La valise est ouverte, par terre.

Les pilules tombent au fond de la cuvette. Je tire la chasse. Les comprimés multicolores tournent et tournent avant de disparaître. Je ferme la valise sur le reste de pilules. Je sors de ma chambre, nu comme un ver, la valise à la main, dans le soleil de plomb.

Le bruit de la mer est ahurissant. Les mouettes planent dans le vent, folles de vitesse, c'est jour de foire.

J'entre dans la mer, je me plante dans le sable, l'eau jusqu'aux genoux. J'ouvre la valise et d'un geste franc, un geste de golfeur, je balance le tout vers l'océan. Les pilules se répandent, j'ensemence les vagues, pluie de molécules fabriquées en laboratoire, la valise s'écrase dans les flots, le vent emporte les milliers de capsules qui tombent dans l'eau. Je les vois, bleues, blanches, rouges, jaunes, orange, rondes, ovales, grosses, petites, minuscules, elles coulent entre deux eaux, dans les vagues, elles rejoignent le sable, les cailloux et les débris de coquillages concassés. Plein de petits poissons argent les bécotent. Sans ordonnance, sans consulter leur pharmacien. Le règne marin aujourd'hui sera défoncé à souhait, voguant sur les vagues, montant et descendant les montagnes russes, hilare et stupéfié. Ivre et speedé.

C'en est fini de l'ère glaciaire. Décongelez mon cœur, dégivrez-moi les yeux. Le monde n'est pas un parc automobile ni une mine à ciel ouvert. Je me suis drogué, j'ai enfoui mes angoisses, j'ai fait de moi quelqu'un de présentable, de soumis. Je ne veux plus fonctionner. Je ne veux plus avaler. Les cancers sont rois et la pharmacologie tient lieu de mythologie.

Ce n'est pas normal qu'on étouffe par autobus complet, par stade complet. L'alarme sonne. La corne de brume résonne dans les oreilles de l'Occident. Je suis nerveux, angoissé. Je ne trouve pas le bonheur, je dors mal et je suis timide. Je suis seul. Numéroté mais non médaillé. Ordinaire, banal, vivant.

J'avance encore plus dans les flots, la mer se déchaîne, elle m'enrobe de sa fureur.

C'est sûr, les pilules sauvent des vies. Mais pourquoi faut-il qu'on soit si nombreux à en avoir besoin ? Il m'a fallu quinze minutes avec un docteur anonyme pour avoir une ordonnance. Sa femme et lui revenaient d'une fin de semaine de ski aux frais de la compagnie pharmaceutique. Trois des membres du C.A. de cette compagnie sont aussi membres du groupe responsable de la campagne de financement d'un des candidats à la chefferie. Dans deux générations, les enfants des clandestins des cargos seront pareils à moi. Ils se feront prescrire des doses avant même de savoir lire. Les effets secondaires : tolérer le monde. Fonctionner, performer. Accepter l'horaire, les versements, la course et le mensonge. Et surtout, retourner travailler. Deux semaines de burn-out et de retour au boulot.

Je ne serai jamais aussi beau qu'une auto. Aussi fort qu'un quatre roues motrices, aussi puissant qu'un détergent.

Je plonge.

La mer est bouillonnante. Les vagues poussent le varech plus haut que jamais sur la plage. Je me plante les pieds dans le fond sableux. Je fais face à la vague. Je la laisse me frapper au visage. J'en prends plein la gueule et je me ferme la gueule. Une autre vague arrive, elle me décolle, me frictionne, me récure. Je tombe, elle me lave, cycle rapide, je me relève. Arrive la suivante. Et la suivante. Quand la marée descendra, elle laissera derrière elle le varech, et plein de crabes sur le dos, partout sur la plage, saouls morts à cause de la tempête de vent.

Je sors, le sel collé à la peau, le soleil me lèche le dos.

Happy hour. Paloma va bien me servir un verre…

S.O.S

Saül : Le vieux sent encore le vieux, mais il sent aussi la pluie. Il est dehors, il comprend plus rien. Il donne plus de claques. Wendy lui apporte une couverture, des fois. Et un peu de thé. Elle aurait fait une bonne maman. Peut-être qu'on pourrait lui donner le bébé ?

J'ai volé une bouteille vide d'alcool. Il y en a beaucoup au motel, c'est pas difficile. J'ai aussi volé une feuille de papier et un crayon. Sur le crayon, il y a le nom du motel, sur le papier aussi, en haut. Eden Motel.

La mer est forte aujourd'hui, elle fouette, et il y a des gouttelettes qui ont délavé l'encre sur la feuille, on dirait que ça pleure bleu. C'est pas grave.

« Je suis un enfant seul sur une île déserte qui s'appelle l'Amérique. Mon ami mangeait son auto, maintenant, il est mort, j'en ai d'autres, des amis, mais c'est pas comme les ampoules, les amis, on peut pas les changer facilement. Il avait sa main sous le réfrigérateur, ses bagues tombées, coincées dans l'asphalte, et la trace de mes souliers dans la poussière rouge. Il y a pas de mode d'emploi. Il y a une femme dans mon nid, María Magdalena, elle non plus, elle sait pas où est le manuel d'instruction, peut-être que tu pourrais nous le donner, le manuel d'instruction, le guide, le mode d'emploi, parce que María Magdalena est très belle, mais il y a un bébé, et je jure que j'ai pas fait exprès. J'ai un piranha en moi. Ses seins sont de plus en plus gros, et ça dérange pas, mais son ventre aussi, il est de plus en plus gros, j'ai peur qu'il lui arrive quelque chose. Je sais où il y a un revolver de caché. Il faut m'aider, j'ai vraiment très peur. »

J'ai tout mis ça sur la feuille. Je sais pas écrire, alors j'ai fait de mon mieux.

Les mouettes tournent autour, elles jouent dans le vent, elles volent partout, elles plongent des fois dans l'eau, surtout les fous de Bassan, qui sont grands et qui ont des grandes ailes, plus minces que les autres, avec le bout noir, comme trempées dans l'encre de ma feuille. Ils montent vite, virent d'un coup, plongent, ça éclabousse, on les voit plus pour un moment, et ils ressortent. Ils peuvent plonger de cent pieds de haut. Ils sont merveilleux.

Avec le bébé qui s'en vient, je suis plus le plus petit.

Je lance la bouteille à la mer. Elle tourne, elle tombe dans l'eau, et la mer est tellement forte aujourd'hui que ça fait pas de bruit. Maintenant, il faut attendre.

Il va y avoir un nouveau client au motel.

Petroleum tremens

Congé férié

– T'es pas un lâche, Ozgür, hein ? Alors, tu vas te battre, tu m'entends ?
– Elle est morte, Adam ! Morte !
– Ta gueule ! Suis-moi. On va monter sur le pont, on va regarder la mer. Elle est en furie en ce moment, elle se bat, elle, tu vas voir.

Adam : Ozgür se défonce les jointures contre le métal rouillé. Et le métal rouillé ne frémit même pas. Il crache par terre et envoie sa bouteille d'arak exploser sur les parois de la cale. Ça résonne. Fort. Il gueule.

– Tu l'as vue, la petite ? Tu l'as vue débarquer ? Tu l'as vue s'offrir contre un peu de lait, un peu de pain, de protection ? Ils l'ont ravagée ! Les genoux râpés sur la rouille du plancher. Une infection. Une banale infection. Alors, je mc bats pas, je me saoule.
– Faut que tu gardes la tête haute !

Il trouve une autre bouteille. Il continue à gueuler.

– C'est pas toi qui vis ici. Toi, tu nages, tu te baignes, tu prends du soleil, t'as une jolie qui t'attend sur la côte, des draps propres, tu peux partir quand tu veux, te perdre sur le continent. Nous, on est coincés au fond de la merde, on pourrit et nos filles meurent d'une banale infection, les salauds leur râpent les genoux en les baisant par en arrière et le monde entier continue son chemin.

– Ça fait combien de temps que tu as vu le soleil, Ozgür ?

– Je m'en fous de ton soleil. Il regarde pendant que les fillettes meurent et il continue son chemin lui aussi.

– Viens ! Viens lui dire, au soleil, comment tu te sens.

– Non. Moi, je reste ici avec les miens, je reste avec la fange, et je me saoule.

Un bon crochet sur la gueule. C'est le moral de tous que tu saoules. L'équilibre est plus fragile que jamais dans la cale, si on veut pas une mutinerie, il faut qu'on reste droits, solides. Le bateau tangue incroyablement, c'est la tempête dehors, le mal de mer se bat avec le mal de vivre. Elle est morte, la petite, et si ça continue, si tu craques encore, ça va être la guerre, et les morts, on va les compter par dizaines. Faut rester droits.

Moi : Adam prend Ozgür sur son dos. Le Kurde agrippe encore sa bouteille. Je passe devant. Échelon par échelon, on grimpe vers l'ouragan. Adam me suit, monte tant bien que mal, le corps mou d'Ozgür sur le dos.

Quelques clandestins s'attroupent au pied de l'échelle. Ozgür boit encore, renverse de l'arak sur eux. On voit bien qu'Adam peine à le monter, mais le Kurde s'en fout.

Deux Soudanais nous aident. Noirs comme le cœur de la nuit. Le diable se torche avec le Darfour depuis toujours en regardant le monde entier droit dans les yeux. Alors, le monde regarde ailleurs. Et les deux Soudanais se font insulter par un Kurde en furie, saoul, parce qu'une fille de la Sierra Leone est morte, labourée sur un champ de rouille. Ozgür se débat maintenant. Les deux Soudanais ont compris que leur sortie dépend de notre montée, alors ils relayent Adam, maîtrisent le Kurde et à deux, un le bras, l'autre le corps, ils le hissent vers le pont.

J'ouvre le sas, le vent s'empare de l'écoutille, l'arrache de ma main. Le monde est en furie. J'ai peur, le souvenir de la tempête après la mort de Kaïn me fige. Les deux frères soudanais balancent Ozgür sur le pont. La pluie nous asperge par bourrasques, les vagues se cassent la gueule sur le flanc du cargo, le vent fait gicler l'eau presque jusqu'à nous, ça tangue fort. Les vagues gigantesques vont rendre le retour risqué, voire impossible. Ozgür boit son arak par grandes gorgées. Il ne parle plus. Il boit. La liqueur d'anis lui coule sur le ventre, sur la camisole. Les bourrasques nous déséquilibrent. Le matin se lève entre les nuages. On est en retard.

Les deux Soudanais sont impressionnés par la mer. Mais ils n'arrêteront pas ici. Pas maintenant. Devant eux, l'Amérique ! Ozgür les regarde, et tout à coup, sans avertissement, il leur crache dessus.

– Vous aussi, vous l'avez baisée, la petite, hein ?
– Arrête, gueule Adam.
– Enculés ! Vous baiseriez votre mère si vous le pouviez.

Les deux Africains se tournent vers lui, ils vont tuer. C'est trop pour eux, pas ici, pas maintenant, pas face au rêve. Adam et moi, on sépare tout le monde, le sang chauffe, les yeux des Soudanais voient rouge, on les retient. Ozgür recommence.

– Avouez que vous avez enculé votre mère pour arriver ici…

Le plus vieux s'élance, Adam crie, je bloque le grand Soudanais comme je peux, il me plaque à terre. Mais ça coupe son élan. Ozgür en remet.

– Vous vous en foutez, qu'elle soit morte, tout ce que vous voulez, c'est baiser des blanches, hein !

Adam le pousse d'un coup, le balance du pont. Le Kurde tombe à la mer. La bouteille tombe à côté de lui.

Il s'écrase violemment dans les vagues bouillonnantes. Il refait surface. Il va s'arranger. C'est notre tour, Adam plonge. Les deux Soudanais sautent. Je les suis.

C'est à partir de ce moment-là que les choses ont commencé à se précipiter.

Adam : Cette nuit, une clandestine est morte. Ismaïla, une fille de la Sierra Leone. Une fille-mère, violée par un enfant soldat. Un garçon de son village, il paraît. La guerre est finie pourtant. Une fois enceinte, Ismaïla a dû fuir pour ne pas se faire battre à mort par sa famille. L'enfer qu'elle a subi pour arriver jusqu'au fond de la cale… Elle avait tellement faim. Et là, une infection. La rouille dans les genoux. Fièvre, fausse-couche, dans l'odeur de métal et de mazout. Le sang n'a jamais arrêté de couler, trop clair pour coaguler. Elle en est morte. Un samedi. Dire qu'on doit encore mourir d'une banale infection le samedi, au 21e siècle. Après avoir traversé la guerre, après s'être vendue pour un trognon, un quignon, après avoir traversé les océans dans le noir et l'abject d'un container, mourir si près du rêve, un samedi, pendant les dessins animés. Ça me dégoûte.

Les vagues me frappent la gueule.

En Sierra Leone, les enfants soldats étaient stationnés devant des films de guerre, dopés à la coke de mauvaise qualité mélangée à la poudre des balles. Manche courte ou manche longue, qu'on les obligeait à demander. Manche longue ? Et la machette tombait, la main tombait. Manche courte ? C'était le bras qui tombait. Soit tu étais l'animateur du quiz show de l'horreur, soit tu en étais le téléspectateur démembré. Fallait choisir. Alors, les survivants s'évadent aujourd'hui encore. Ils donnent tout ce qu'ils ont, le travail d'une vie, celui de la famille, du clan, du village même des fois. Ils donnent leur cul et leur innocence, et ils montent à bord d'un bateau. Chair à canon dopée à la poudre à canon. Voilà la petite Ismaïla.

Mais ça intéresse qui, son histoire ? La température de la piscine est trop chaude, la saison du baseball va bientôt commencer, et faudrait pas manquer le nouvel épisode de la téléréalité. Et, vous savez, on est tellement impuissants… C'est tellement compliqué… Et c'est loin l'Afrique… Et des pauvres, il y en a ici, regarde dans ton quartier ! Et maintenant, ils veulent débarquer par bateaux dans nos supermarchés, ils volent, ils se font vivre par l'État, chômeurs, paresseux, parasites. Leurs femmes portent le voile, vous imaginez ? Elles portent le voile ! Ils apportent leurs guerres ici, chez nous ! Faudrait pas exagérer. Et c'est samedi, aujourd'hui… Et on n'a plus vingt ans.

On y va à deux tous les soirs, à présent. Les cargos se remplissent et on ne fournit plus. Le mirage est trop fort. L'écart, trop grand. Leur pauvreté trop profonde et le plan média de *Baywatch* est trop puissant. Même en y allant à deux tous les soirs, on n'y arrivera pas. Même si tous, au motel, on s'y mettait.

Les cargos débordent.

Moi : Mes pilules se sont dissoutes dans l'océan. Le manque aura été de courte durée. Dommage, j'aimais sa violence. Adam nage devant. Je ferme la course. Les Soudanais n'avaient jamais vu la mer, ils y sont jusqu'au cou. Elle est furieuse, la mer, aujourd'hui.

C'est pour l'Amérique qu'elle est morte, la petite ? C'est ce paradis-là qui l'a poussée à se mordre les lèvres pendant que les enculeurs lui arrachaient les cheveux, les entrailles et le peu de dignité qu'il lui restait ?

La tempête s'est calmée, mais les vagues restent énormes, Adam connaît son métier, on est portés par la marée. Les Soudanais paniquent un peu, leur regard est affolé, mais leurs yeux s'accrochent à la plage qui se dessine devant. Le cœur me défonce la poitrine. Je vois encore ses yeux à la petite, brisés, défoncés. Une armée lui était passée dessus. Une bactérie l'aura vaincue.

Adam nage sur place.

– Il y a quelque chose devant, qu'il dit tout bas.
– Des requins ?

Une tête sort de l'eau. Presque humaine. Moustachue. Un phoque.
Un phoque commun. Il nous regarde. Bercé par les vagues. Ses
yeux sont gris, perçants. Sa fourrure noire, tachetée de gris, luisante,
huileuse. Il est immobile. Il scrute, nous fouille. Il semble nous dire :
Lâchez pas, les gars. Lâchez pas.

On reste là. À monter et à descendre. À dériver vers la côte. À se
regarder.

*Vous n'allez pas lâcher, hein ? Vous n'allez pas abandonner, hein ?
Ça fait juste commencer !*

L'Amérique : *Quelque part, dans un coin du monde où, il y a
quarante ans, on assassinait encore les révérends nègres, un Noir
est élu président.*

Steamship Exxon Mobile

Daisy : *J'ai croisé une vague, il y a longtemps. Elle est née il y a de
ça trois milliards d'années, avant les dinosaures, avant l'homme,
avant le SIDA et les condoms, avant les condos et les barres
amaigrissantes. Cette vague a fait le tour du monde tellement de
fois… Depuis, la Terre a fait le tour du système solaire des milliards
de fois, et même le soleil prétentieux a fait le tour de sa galaxie à
quelques reprises pendant que la galaxie, grandiose, humble devant
les télescopes, tournait sur elle-même, introspective. Elle cherche,
elle aussi, la galaxie.*

*Face à elle, une jolie terrienne, les seins gonflés, prémenstruée,
se pose des questions. Elle sait que ses craintes sont inondées
d'hormones, que c'est la période, mais ses craintes restent. Son
homme est parti dans les vagues, et les vagues sont déchaînées,*

alors, elle a peur. Elle regarde le monde, les étoiles et la galaxie, elle cherche des réponses. Dieu est mort, le ciel n'a plus de propriétaire, tout fout le camp en elle.

Son homme est dans l'immensité qui rugit.

Moi, je ne suis qu'un détail qui avance sur les vagues. Rien de plus, rien de moins. Un détail en métal de 110 831 tonnes, long de 300 mètres. Capacité : 235 000 mètres cubes de brut. Un pétrolier Steamship Exxon Mobile, 21 membres d'équipage. Nom d'enregistrement : Daisy. *Port d'attache : Monrovia. Si mon port était Miami, il faudrait payer les employés philippins et les officiers russes et ukrainiens beaucoup plus cher. Alors, va pour la capitale du Liberia, ça paraît bien, venir du Liberia, un pays créé de toutes pièces pour les anciens esclaves. Après tout, la capitale, Monrovia, est nommée en l'honneur de James Monroe, cinquième président des États-Unis. Il y a des diamants là-bas, et des putes, l'équipage va apprécier, et surtout les employés de la compagnie.*

J'ai quitté le port de Manille, les soutes pleines de drogue, la drogue la plus forte, la plus pure, la plus vicieuse quant à la dépendance : le pétrole. J'en consomme un peu, j'en revends beaucoup. C'est un bon marché.

Toute ligne droite est courbe en haute mer. Malgré mes 110 831 tonnes, l'ouragan me projette sur le flanc des vagues, vulgaire détail dans le rugissement. Peu importe, j'avance. Avec les kilos de cocaïne cachés dans mes soutes, je continue ma route, imperturbable.

Avec aussi les quelques clandestins au fond de la cale, cachés, désespérés, trempés. Ils ont froid, ils ont faim, ils sont fatigués, les trois F du mal de mer réunis. Ils agrippent ce qu'ils trouvent autour d'eux et ils attendent, dans le noir, dans la puanteur, que la tempête finisse. Au milieu de l'ouragan, ils doutent. Personne ne va survivre, qu'ils se disent. Ils serrent les dents et se vident de leurs réserves de dignité, en silence. Ils vomissent, sachant très bien que l'honneur ou la fierté n'a rien à voir avec les sucs gastriques.

Et moi, j'avance.

Les mouettes : *À quelques battements d'ailes de l'*Exxon Mediterranean Daisy, *un autre navire : le* Jericho Trumpets, *cargo fret, propriétaires allemands. Port d'attache : Chypre. Bourré de clandestins. Un peu plus loin, le* Paradise, *charbonnier, propriétaires anglais, port d'attache : Santiago, Équateur. Les containers pleins de marchandise humaine qui suffoque.*

Puis le Cap Trinité, *de Hapag-Lloyd. Et ses clandestins. Le* Samantha *de Steamship, d'autres bouches cachées en train de vomir le mal de mer, la peur. Le* Rose du Siam, *le* Bel Espoir, *le* Golden Promise. *Tous avancent. Des poux, moins que rien, des miettes de lumière sur les radars, des petits points, rien de plus, rien de moins, langage morse, appel à l'aide sur les flots des grandes migrations / il y en a trop / plein / ta gueule / ils arrivent / sont apparus / jamais la baie ne sera assez grande / moi, je pars / des milliers de bateaux / je vais te sonner / ils arrivent / les radars disent tous la même chose / de partout à travers le monde / la même chose / je pars / ta gueule / des milliers / restez si vous voulez / des milliers / tu m'interromps pas comme ça / des millions de gens / je vais te défoncer / des cargos / je te pète les dents / des pétroliers / les femmes sont sexy / des paquebots / TA GUEULE / pas assez de place / FAUT PAS QU'ILS VIENNENT / vont tout prendre / JE VAIS TE TUER / ESSAYE ENCULÉ / ici / JE TE BOUFFE CRU / ils vont débarquer / tout bouffer / JE VAIS TE TUER / ici / VIENS / TA MÈRE EST UNE PUTE / tous les bateaux / VIENS / sont trop / UNE PUTE / tous les cargos / ils viennent ici.*

Pourquoi ?

Pantoufles

La vieille : Rien n'est arrivé dans ma vie. Je le sentais en moi, quelque chose devait arriver. J'allais montrer à tous qui j'étais, montrer ma dignité, mon héroïsme, ce pour quoi je suis venue sur terre. On allait tourner un film sur ma vie, mon courage, j'étais marquée par le sort, ça ne faisait aucun doute. Alors, j'ai attendu. Une révolution, une guerre, une prise d'otage, une occasion de libérer le monde des terroristes, des envahisseurs, des extraterrestres. Violez-moi, kidnappez-moi, volez mon sac à main, simulez ma noyade, déchirez mes bas de nylon, n'importe quoi.

Rien n'est arrivé. J'ai mangé comme une chienne, j'ai baisé comme une chienne, j'ai vécu comme une chienne, j'ai jappé, j'ai reniflé le cul d'un autre vieillard, d'un autre chien, j'ai léché les restes et les assiettes, je suis une chienne. Un jour, une auto me frappera et je pourrirai au bord de l'autoroute. J'ai gaspillé mes jours, un à un, en les déposant dans la machine à sous, en espérant gagner le gros lot, je savais que j'allais gagner un jour. Il ne s'est rien passé. Jour après jour, mes seins sont tombés, ma langue est devenue amère, ma peau flasque et mes rêves, un abattoir crasseux, un champ d'épuration. Hier, j'étais une fille rêveuse aux joues roses, pas très jolie mais quand même, aujourd'hui mes mains enflent, mes pieds aussi, j'ai l'haleine d'une chienne, et j'empeste.

Il vente. Une tempête banale. Je n'aime pas le vent.

Je pourrais peut-être tuer quelqu'un. J'ai jamais essayé de tuer.

La cuisine. Personne. Les couteaux. J'en glisse un dans la manche de ma robe de chambre.

J'aurais bien aimé croire en Dieu. Que tout ça ait eu un sens, ne pas finir comme j'ai vécu. Je vais mourir et ce sera tout. Il n'y aura rien à enterrer. Personne ne sera là. Tout le monde a déjà oublié mon nom.

Le restaurant. La chambre 1 a fini son déjeuner. Son assiette vide est restée sur la table. Il n'a pas bu son café.

Dieu est mort comme je vais mourir, un peu bêtement, même pas un entrefilet dans la section nécrologique. Il est mort et après, rien. Que c'est banal, que c'est violemment banal.

La plage. La mer est forte. Elle se démène. Pour rien. Elle non plus, elle n'y peut rien. Les vagues s'écroulent, les empires s'écroulent, après, rien. Du vent. Que du vent. Des bourrasques, des rafales. De la pluie partout. C'est tout.

Pourquoi exactement ne faut-il pas faire le mal ?

Mes pantoufles crissent sur le similigazon. La pluie colle ma robe de chambre contre mes jambes, j'avance lentement.

Il n'y a aucune raison de ne pas pousser la liberté jusqu'à tuer, aucune raison morale. On nous a gavés de moralité, mais ça ne vaut rien.

La chambre 1. Do not disturb.

La seule raison de ne pas tuer qui tienne, de nos jours, c'est l'inconfort des conséquences, la prison, parfois la peine de mort.

La chambre 2. Suite luxueuse pour la femme manquée et son maquillage. Le perroquet jacasse. Je devrais interdire les animaux domestiques.

La chambre 3.

La chambre 4.

Quelle platitude !

Vertige

Vassili Gagarine : Après trois jours sans voir la terre, juste l'eau à perte de vue, il commence à y avoir moins d'oiseaux au large. Ils peuvent nous suivre jusqu'à huit cents kilomètres loin des côtes. Des albatros et des mouettes surtout. Des fois, ils se reposent sur le pont.

Puis comme le navire avance, toujours tout droit, les oiseaux réalisent qu'ils sont loin des terres, et ils quittent l'*Exxon Mediterranean Daisy,* mon pétrolier. Mes hommes en trouvent toujours quelques-uns morts d'épuisement, séchés derrière un cordage. Ils les balayent à l'eau.

Au cœur des océans, plus d'oiseaux. Dans l'épicentre de l'immensité, ne reste que le métal des navires. Les vagues jouent avec eux, avec leur cargaison, leurs passagers. Mon pétrolier avance. Les soleils se succèdent, les tempêtes rugissent, l'océan explose ou est indulgent, peu importe, mon pétrolier avance.

Au milieu des océans, quand le ciel est dégagé, il y a des milliards d'étoiles. Les premières fois, j'ai eu le vertige. Une sorte de claustrophobie à l'envers. Ça arrive à d'autres moments, comme maintenant, face à l'ouragan, les oreilles pleines de ses rugissements, les yeux pleins de sa fureur. On pourrait presque exploser, tellement c'est trop grand pour que ça puisse entrer dans notre pensée, dans notre champ de vision. C'est de ce vertige que je n'arrive plus à me passer. Il me donne le sentiment d'exister.

Si je tombais à l'eau, personne ne s'en apercevrait. Après quelques heures, mon équipage me chercherait. Puis il comprendrait que je suis passé par-dessus bord. Mais jamais il ne changerait de cap. Même pas pour moi, Vassili Gagarine, petit-fils du cosmonaute, capitaine de l'*Exxon Mediterranean Daisy,* propriété d'Exxon Mobile. On ne cherche pas un détail dans l'immensité. Ils balayeraient mon souvenir à l'eau. Comme un oiseau séché.

Via Dolorosa

La vieille : Chambre 6. Vacante.

Chambre 7, un hamac vide qui bat au vent.

Chambre 8. Il est mort. Il a voulu faire ça avec éclat, il y a eu beaucoup de bruit, ensuite, rien. Les mauvaises herbes poussent entre les débris. Demain, il ne restera plus rien. Meilleure chance la prochaine fois. La pluie se charge de tout laver. Et le vent chasse la poussière.

Chambre 9. La ménagère.
Tiens, tiens !
Briser son joli cou, poignarder un de ses seins si ronds, le faire couler.
C'est ça, lui poignarder le sein, le crever.

Échographie

María Magdalena : Mon ventre prend toute la place dans le miroir. Je ne pensais pas qu'il allait grossir si vite. Je ne suis plus seule. Tu es là. La peau de mon.ventre est tendue, mon nombril va bientôt sortir, mes seins sont ronds, durs. Tu sauras m'accepter comme je suis ? Tu sauras m'aider ? J'ai peur de toi.

Des fois, je flotte, je m'envole. D'autres fois, tu me manges. Je te sens, du plomb en moi. Des fois, c'est pas la vie en moi, des fois, c'est la mort.

Il pleut dans la chambre. Le plancher est inondé, le vent entre par rafales par les fenêtres ouvertes, le ciel s'illumine d'éclairs, le tonnerre fait trembler les murs. Je suis minuscule, réfugiée sur le lit, contre le mur du fond. Les mouettes perchées sur le bord de la fenêtre ne bronchent pas. On dirait qu'elles me trouvent jolie.

Je mets les doigts sur mes mamelons. Ils sont durs. Mes doigts sont froids. Mon ventre est beau. Je n'aurais jamais cru que je puisse me trouver belle. Ça y est presque.

Via Dolorosa (suite)

La vieille : Elle n'est pas là, la garce. Elle doit faire le ménage d'une chambre. Je te crèverai. Tu vas déféquer en mourant, chier de peur. Je te trouverai, ma jolie. C'est ton tour.

Le métal du couteau contre mon bras est froid.

Chambre 16. Vide.

Voilà l'autre, l'horreur maquillée qui sort de la 18. Tiens, tiens… Elle peut faire l'affaire. Je pourrais la noyer, voir son maquillage couler, son visage se déformer par l'eau, se gonfler, la voir réaliser que la mort est là. Ses faux ongles qui se brisent sur le plancher quand elle se débat.

– Bonjour, madame. Il fait beau, n'est-ce pas ?

Elle passe à côté de moi sans se douter de quoi que ce soit, les joues rouges, les cheveux défaits dans le vent, les yeux brillants. Je vais te les brûler, tes yeux. Non, je vais les croquer.

Chambre 17. Après m'être débarrassée des clients du motel, j'entrerai dans une école primaire et j'ouvrirai le feu.

Chambre 18. Le légume.

L'ouragan *Eva*

Vassili Gagarine : Ici, sur le pont, au milieu de la furie et des explosions de vagues, je le vois respirer, l'océan. Je le vois monter, descendre, souffler, rugir, cracher. Il fait l'amour à l'ouragan *Eva,* il fait l'amour à la lumière, se change en or, en argent pur, en émeraude, en rubis, en platine. Le vent hurle sa jouissance, les rayons traversent les nuages et caressent les flots, le ciel embrasse les vagues avec passion, le soleil bande et pénètre la mer, l'écume gicle, les étoiles pleuvent, le grandiose embrasse le sublime et le navire glisse entre les draps. Ça ne laisse aucune place aux anecdotes des hommes, à l'instant minuscule de la civilisation. L'océan respire, s'excite. Il jouit au cœur d'*Eva,* et tous les pétroliers sont de petits spermatozoïdes à la recherche de la terre. Puis le soleil perce au loin les nuages et se couche tout entier en cathédrale lumineuse de pluie et de rayons d'or pur. Mon pétrolier entre dans la lumière, le Céleste devenu aquatique, et tout l'or des Amériques l'englobe. Je suis l'océan moi aussi, et je baise *Eva,* l'ouragan, je baise la lumière et je baise le Pacifique.

Que les flots salés engloutissent tout. Les centrales nucléaires, les mines de charbon, les cimetièrcs de navires et les bureaux où l'on tranche le sort des peuples, le cours des guerres, des frontières et des routes commerciales.

Eva : Tu aurais dû prendre tes médicaments, Vassili.

Le registre de la réception

La vieille : Des mouettes. Plein. Trop.
De la vermine.
Elles sont perchées partout au bout du motel, elles entrent même dans la chambre du petit. Les fenêtres sont ouvertes.
Elles n'ont pas signé le registre de la réception.
Où il est, le petit ?
Le rouge du sang sur le blanc albinos, ça, c'est de l'art.

Faudrait que j'essaye de faire cuire une mouette. La plumer, la faire bouillir. Avec des olives et des courgettes.

Il y a des plumes partout, la ménagère ne fait pas son travail, il y a ici un laisser-aller qui ne me plaît pas du tout. C'est plein de merde sur les murs, sur le similigazon, autour de la fenêtre. Le vaurien a laissé la fenêtre ouverte, l'eau entre, la pluie asperge tout, partout. Inadmissible.

Trop facile, de tuer le petit. Une bouchée en apéritif avant le réveil des ogres et des rancunes. Faudrait le séquestrer. Le laisser des années sans voir la lumière du jour, abandonné dans ses excréments, faudrait abuser de lui dans le sous-sol d'une banlieue.

Il y a une femme dans son lit.
Nue.
Enceinte.
Immobile.
Elle dort.
Offerte à la tempête.
Son ventre...
Ses seins...
Sa peau.
Les joues roses, les cheveux collés aux tempes.

Son ventre est rond, on le devine chaud, lourd, dense, magnifique. Ses seins tombent un peu, pleins. La grossesse ne déforme presque pas son visage d'enfant. Elle est maigre.

Splendide !

Je veux me coucher contre elle.
Sa peau goûte le miel, j'en suis sûre, je veux y déposer les lèvres.
Du beurre.
J'en pleure.
Les années devant elle, des plumes dans les cheveux, collées à la peau.
Elle dort.
Moi aussi, je veux dormir.
Moi aussi, je veux rêver.

Elle n'a pas signé le registre de la réception.

Chaise électrique

« Je l'ai tué, madame la juge. Il plantait son fusil entre mes jambes et maintenant je suis grosse, alors je l'ai tué. J'en pouvais plus du métal, de la mire qui m'excisait le clitoris, des déchirures en mon sexe, du froid métallique, des balles qui nageaient dans mon utérus. Elles m'ont engrossée. Alors je l'ai tué. Je veux pas mourir, je vous en supplie ! Je ne faisais que me protéger ! »

María Magdalena : Ils sont cent à me regarder avec leurs crayons, leurs lunettes, sous le néon du plafond. Je suis nue, j'ai froid, je tremble, je pleure, je veux pas être exécutée.

« C'est qui le père, madame la juge ? Je vous en supplie, répondez-moi ! »

Ils me mettent une éponge mouillée, âcre, entre les dents, ils m'assoient de force, m'attachent à la chaise, les bras sur les accoudoirs, les jambes contre les pieds de la chaise, des grosses courroies de cuir. Le plastique du siège colle contre la peau de mes fesses, de mes cuisses, je suis frigorifiée. Ça pue, ça sent la mort, la vieillesse, l'ammoniaque, les interrogatoires, ils me rasent les cheveux, je vous en supplie, j'en pouvais plus. Mes yeux sont pleins de cheveux, ils tombent dans ma bouche, sur ma langue, je vous en supplie, ayez pitié, je vais accoucher, ça donne des coups, ses balles m'ont engrossée, je suis enceinte, j'ai peur. Je pourrai pas. C'est peut-être mieux comme ça. Je serai jamais une bonne mère.

Ils m'attachent une éponge pleine d'eau sur le haut du crâne et me recouvrent la tête d'une cagoule. Je suffoque, la cagoule se colle sur ma bouche, elle pue la mort, elle a son odeur, son odeur à lui, il est là, il est revenu me chercher, il va me souiller l'âme, plutôt mourir. Allez-y. Allez-y ! Je pourrai pas vivre avec lui. Plus maintenant.

La juge : On s'en fout de savoir qui vous avez tué. Vous n'êtes pas condamnée à mort pour meurtre. Vous êtes condamnée à la chaise électrique pour le vol d'une valise pleine de billets de cent dollars.

Le drap

La vieille : Elle pleure, murmure, marmonne. Elle est magnifique.

Sa peau… Je veux m'y coller, juste me coller. Me parfumer d'elle. Me reposer. C'est ça. Me reposer.

Les mouettes crient.

Elle se réveille d'un coup, se retourne, son ventre plein la gêne, maladroite. Elle me regarde, ne crie pas, se lève sur le lit, lentement, ne me lâche pas des yeux, attrape un drap, se colle contre le mur, se couvre. Je ne bouge pas. Ses yeux sont noirs. Ses joues se couvrent de larmes. Mes pantoufles pleines de plumes collées, le plancher recouvert de saleté, le lit défait, et elle. Elle se tient contre le mur, tente de se couvrir d'un drap. Les yeux débordant de peur. Je la terrifie.

– Non…

Une crampe. Je la vois. Une contraction. Elle serre les dents, les lèvres, elle se bat pour garder les yeux ouverts. Pour m'épier.

Son ventre, il adoucit les coins.
J'aimerais le voir encore, poser les yeux sur lui, ça me repose. Enfin.

– Laisse le drap tomber. Je veux voir ton ventre.

La porte bat au vent. La poignée cogne contre le mur, l'air entre violemment, chargé d'eau, de pluie, d'embruns. Je suis fatiguée.

– Le drap.
– …
– Montre-moi ton ventre. Je n'ai jamais rien eu dans la vie. Là, j'aimerais voir ton ventre. N'aie pas peur.

Je m'approche. Je change le couteau de main pour mieux la toucher. Une nouvelle contraction. La porte cogne sur le mur du motel, elle sursaute. Le vent gonfle le drap, l'agite. Ses doigts le serrent.

– Le drap appartient au motel. Il n'est pas à toi. Laisse-le. Montre-moi ta bedaine.

Je m'approche encore. Elle laisse tomber le drap. C'est beau. Rond. Doux. C'est le soleil qui perce les nuages. Merci !

– Pourquoi tu n'as pas signé le registre de la réception ?
– Je peux payer. J'ai de l'argent. Beaucoup.

Pétrolier

L'expert : L'*Exxon Mediterranean Daisy,* avec ses 235 000 mètres cube de brut, avance. Vingt-deux nœuds, vitesse maximum. Et même si ce n'est qu'un détail dans l'ouragan, c'est franchement impressionnant, un pétrolier vu de près. Les vagues se fracassent sur sa coque, se plaquent sur le métal, l'eau grimpe le long de ses flancs, à des dizaines de mètres dans le vent et les rafales. On entend les dieux marins rugir à son passage et les humains prient de toutes leurs forces en son ventre. Ils savent que les dieux sont furieux. L'avant du pétrolier disparaît, avalé par l'océan, l'immense bouillon engouffre la proue. Il ressort des vagues, et les gigantesques citernes de pétrole se font frapper par la grandeur du monde. Indulgence, crie l'équipage, indulgence !

Pourquoi l'*Exxon Mediterranean Daisy* a-t-il quitté sa trajectoire ? L'enquête sera ouverte rapidement. Pour l'instant, on blâme la fatigue des officiers, le surmenage. L'alcool ? Peu importe, le pétrolier avance inexorablement, hors de sa course.

Le capitaine Vassili Gagarine a demandé à être seul sur le pont. Comme ses hommes le respectent, ils ont obéi. C'est un grand capitaine, son grand-père, le héros, peut être fier de lui. Vassili se tient droit sur le pont, dans le choc des éléments. Il contemple son égal : l'immensité. Et ce face-à-face le remplit d'allégresse. Il est heureux, en vie, puissant. Il crierait de bonheur si ce n'était le code de bienséance. Devant lui, l'Amérique, celle qui le faisait tant rêver à l'époque du Rideau de fer. Elle est étendue à ses pieds, concubine domptée, finalement soumise. À l'époque, Vassili, petit-fils de cosmonaute, se cachait pour écouter du rock'n roll. En tant que petit-fils de héros, il pouvait même rêver de visiter New York un jour. Or voilà que les trompettes du monde soufflent leur tempête pour annoncer la rencontre tant désirée !

Solennel, il se tient à la rambarde de la main droite. De la gauche, il tient sa casquette de capitaine. Il ne fait qu'un avec le monde, les bourrasques boivent ses larmes, les mélangent à la mer et à la pluie. Il est heureux, l'Amérique est là ! Elle émerge de la flamboyance de l'océan, il devine au loin les mégalopoles et les paysages à perte de vue, les grandeurs cinématographiques. À toute vitesse, dans le hurlement de la tempête et de la salle des machines, son pétrolier se lance sur les rivages à conquérir ! Il va la baiser, l'Amérique, à lui tout seul, à bord de son pétrolier.

Il est dehors, à jouir des éléments.

Il n'a pas lu ses instruments, il n'a pas remarqué. Il n'a pas entendu l'appel des radars, l'alarme stridente des sonars.

Le *Daisy* se propulse à vingt-deux nœuds, vitesse maximale. Il percute de plein fouet un haut-fond. Le métal embrasse le roc, se déchire et hurle. L'impact est extrêmement violent, mais la nature l'est encore plus et le déchirement se perd dans la furie de l'océan. Le coup propulse le capitaine contre la rambarde, il la prend en plein ventre, chavire par-dessus bord et tombe au milieu de l'orage, la gueule ouverte, les poumons pleins, euphorique, heureux. Il franchit les trente mètres qui le séparent des réservoirs à la même vitesse que les gouttes de pluie. Sa tête se fracasse contre l'écoutille de la première citerne. Le sang éclabousse aussitôt le métal et se mêle à l'orage, à l'écume de mer, au chaos de la tempête. Le corps gît désarticulé, face au ciel déchaîné, le sang rapidement lavé par la pluie et les vagues.

À la suite de longs examens, de tests de sang approfondis et d'une enquête psychologique détaillée, on a établi que Vassili S. Gagarine, capitaine de l'*Exxon Mediterranean Daisy,* était atteint d'un trouble bipolaire sévère. On lui avait prescrit du lithium à prendre tous les jours, pour le restant de ses jours. Le capitaine Vassili Gagarine aurait dû prendre ses médicaments.

L'échouement a endommagé onze des treize citernes du pétrolier. Si jamais l'épave est récupérable, le navire changera de nom avant de poursuivre sa carrière, hors des eaux américaines.

Le malheur

Saül : Le malheur nous a retrouvés, les mouettes hurlent. Je les connais, les mouettes, quand elles volent comme ça sur place, quand elles crient et que ça sonne pas comme les vacances, c'est un peu chaque fois la fin du monde. Je cours aussi vite que je peux. J'aurais jamais dû laisser María Magdalena seule.

MARÍA MAGDALENA !
Personne m'entend, je suis un monstre.

L'odeur est là avant moi, l'odeur remplit tout, le piranha a ses dents dans ma bouche, ça goûte le sang encore une fois. Je veux pas, je veux que le temps recule, je veux jamais avoir endormi le piranha, jamais avoir cru, ou peut-être un peu, la fin de semaine après le travail, dans le noir, la nuit, caché sous les couvertures. Le bonheur, c'est seulement dans les magazines.

María Magdalena est debout sur le lit, les mains sur le ventre, les yeux fermés serré, les mains devant son ventre, autour de son ventre. Son visage, c'est la tempête, elle pleure, les hoquets, c'est de là qu'elle part, la tempête, c'est de là qu'il vient, le déluge. Elle tombe à genoux sur le lit, se plaque contre le mur, le sang goûte dans ma bouche, le déluge sort d'elle, alors je mords plus fort.

La vieille.

Un drap dans la main.
Un couteau dans l'autre.
Le couteau.
Je m'en fous.

Elle me voit.
Je m'en fous.

Elle pointe le couteau vers moi.
Je m'en fous.

Je bouge plus.
Je bois le sang.

María Magdalena me crie des choses, elle pleure, j'entends pas, pas le temps, il y a que la vieille et moi. La tempête tempête en silence. Que la vieille et moi. María Magdalena reçoit un coup dans le ventre, pourtant la vieille me regarde, María Magdalena se planque contre le mur, elle se tient le ventre, je bois le sang.

– Va-t-en. C'est entre grandes personnes. Laisse-nous.

La vieille va crever le ventre, elle va l'ouvrir avec son couteau.

– Va-t-en, je te dis.

Elle s'approche de María Magdalena. Elle s'approche de son ventre. Le temps doit s'arrêter, les nuages doivent exploser, le vent doit arracher le plafond pour qu'on s'envole comme dans le verger, je veux que la lune se brise, que les mouettes soient carnivores, je veux être fort comme un garagiste. Kaïn, je t'en supplie, aide-nous, aide-moi.

Elle touche María Magdalena, sa main sèche, cannibale, touche le ventre de María Magdalena, Kaïn, je sais pas quoi faire.

Je cours, je pousse la vieille, elle me donne un coup de couteau dans le visage, ça fait mal, María Magdalena est pliée en deux. Je pousse la vieille, elle tombe par terre et échappe le couteau. María Magdalena reçoit encore des coups de poing dans le ventre, je sais pas comment, je suis entre la vieille et le ventre, entre elle et María Magdalena, c'est le moment le plus important de ma vie.

La vieille dégueulasse crachat de morue se relève.

Je bouge pas.

Elle rit.

Je bouge pas.

– Je vais te dépecer.

Je bouge pas. Faut que je bouge.

Elle va me tuer.

Un coup de feu arrache mes oreilles et le silence. Le bruit revient, la tempête, les cris, les pleurs, l'eau qui rentre, la porte qui cogne, les cris, l'eau, le vent, la tempête, la porte. María Magdalena a tiré au plafond avec le revolver. La vieille s'est arrêtée. María Magdalena tombe sur le lit, un autre coup de poing dans son ventre, le revolver rebondit sur le matelas, tombe sur le plancher entre les plumes. La vieille ramasse le couteau, ses cheveux volent partout, sa robe de chambre est ouverte, elle se relève. Elle a eu peur, c'est tout. Elle s'approche, elle s'avance vers moi, le couteau devant, je la pousse, je ramasse le revolver.

Et je tire.

Et je tire.

Et je tire.

Et je tire.

Marée noire

Daisy : *Le mazout me sort du flanc, se répand peu à peu. La nappe se forme. Tranquillement, elle glisse au fond de la mer, sur le sable, elle enrobe les coraux, les coquillages, les anémones. Peu à peu, les bancs de poissons aussi s'engouffrent dans le noir gluant. Le pétrole coule et coule encore, la nappe grossit. Les tonnes de brut sortent par les brèches des onze citernes. Sans presse. L'océan se remplit de pétrole peu à peu, c'est un bain qui se noircit et je suis une amoureuse suicidée, je me vide dans l'eau, je saigne, je meurs. Que c'est beau ! Que c'est romantique, que c'est sexy ! Les vagues s'alourdissent, les barracudas s'embourbent et meurent, un phoque fuit, il cherche la surface, il nage au bout de son air, le plus vite qu'il peut.*

Le pétrole monte tranquillement à la surface, gélatineux, tiède, lourd. Noir. Tellement noir. La lumière s'y noie, les vagues s'y collent. Il avance avec lenteur, il a tout son temps. Déjà une mouette ne réussit plus à ouvrir les ailes. Déjà elle est rejointe par une autre. Leurs pattes palmées n'avancent plus, leurs ailes goudronnées, alourdies, ne s'ouvrent plus. Elles se débattent, mais ne font que s'immerger davantage. Une troisième. Les pattes, les ailes, le bec, les yeux. En luttant, elles se recouvrent tragiquement d'or noir, dans le crépuscule qui fond au soleil, dans ce soleil qui vient de percer la tempête, voyeur, amateur de sensations fortes. Une autre mouette. Blanche, lumineuse. Elle se roule dans le noir du pétrole. Une autre encore. Petit à petit, le banc de mouettes s'enlise. Les oiseaux agonisent. Les mouettes, les goélands, les albatros, les fous de Bassan. Ils suffoquent dans le pétrole qui brûle l'air, poussent un dernier cri... Puis s'immobilisent.

Sous l'eau, les anémones se contractent. Les bernard-l'hermite se cachent au creux de leurs coquilles. Bientôt, le pétrole les rejoint. Il se glisse dans les carapaces, dans les branchies. Les maquereaux, les mérous, les mahi-mahis, trappés par la nappe, par la lente progression des dégâts. Doucement, silencieusement, toute vie se coince, avalée par le noir collant, opaque.

Le pétrole coule sans relâche de mon flanc, je me vide à gros bouillons. Dans le sable des profondeurs, une raie manta se réveille, s'ébroue, veut s'élancer, fuir l'ombre qui avance. Trop tard. Le pétrole la borde de noir. Les crabes englués suffoquent, les hippocampes se figent et meurent, les étoiles de mer ne brillent plus. Le noir se répand, sort de la plaie, filamenteux, chaud, collant, ne coagule pas, ne s'arrête pas. Le phoque cherche toujours un refuge, mais où ? En haut, le pétrole, en bas, le pétrole, partout le pétrole qui avance à n'en plus finir. Le pétrole coule, la plaie se vide, fait des bulles, se prend dans les plis de la robe de chambre, se colle à la peau, aux plumes, au plancher, le soleil se couche sur la marée noire qui gagne la baie, la nappe grossit, cancer noir, le corps de la vieille se refroidit, le sang se love dans les coins de la chambre, dans les rides de sa peau, dans ses cheveux épars, il encercle les pattes du lit, atteint la toilette, envahit les tuiles, la barrière de corail, les oursins, tout y passe, le drain, le mortier entre les tuiles blanches, il encercle la cuvette, le plancher est rouge, collant, les mouettes s'embourbent, une centaine maintenant, elles essayent de battre des ailes, les yeux pleins de pétrole brut, les narines obstruées, les vagues se figent, stagnantes, lourdes, sales, le sang bouillonne, coagule. Plus rien ne bouge. Tout meurt.

Même un phoque commun rempli d'espoir.

Sans titre 1

Wendy : Ce son… Horrible… Immonde…
Pas possible. Pas ici.

Encore.

Non.
Non…

Je vous en supplie…

Sans titre 2

Moi : Un coup de feu résonne dans l'ouragan. Fort. Beaucoup plus fort que dans les films. Près de l'extrémité du motel, près de la chambre de Saül. Les mouettes sursautent et s'envolent toutes en même temps.

Je me fige.

Un autre coup de feu. Puissant. Les mouettes tournent autour des vagues. Je décolle, je cours de toute mon âme.

Un troisième, puis un quatrième.

Saül est debout. Dos à moi. María Magdalena est en boule sur le lit, un oreiller entre les bras. La chambre est immobile. Les murs résonnent.

La vieille. Cassée contre le mur, à côté de la porte de la toilette. Dans le sang. Le corps difforme, la bouche tordue, les yeux incrédules. Le sang envahit le plancher, les plumes, les tuiles de la salle de bain, rouge, tellement rouge sur le blanc. Beaucoup plus rouge que dans les films.

Sur le mur, l'éclaboussure. Qui dégouline vers le plancher. Horreur.

Adam me rejoint. Le silence poignarde. Je n'ose pas entrer. Je n'ose pas. La scène est parfaite, horrible. Plus qu'un film. María Magdalena frémit délicatement, dos à la vieille, un drap enfoncé dans la bouche, le ventre recouvert de l'oreiller, le corps nu, secoué de frissons. Le revolver fume. Ou peut-être pas. Je ne sais pas, je ne vois pas. Saül est blanc comme jamais. Ou peut-être pas. Il y a du sang sur les draps blancs, à terre, sur les murs, partout. Saül s'assoit sur le lit, les mains ouvertes, le revolver dans une main. Il reste immobile. La vieille aussi. Seul le sang avance. Non, c'est le monde qui recule.

Je m'appuie sur le rebord de la fenêtre.

Sans titre 3

Wendy : Les deux hommes sont tétanisés. Le client de la chambre 1 regarde la catastrophe, Adam n'est même pas entré dans la chambre, il fixe l'océan, accroupi dos au mur. Il pense déjà à repartir. À ce moment précis, je le déteste.

María Magdalena est nue sur le lit. Elle a des contractions. J'entre. Je la recouvre d'un drap. Je prends le couvre-lit, je cache la patronne. Tout se brise en moi, les os de ma cage thoracique se fracassent, je reste droite, je continue. Le revolver. Saül. C'est un enfant, bon Dieu, qu'un enfant. La chambre 1 le prend dans ses bras, le lève, le serre contre lui, le petit ne lâche pas le revolver. Je ne suis plus seule, la chambre 1 s'est réveillé. Saül a une grosse coupure sur l'arcade sourcilière, le sang lui coule dans l'œil.

María Magdalena. Les draps sont mouillés. Elle a crevé ses eaux ! Au secours !

– Adam… Adam !

L'homme que j'aime est figé. Saül se met à trembler, il cherche des yeux la patronne, n'y croit pas, son œil déborde de sang. La chambre 1 immobilise la tête du petit, pour qu'il ne puisse pas regarder.

– Adam… Aide-nous ! je le supplie doucement.

La chambre est pleine de sang, de plumes, d'eau et de merde d'oiseaux, María Magdalena ne peut pas accoucher ici.

– Faut pas qu'elle reste ici !

C'est pas tout, la mort, María Magdalena va mettre au monde un bébé.

– María Magdalena va accoucher, et c'est merveilleux, OK ? Alors, on se grouille ! ADAM, AIDE-NOUS !
– Un pétrolier vient de s'échouer, qu'il me répond maladroitement.
– Regarde-moi, Adam ! Elle a perdu ses eaux, tu m'entends ? Emmenez-la dans la chambre de Kaïn, je fais le ménage tous les jours depuis qu'il est parti, elle est propre.
– Elle a crevé ses eaux ?
– Oui ! Réveille !
– De l'eau bouillante, des draps propres.
– Tu sais quoi faire ?
– J'ai déjà fait ça sur les cargos.
– Alors, vas-y, occupe-toi d'elle !
– Wendy, la baie se recouvre de pétrole.
– Les vivants, Adam, les vivants. Emmenez-la, elle peut pas accoucher ici !

La chambre 1 et Adam emmitouflent María Magdalena dans une couverture, la soulèvent et la sortent de la chambre.

Saül maintenant. Il est devant le couvre-lit, il va le soulever. Je l'attrape.

– Ton enfant s'en vient, Saül. Ça va être dur, on est seuls, va falloir faire tout entre nous, tu comprends ? On va panser ta plaie, et ensuite on va aider María Magdalena, OK ?

Il me regarde enfin. Laisse tomber le revolver dans le sang. Me passe la main sur les joues, tranquillement. J'ai les joues pleines d'eau. Je ne m'en étais même pas aperçue.

Il a recommencé à pleuvoir. Paloma arrive, elle s'arrête, debout sous la pluie. Son maquillage la défigure.

– J'ai une trousse de premiers soins. Adam m'a avertie. Viens dans ma chambre, je vais te soigner, petit. Toi, Wendy, va t'occuper du bébé, laisse pas les hommes seuls avec ça.

Elle tremble. Elle est terrifiée, elle aussi. Le mascara coule noir sur sa robe.

– Joseph est mort, me dit-elle finalement.
– Pardon ?
– Joe. Le camionneur. Il est mort. Un oreiller enfoncé sur le visage.

C'est la guerre. On est en guerre.

Raz-de-marée

Adam : María Magdalena est en travail, et partout le sang coule. À l'autre bout du motel, dans la mer et bientôt ici, dans la chambre de Kaïn. Paloma et Wendy sont arrivées avec le petit. On partage ce qu'on sait. Saül est debout contre le mur, il veut rester. Paloma a pansé son arcade, il ne bronche pas. Il regarde la scène. Ne dit pas un mot.

On prépare la chambre, les bassines d'eau bouillante, les draps, le lit. J'ai assisté Ozgür à deux reprises, ça c'est effectivement bien passé. Jusqu'à cette tempête. J'en tremble.

– On va s'en sortir, María. J'ai déjà fait ça dans des conditions bien pires. Ensemble, on va y arriver. N'est-ce pas qu'on va y arriver ?

María regarde Saül. Il s'approche et lui prend la main. Elle la serre quand les contractions arrivent. Les contractions suivent le rythme des vagues. Je donnerais tout pour avoir tiré à sa place. Monde de merde, les dieux modernes dansent sur ta carcasse et ils sont euphoriques. Je frappe le mur.

– Va prendre un peu d'air, me dit Wendy. Laisse-nous pendant qu'on prépare la chambre, Paloma et moi.

Wendy. Je veux passer chacune de mes journées avec elle, je veux être là quand elle fermera les yeux, je veux mourir avec elle, juste après elle, pas longtemps après, mais après, ne jamais la laisser seule. J'en tremble.

– Viens, Adam, dit Paloma. On va les laisser.
– Tu rentreras quand le travail sera avancé, me dit Wendy.
– Laisse Wendy seule avec María, dit Paloma. Laisse-leur un peu d'intimité.
– Embrasse-moi, me dit doucement Wendy, et va te calmer. C'est important.

Je fais comme elle dit. Je l'embrasse et, immédiatement, j'ai envie de m'étendre, de dormir. Je sors. Je m'assois, épuisé, sur le trottoir devant les chambres, à côté du client, dans la pluie.

La tempête se calme. Mon cœur bat. Il résonne fort. Je prends de grandes bouffées d'air salin. Le client est avec moi. Paloma aussi. On attend.

Les eaux ont crevé, les digues ont lâché, le déluge approche. On a fait bouillir de l'eau, on est allés chercher des draps propres, des gants, des bandages dans la chambre de Paloma, tout ce qu'on a pu trouver. On a fait ce qu'on pouvait. On a fait ce qu'il fallait. On attend.

À l'autre bout du motel, sous le couvre-lit, la vieille n'en finit plus de se vider. Personne ne lui a fermé les yeux. Qu'elle voit ce qu'elle a fait.

María n'a que sept mois de grossesse, c'est risqué.

La nappe de pétrole grossit, entre la plage et les cargos, entre les clandestins et le monde. C'est noir comme du vieux sang coagulé. Voilà ce que c'est, le pétrole, du sang de planète que l'on suce comme des parasites. Et on le boit chaud. On en est junkies et les junkies sont violents. On va tout sucer, ensuite, on ira habiter la station spatiale. Les enfants tirent sur les vieillards à bout portant et ils ne pleurent même pas. María doit vivre. La nappe de pétrole grossit. Elle ne coagulera pas. Les mouettes s'enlisent et meurent. C'est d'une tristesse affolante. Ne pense qu'à la naissance. María doit vivre. Les goélands agonisent devant moi, je ne fais rien, les cargos sont pleins, ils débordent, je ne fais rien. La vie. Ne pense à rien d'autre, calme-toi, concentre-toi. Ne pense qu'à la vie. María doit vivre.

Le pétrole se répand. Et maintenant, la privatisation texane des puits irakiens, au nom du père et du fils, the Gulf War 2, the return. Dans les banlieues, un litre d'eau coûte un dollar. Un litre d'essence, soixante-quinze cents. Dans le désert irakien, un Coca-Cola ne coûtera rien. Et les enfants pleureront du pétrole.

Un bébé vient au monde. Ne penser qu'à la vie. La putain de vie sale.

– Adam ! Ça y est. Ça y est ! Viens !

C'est à mon tour d'entrer en scène. Je plonge.

Petrol seagull

María Magdalena : Saül, je vais mourir, je me fends de partout, ne regarde pas, je suis laide, je me fends en deux. Si je meurs, c'est le bébé de l'autre.

– Saül... Tu en prendras soin ? Même si je meurs ?

La plage.

Moi : J'attends dehors, la chambre est trop petite. Je me ronge les ongles. Le soleil descend, les mouettes agglutinées, noires, sont encore vaguement balancées par les vagues. Au large, le pétrolier se dresse, bancal, imposant, menaçant. J'entends María Magdalena crier… Je devrais aller m'occuper de la vieille, l'enterrer. Je suis inutile. J'entre dans ma chambre.

Chambre 8.

Adam : Le col est ouvert. Je vois sa tête, ses cheveux !

– Pousse, María, pousse ! POUSSE !

Chambre 1.

Moi : Je m'allonge sur le tapis, je fixe le plafond. Le ventilateur fonctionne toujours.

Les murs.

Le tapis.

Et là, dans le coin, ronde, brillante…

Une pilule.

Chambre 8.

María Magdalena : C'est son fils ! Ne le laissez pas sortir… Égorgez-le.

Chambre 1.

Moi : Par la fenêtre, je regarde la plage. Le soleil perce le gris des nuages et les bariole de rouge. Il scintille sur la coque du pétrolier échoué, le cadavre de navire. Le soleil se couche. C'est l'heure de la nage.

Le sang circule en moi. Mes dents grincent déjà.

Chambre 8.

Adam : Tenez-lui les bras ! Empêchez-la ! POUSSE, MARÍA ! ARRÊTE PAS, POUSSE !
María Magdalena : Il va me déchirer, il est revenu, empêchez-le ! C'est son fils à lui !

Chambre 1.

Moi : On n'y retournera plus, c'est fini. La marée noire est entre nous et les clandestins. Ils trouveront bien comment passer, ils ont trouvé jusqu'ici, ils trouveront encore. J'ouvre la bouche, je me détends la mâchoire.

Ils sont déjà là, partout. À cheval sur nos frontières, en haut de nos murs, accrochés à nos clôtures, agrippés aux essieux sous nos camions, dans les coffres d'autos, au fond des dix-huit roues, entre les marchandises, dans les soutes à bagages, partout. Morts de soif ou gelés sur les trains d'atterrissage… Au large des frontières, ils avancent. À dos d'âne, en vélo, nu-pieds dans le désert, assoiffés, affamés, le long des voies ferrées, sur le toit des wagons, agglutinés aux locomotives, partout. Détails invisibles, camouflés, véritable raz-de-marée silencieux qui avance, à mille dans des barques, échoués sur nos rives, les yeux avides, le ventre creux, les mains et les pieds lacérés. Ils se faufilent entre les tourelles, se coupent au rasoir des barbelés, franchissent les terrains vagues, narguent la vigilance de la sentinelle, l'œil du sniper. Déportation, délocalisation, expulsion, exclusion, exode, migration… Réfugiés, clandestins, migrants, chassés, pourchassés, affamés, exilés, immigrés, émigrés, transbahutés, la terre tourne et une partie de la population la devance.

Chambre 8.

María Magdalena : Ne le laissez pas sortir, je vous en supplie…
Wendy : Calme-toi, María, calme-toi.
María Magdalena : Il est violent, il va m'arracher les seins, me crever, je vous en supplie…
Adam : Parle-lui, Saül, dis-lui quelque chose. SAÜL, MERDE !
Wendy : Il est muet, Adam !

La plage.

Moi : Ils cherchent comment entrer, comment venir ici en Amérique, aller en Europe, en Arabie saoudite. Ils viendront. Poliment ou armés. Goutte à goutte, entre les rides de nos civilisations agonisantes, ou massivement attroupés à nos frontières. Ils s'en viennent. C'est inévitable. Qu'il soit légal ou clandestin, le plus grand exode de l'histoire de l'humanité est en train de se produire. Sous nos pieds, au fond de nos restaurants, de nos fast-foods, au fond des sous-sols, dans le noir, rejetés par le ressac industriel et la démographie. Ils ont vu par-dessus les murs des villes murées, ils tentent leur chance. Ils osent.

Ils sont là.

Chambre 8.

Wendy : Son crânc. Sa peau. Bleutée.

— Pousse encore, María. Pousse ! Pousse, je te dis…
— Non. Je ne veux pas d'un enfant violent.
— María, je t'en supplie !

Ses yeux se révulsent, elle bave, la tête du bébé sort.

Elle est bleue. La tête du bébé est bleue.

La plage.

Moi : Ils ont vu nos supermarchés. Ils savent que c'est eux qui les ont remplis, depuis les empires coloniaux jusqu'aux zones franches industrielles. On ne peut pas s'attendre à ce qu'ils restent chez eux et regardent gentiment le spectacle de l'abondance. On ne peut pas manger éternellement les fruits d'Amérique du Sud et les crevettes d'Asie, et croire qu'ils vont rester chez eux à crever de faim.

Chambre 8.

Adam : Saül lui passe la main sur les lèvres, sur les joues, lui caresse la mâchoire. Elle arrête de crier. Elle ne pousse plus. Il n'est pas sorti, faut pas qu'elle arrête, le sang coule, elle va en crever.

– María ! Merde !

La plage.

Moi : Des peuples entiers se perdent au vent, mis en sacs et vendus sur le libre marché du plastique, du pétrole raffiné et de l'industrielle démesure. La marée noire ne sera jamais endiguée.

Chambre 8.

María Magdalena : …

La plage.

Moi : Des pays au complet sont vendus au plus offrant, asservis aux dettes de leurs dictateurs, ceux qu'on a parachutés, on les fonds-monétaire-internationalise, on les banque-mondialise, nouveaux esclaves de la société marchande qui vendent leurs provinces aux multinationales pendant que leurs habitants vendent leurs organes aux laboratoires pharmaceutiques.

Chambre 8.

Adam : Il y en a un autre.

La plage.

Moi : Tout le monde suit la caravelle du profit et des actionnaires. La fourmi brûle sous la loupe. L'histoire rit. Des peuples au complet se meurent au son de ce rire. Jamais ils ne seront enterrés chez eux. Ils dormiront dans le vide, au creux des mers et des déserts jusqu'à ce que la mémoire bégaie.

Chambre 8.

Adam : Wendy, il va falloir que tu m'aides, que tu sois rapide. Mets tes mains en elle dès que je sortirai le premier.
Wendy : OK.
Adam : Faut pas que l'utérus se referme trop vite, sinon, il va falloir une césarienne pour le deuxième.
Wendy : Je suis prête.

La plage.

Moi : Et les sacs de plastique battent au vent en bordure de tous les bidonvilles.

Chambre 8.

Adam : La tête sort, bleue, le corps suit d'un coup dans une vague de sang noir. Une nouvelle marée noire. Le cordon lui entoure le cou. Et je le sens, l'autre, derrière, qui veut naître.

Maintenant, Wendy !

La plage.

Moi : Grands dieux de la mer, hydre aux mille visages des peuples défigurés lancés sur les routes, je vous implore. Aidez María Magdalena !

Chambre 8.

Paloma : Adam prend le bébé bleu, le sort, Wendy plonge les mains dans le ventre de María. Adam me donne le minuscule bébé sans vie et coupe le cordon. Un petit garçon. María est livide, ruisselante. Wendy aide le deuxième à sortir.

Wendy : Viens, doucement… Viens, mon petit, viens mon amour.

La plage.

Moi : Vous aussi, petits dieux des tempêtes, des séismes et des raz-de-marée, dieux de la malchance et du rêve avorté, toi, Marlboro Man, toi, l'homme Atlas de la misère du monde, aidez-la !

Chambre 8.

Paloma : Petit homme. On l'aurait aimé, ton visage troué, on les aurait embrassées, tes lèvres déchirées, on les aurait caressés, tes bras tordus, tes jambes courtes, ton ventre défoncé…

Wendy : Je la sens, la tête du deuxième, en elle. Toute petite, chaude.

La plage.

Moi : J'en peux plus. J'entre. Je veux être avec eux.

Chambre 8.

Paloma : Je trempe une serviette dans l'eau chaude. Je nettoie le sang, le petit corps tout foncé, bleu marin. Rigide. Difforme. Je le lave. Je l'enroule dans un drap. Je lui embrasse le front.

Il n'aura jamais ouvert les yeux.

Moi : Je veux entrer.

Adam : Tasse-toi de là, tu coupes la lumière de Wendy.

Wendy : Le passage est déjà fait par son frère, le bébé avance. Sa petite tête apparaît. Presque blanche.

Moi : María gémit. Elle se réveille, repart, se réveille, elle suit les vagues, le ressac.

Wendy : POUSSE ! Ne nous abandonne pas.

Paloma : María est épuisée, elle s'évanouit entre chaque contraction, elle se réveille à chaque crampe.

Wendy : Faut la garder réveillée !

Moi : Personne ne parle. María devient de plus en plus blanche. Saül lui ouvre les yeux, ils se regardent.

Saül : *C'est un ange. Et elles vont vivre.*

BLACK TIDE
PM 22h27

La dérive des continents

Portefeuille

Paloma : Deux kilos. Blonde, fripée mais en santé. Si tu l'avais vue, Joseph. Mon portrait tout craché ! C'est fou ce qu'elle veut vivre. Et la petite María a été tellement forte, tellement brave. Ça te dérange pas que je me resserve dans ton minibar ? Ils m'auront pas, les salauds.

Qui sait ce qu'elle deviendra ? Une star de Hollywood ? Une mannequin internationale ? Si tu avais vu quand elle a ouvert les yeux. C'est l'océan Pacifique tout entier, ses yeux !

Tu es mort, Joseph. C'est horrible. Et moi, je pars. Je vais mettre ton permis de conduire dans mon portefeuille, j'aurai toujours ta photo avec mes cartes de crédit, c'est promis. Pardonne-moi. Je reste avec les vivants.

Merci pour tout.

La pouponnière des monstres

Saül : Il y a une balle dans le plafond et quatre dans la patronne. Il en reste encore une. Les mouettes sont devenues noires.

Je suis étourdi, je m'arrête un peu.

Le bébé a pas les cheveux blancs comme moi. Elle sera pas un monstre. Elle est en couleur. C'est un ange. Elle va savoir parler un jour. Pas tuer, parler.

La patronne est là-bas. Elle m'attend, elle me regarde, elle va me regarder toute ma vie. María Magdalena dort. Bébé dort. Le malheur dort. Je sais pas où. Partout. Moi, je dors pas. Je dois surveiller le malheur, quand je ferme les yeux, je le vois, il a les yeux de la patronne, des yeux de poisson mort, elle me regarde, je peux pas dormir, je regarde le malheur, demain et demain encore.

Ma chambre.

Les mouettes n'entrent même plus tellement la mort est bruyante.

Il y a des plumes qui volent dans la chambre. D'autres, collées dans le sang. Le revolver.

Je sais qu'elle me regarde. Ça sert à rien de lever le couvre-lit, je sais qu'elle est là. Je le lèverai pas. Je suis pas venu pour ça.

Je prends le revolver. Je lève le couvre-lit.

Passeports

Adam : Saül, María Magdalena et le bébé sont dans la chambre 3, une nouvelle chambre juste pour eux. L'histoire n'est pas terminée. Faut pas baisser la garde.

Wendy a demandé de pouvoir dormir quelques heures. Elle a raison. On va partir, vite, mais là, reprendre un peu de force, c'est indispensable. La route va être difficile. Faut pas que je lâche. Faut organiser la fuite.

Le réseau explose. Les clandestins devront se débrouiller. Peu importe, pour le moment, nous, il faut qu'on se sauve, qu'on se cache. Il nous faut des faux papiers. Il doit me rester encore des passeports. Je fouille. Ne pas laisser de trace. Disparaître. Plonger dans la clandestinité nous aussi. C'est à notre tour. Avec le pétrolier échoué, les hélicoptères s'en viennent, c'est sûr.

Je vide mes tiroirs. Les voilà, les passeports. Je passe la pile en revue.

La famille Iñárritu. Rosa, Teodoro et le petit Miguel. Ils ne verront jamais que c'est une fillette. Voilà pour Saúl, María et le bébé.

Niko Goudiachvili, une demoiselle de Tbilissi, en Géorgie. Pour Paloma.

Esad Selimoviç, Bosniaque, pour la chambre 1.

Ivan et Martha Schoke. Blancs du Zimbabwe. Pas incroyable comme couverture, pour Wendy et moi. Ça devra faire. On est mariés, disent les papiers.

Maintenant, faut mettre le feu au motel. Brûler toute trace du réseau, tout lien entre nous, nos faux passeports et les clandestins employés au noir dans ces mille boulots de merde dont personne ne veut.

La porte s'ouvre, je sursaute, je fonce, je vais tuer.

C'est Saül. Il a fait sa valise.

– Tu m'as fait peur, petit.

Il se mange la lèvre. Ça ne va pas.

– Tu me fais peur, petit.

Il dépose sa valise devant moi, sur le tapis.

Il me regarde, l'ouvre…

Elle déborde de billets de cent dollars.

Démographie

Wendy : Il est venu me rejoindre. Je ne dormais pas. Il m'a embrassée avidement. Ses mains sur mes seins, ses lèvres dans mon cou, son sexe qui entre en moi, d'un coup, mes poumons se gonflent, je le serre, il m'embrasse, on se regarde, je m'ouvre à lui, il me pénètre encore, profond, se love en moi, la sueur, les draps glissent du lit, les vestiges de l'ouragan nous lèchent la peau, Adam boit mes seins, mon corps. Il jouit en moi, vite, presque brutalement. Mes ongles sont plantés dans son dos. Mes yeux dans les siens.

Puis il m'explique. Tout ce que j'avais deviné. Les traversées à la nage, les cargos, tout ce que je n'ai jamais posé comme question. Ses guerres. Les passeports qu'il nous a trouvés. Sa vie avant moi, sa vie hors de moi, sa vie. Ses contacts chez les passeurs, chez les illégaux. Et finalement, la valise de Saül.

– Un camion va venir demain matin, vers cinq heures. On va s'installer derrière la marchandise, on va disparaître. Je sais comment. Vaut mieux se cacher, ça va grouiller de policiers, ici.

Les yeux

Saül : Ils me regardent. Toujours. Même dans ceux de María, je les vois maintenant. Les yeux de la patronne. On s'est regardés, elle et moi. Le revolver était là, je l'ai pointé vers elle, elle allait peut-être se réveiller. J'aurais aimé qu'elle se réveille, avoir peur encore. Mais non. Elle ne s'est pas réveillée.

Je lui ai fermé les yeux. Comme ça, peut-être qu'elle va arrêter de me regarder. Le pétrole des sous-marins, il est monté jusque dans ma gorge et il goûte le sang.

C'est pas des sous-marins. C'est des réfrigérateurs.

Le pétrole au large, il m'est sorti de la bouche. Il est partout en moi, dans mes narines, dans mes pieds, dans mon cœur, dans mon ventre, mes yeux. C'est noir, partout en moi.

J'ai le revolver. Il reste une balle. Je vais faire un trou dans le pétrole en moi s'il continue à se répandre partout, s'il veut noyer l'ange et María. Elles sauront vivre sans moi, tout le monde a toujours su vivre sans moi.

Puis, j'ai remis le couvre-lit.

Le revolver, il pourra pas tuer le piranha. Le piranha existe pas.

Je suis revenu voir María. Il fait noir partout, le revolver aussi, il est noir. Avant, j'étais blanc, j'avais le vide dans la bouche. Et tout le monde au motel me regardait comme si de rien n'était. Maintenant, c'est différent. Depuis que j'ai pesé quatre fois sur la gâchette, ils savent que je suis un monstre. Ils chuchotent quand je suis là.

Le piranha, il a jamais existé.

Je prends l'ange dans mes bras. Elle est tellement petite, je sais pas toujours comment la prendre, j'ai peur de la casser.

C'est fini le motel. On dort un peu et on s'en va. Moi, je ne dors pas.

Elle ouvre les yeux.

Elle plonge en moi. Elle va me laver.

Chambre 3

Moi : Saül dort dans la chambre 3. María s'est levée, elle me regarde par la fenêtre. La tempête est morte. J'ai pris une taie d'oreiller, j'y ai enroulé le bébé bleu. Je vais le donner à la nappe de pétrole. Le ciel est multicolore, le jour tente de se lever, la marée est à son plus bas. Le pétrolier échoué au loin se dresse dans la lumière naissante, fantastique et sinistre à la fois.

María tient son nourrisson dans ses bras. Les autres dorment.

Et, seul face à mon blasphème, face à la mort qui recouvre la mer, j'avance avec le bébé dans mes mains, minuscule. Prêtre païen sur les rives du pessimisme, je mets les pieds dans le pétrole, j'avance dans la marée noire, et je dépose le corps. Dans la mer.

Tout petit. Un petit rien. Il y a des gestes qui tuent. Des gestes que le corps fait, que le corps se doit de faire, et qui brûlent le peu qu'on fait de notre vie intérieure. Je dépose le bébé dans le pétrole.

J'ai voulu lui donner un nom. J'ai hésité. Finalement, rien n'est venu.

Dans la chambre 3, María réussit à allaiter pour la première fois. Les yeux du nourrisson brillent. Une lueur qui vient d'ailleurs, des mythologies disparues. On dirait un ange.

Le lendemain

Moi : Tu as rejoint Ozgür ?
Adam : Faut partir, les hélicoptères approchent.
Moi : Tu me laisserais lui parler ?
Adam : Oui… Pourquoi ?
Moi : Lui parler seul ?

Derrière la télé

Moi : Le camion est venu. Un dix-huit roues comme les autres, avec un container à l'arrière. Un container pareil aux centaines qu'il y a sur le cargo au large. Dans le container, une cargaison de téléviseurs made in Haïti. Pleins de téléromans, de parties de baseball, de nouvelles de six heures. Pleins de films de guerre, de films de cul, de météo et de résultats de la loto.

Très tôt, avant l'arrivée des hélicoptères, on s'est rassemblés. Ils vont disparaître pour quelque temps dans l'anonymat. Ils vont se cacher derrière les téléviseurs, dans l'espace libre entre la téléréalité et le documentaire animalier. Pas moi.

Wendy pleure. Pas facile. Paloma arrive, avec une grosse valise et son perroquet sur sa patère. Multicolore. Silencieux. Lui non plus, il n'aime pas les départs.

— Tiens, me dit-elle.
— Paloma !
— Tu vas pas le laisser devenir fou avec nous ? Il va nous faire repérer.
— Franchement, Paloma ! C'est pas possible.
— Il peut pas venir avec nous, tu le sais !
— Voyons !
— S'il te plaît, mon chou !
— Paloma !
— Perveeers… Perveeeers…
— Il te servira de radio à ondes courtes. Comme ça, tu sauras ce qui nous arrive, où on est, quand on dort. Il te dira tout ! Écris-nous des cartes postales !

Avant que je réponde quoi que ce soit, elle m'embrasse goulûment, elle rit et se faufile derrière les téléviseurs, derrière les comédies romantiques, les émissions de cuisine et les talk-shows.

Adam fait tout pour éviter mon regard. Il parle avec le conducteur. Un sikh.

María est assise sur le rebord du container, la tête appuyée sur la porte. Assis à côté d'elle, Saül tient sa petite contre lui, il la tient fort, il s'agrippe à elle. María me passe une main sur le visage, en pleurant franchement. La fatigue sûrement. C'est très triste, les départs. Je prends le bébé. Elle ouvre les yeux sur moi. Elle a le regard doux, profond.

On s'embrasse, on se serre fort, ils reprennent le nourrisson et ils montent. Ils se réfugient derrière les dessins animés du samedi matin.

Le conducteur est nerveux, il a hâte de prendre la route, il a peur. Mais vu la somme qu'on lui a donnée, il croise les doigts et espère. Il va peut-être pouvoir faire venir sa famille de l'Inde. Dès qu'Adam et Wendy seront montés, le conducteur et moi, on va placer les télés, et les patrouilleurs n'y verront que du feu. Personne ne regarde derrière la télé.

Wendy me regarde, le visage mouillé. Elle me sourit, m'embrasse sur la bouche, doucement. Il n'y a pas de mot. Elle me chavire encore. Elle monte rapidement, elle fuit derrière les documentaires scientifiques et les films de fin de soirée.

Adam s'approche finalement.

– Les hélicoptères s'en viennent.
– Je sais. Sauve-toi.
– Dès que le camion part, brûle tout. Dans ma chambre, j'ai tout préparé. Il y a des bidons, de l'essence. Faut que rien ne reste.
– OK.
– Je compte sur toi.
– C'est bon.
– C'est pas fini.
– Ça commence.
– Merci.
– Sauve-toi.
– Merci beaucoup.
– Allez. Prends soin d'eux. Prends soin de toi.

Il passe derrière les téléviseurs, lui aussi. Comme dans un movie of the week de guerre.

La tapisserie

Bidon par bidon, l'essence coule. Sur les lits doubles, sur le comptoir de la réception, sur son registre poussiéreux. Sur la télé sans son qui joue toujours, ses publicités, ses téléromans, son Super Bowl. Sur les sept pots de serpents dans le formol. Sur ce qu'on a aimé, sur nos nuits troubles, nos amours, nos amitiés. Je vide les bidons le plus vite possible. Sur le fantôme de Kaïn, sur le cadavre de Trailer Park Joe, sur le couvre-lit qui recouvre la vieille. Sur la tapisserie délavée du motel, sur son similigazon vert, sur ses chambres, ses squelettes dans les placards, ses monstres sous les lits, sur le voilier brisé et les autres rêves fracassés qui gisent sous les matclas.

On est à la croisée des chemins, au croisement des civilisations. Chez nous, dans l'euphorie de notre capitalisme, le changement est à peine visible. Ailleurs, pourtant, de l'autre côté de l'économie, de la libre entreprise et des multinationales, le paysage est déjà enseveli. Le désert avance, le smog descend, les bidonvilles sont crevés, ils encerclent les cités, on ne pourra plus les éviter. Pendant ce temps-là, chez nous, dans notre paradis de banlieue, dans notre motel bon marché, la tapisserie se décolle. L'Amérique n'est plus ce qu'elle était, elle agonise de crise en crise, sa classe moyenne est évincée, elle erre de school shooting en wet t-shirt contest, dans un Graceland désaffecté, dans un Disney World hanté, en pleine paranoïa, croulant sous l'obésité morbide et l'ignorance. On croit encore en Occident que nos démocraties sont des tout-inclus au bord des plages, on croit que tout est possible, qu'il y aura éternellement de nouvelles saisons de *Dallas,* de *La petite maison dans la prairie.* On croit qu'Oprah vivra toujours, tout comme Bob Hope, que Brad Pitt sera toujours en amour avec Angelina Jolie. Mais l'Amérique n'est plus qu'un motel de passe au bord d'une autoroute de service, au bout d'un cul-de-sac. L'autoroute ne mène nulle part. La tapisserie du rêve est déchirée. Les glorieuses années ont été éventrées, la gourmandise tient lieu de projet de société. Le rêve souffre de diabète d'obésité.

Tout le monde veut sa chambre au motel. Or, dans les chambres, ne reste que des cadavres. Imbibés d'essence. Pour garder ses privilèges, il va falloir que l'Amérique se battre.

Et l'allumette s'enflamme.

Eden Motel

L'embarcation de secours approche de la côte. Ozgür, le magicien d'Oz, la guide à travers la nappe de pétrole. Elle déborde de téméraires qui ont choisi de tenter leur chance, malgré les hélicoptères qui approchent, et avance tant bien que mal à travers le bitume. Tout est sombre, les nuages, l'horizon, la mer. Les flammes apparaissent dans les fenêtres des chambres, teintant de rouge le noir du pétrole, de la mer, de l'horizon.

J'arrive à la course, et j'aide Ozgür à accoster au bout du motel. Les clandestins sautent dans l'eau pleine de boue noire, et courent sans regarder en arrière, un brin affolés. Que des hommes. Ils me bousculent, ne regardent pas Ozgür ni le motel, ils foncent. Ils n'ont que peu de temps. Aucune place au doute.

La fumée commence à monter, les flammes, à se répandre. La lumière découpe les corps des clandestins qui traversent l'autoroute, puis disparaissent dans le verger. Une fenêtre se fracasse sous la chaleur, une autre. On n'a que peu de temps. Il faut partir avant que tout s'enflamme.

J'embarque dans le zodiac et nous quittons la plage. Les flammes montent et vont lécher le gris des nuages. L'apocalypse s'illumine. Le ciel est rouge, l'incendie grimpe, dévore le motel. Autour de nous, les vagues sont noires, et le reflet des flammes les caresse. On rame, on donne tout ce qu'on a, mais, peu à peu, les rames s'alourdissent, engluées de pétrole. Même Souvlaki serre le bec.

Le feu se répand aux chambres, au restaurant, à l'enseigne EDEN MOTEL Welc me, avec le O manquant. Les nuages sont rouges.

Ozgür est silencieux, concentré. Le pétrole s'infiltre partout, sur nos mains, nos visages. Avec nos mains, on repousse la couche de pétrole collée aux rames, on les replonge, on avance de peine de misère.

Le cargo se rapproche tranquillement.

On entend le premier hélicoptère.

Hospice pour vieux

Le vieux : C'est beau, le feu. Ça réchauffe.

Je devrais reculer ma chaise.
Les flammes sont hautes, puissantes.
Les vitres éclatent. Les murs tombent. Les poutres explosent, percent le toit.

Je devrais déplacer ma chaise, mes pantoufles fument.
Ma robe de chambre aussi.

C'est un feu de joie. C'est ça, un feu de joie. Le vent danse avec les flammes, les fait monter très haut. Il fait chaud. Ça faisait longtemps qu'il n'avait pas fait aussi chaud.

Il faudrait que je recule ma chaise.

ÉPILOGUE

Le bruit de la mer qu'on entend dans un coquillage n'est que le son du sang qui se propulse dans les veines de l'oreille.

33° 53' 30,9" N – 128° 31' 12,5" O

Moi : On ne voit plus la terre depuis des jours. Tout autour, l'océan. Son rugissement. Son souffle, sa vie, son infini vertige. Le cargo pénètre de plus en plus profondément au cœur de l'immense. Il fait beau.

Le cargo avance.

Les vagues sont impressionnantes. Le vent les souffle, le cargo plonge dans la mer, les moteurs sont à fond, la cheminée crache sa fumée vers le large, une autre vague heurte la proue, l'eau se dresse tout à coup des deux côtés du bateau, monumentale, éphémère, des murailles d'eau qui nous englobent, le navire s'engouffre, l'eau retombe sur le pont, des arcs-en-ciel se dessinent quelques secondes des deux côtés du navire, on passe entre eux, et chaque fois, c'est grandiose.

Le cargo avance.

Je suis à la proue, trempé, couvert d'eau salée, les yeux avides, le cœur gonflé. Je suis submergé. Le cargo continue de briser les vagues et les vagues continuent de se reformer derrière le cargo.

Les mouettes sont revenues. Elles volent au large, m'accompagnent. Elles chantent lorsque je deviens fou.

Devant moi, le monde s'ouvre. Il frappe avec puissance le métal du navire, il éclate autour de moi, sublime, il se fend en deux sous la coque et la réalité rejoint le rêve, la même réalité qui suivait la ligne pointillée de l'autoroute quand je suis arrivé au motel, le même rêve qui me pousse à vivre encore et toujours. J'apprends à vivre comme eux, les détails, les sans-noms, sans-papiers. Il y a des failles au creux des océans, dans le cœur des hommes et des civilisations. Ils y habitent. J'y vais moi aussi.

Le soleil se couche dans la mer. Tout autour, l'horizon infini.

Je quitte le pont. Je descends l'escalier rouillé, salé, j'arrive à l'écoutille, je l'ouvre. Je descends dans la cale vers les lits numérotés. Au centre des lits, la patère du perroquet. Souvlaki trône sur ces quais de fortune où s'échouent les épaves au sang chaud. Il apprend de nouvelles langues.

Sur le côté, le comptoir de citernes rouillées. Le lait en poudre, une cuillerée dans un verre, un peu d'eau, je mélange. Je bois un verre de lait. Puis, je retourne vers la planche déposée sur les tonneaux métalliques qui nous sert de comptoir. Un petit miroir fissuré y est suspendu. J'ai des cheveux gris, des poils gris dans ma barbe. Le regard épuisé.

Dans le miroir, j'observe l'activité derrière moi, de l'autre côté des lits numérotés. Les braseros, la cuisine, les parties de cartes, les cigarettes, les bouteilles, le chaos, la vie. Les ampoules tanguent. Le bruit du moteur résonne, fort. On entend quand même les vagues frapper la coque.

Sur le comptoir de citernes, les deux petits pots sont toujours là, le vert et le rouge. Je prends un petit savon, je fais couler un peu d'eau dans le petit pot vert. Je prends mon blaireau, ma pioche. Je mets une nouvelle lame. Tranchante, implacable. Je mets le rasoir dans l'eau. J'y trempe le blaireau. Je fais mousser le savon dans le petit pot rouge. Je m'asperge le visage. J'étends la mousse sur mes joues, mon menton. Tranquillement. Je me rase.

La lame glisse, racle la peau. La mousse s'accumule sur le rasoir, elle est parsemée de poils, de poils gris, de poils noirs. Je rince mon rasoir dans l'eau du petit pot vert.

Quand il ne reste que la moustache, j'hésite.

Je la ferai plus tard.

Le lit 32 est libre. Je m'y couche. Pour la nuit. La moustache, je la raserai demain.

PROLOGUE

ÉPILOGUE